BRANCA É A COR DO LUTO

DIANA & MICHAEL PRESTON

BRANCA É A COR DO LUTO

A CONSTRUÇÃO DO TAJ MAHAL E O DECLÍNIO DE UM IMPÉRIO

Tradução
Rodrigo José Oliveira Peixoto

1ª edição

2024

CIP-BRASIL. CATALOGAÇÃO NA PUBLICAÇÃO
SINDICATO NACIONAL DOS EDITORES DE LIVROS, RJ

P939b   Preston, Diana, 1952-
       Branca é a cor do luto : a construção do Taj Mahal e o declínio de um império / Diana Preston, Michael Preston ; tradução Rodrigo José Oliveira Peixoto. - 1. ed. - Rio de Janeiro : Record, 2024.

       Tradução de: A teardrop on the cheek of time : the story of the Taj Mahal
       Inclui bibliografia e índice
       ISBN 978-65-5587-732-8

       1. História da Índia - 1526 - 1765. 2. Taj Mahal - História. 3. Índia - Império mogol. I. Preston, Michael, 1948-. II. Peixoto, Rodrigo José Oliveira. III. Título.

23-87006   CDD: 954.0257
                                        CDU: 929(540)

Meri Gleice Rodrigues de Souza - Bibliotecária - CRB-7/6439

Título em inglês:
A teardrop on the cheek of time: the story of the Taj Mahal

Copyright © Diana and Michael Preston, 2007

Foto de capa: Thanwan Singh Pannu/Getty Images
Adaptação de mapa: Celina Faria

Todos os direitos reservados. Proibida a reprodução, armazenamento ou transmissão de partes deste livro, através de quaisquer meios, sem prévia autorização por escrito.

Texto revisado segundo o Acordo Ortográfico da Língua Portuguesa de 1990.

Direitos exclusivos de publicação em língua portuguesa somente para o Brasil adquiridos pela
EDITORA RECORD LTDA.
Rua Argentina, 171 – Rio de Janeiro, RJ – 20921-380 – Tel.: (21) 2585-2000, que se reserva a propriedade literária desta tradução.

Impresso no Brasil

ISBN 978-65-5587-732-8

Seja um leitor preferencial Record.
Cadastre-se no site www.record.com.br
e receba informações sobre nossos
lançamentos e nossas promoções.

Atendimento e venda direta ao leitor:
sac@record.com.br

EDITORA AFILIADA

Para amigos e família

Sumário

Agradecimentos	9
Genealogia	11
Mapa	13
Prólogo	15
I. "Um lugar de pouco charme"	23
II. Allah Akbar	37
III. "Joias inigualáveis e objetos para aquecer o coração"	59
IV. O príncipe guerreiro	79
V. Imperador em compasso de espera	95
VI. A preferida do palácio	109
VII. O Trono do Pavão	123
VIII. "Construa um mausoléu para mim"	143
IX. "Poeira de angústia"	155
X. "O construtor não deve ser deste mundo"	169
XI. "O Jardim do Paraíso"	189
XII. A tumba iluminada	199
XIII. "O trono sublime"	211
XIV. "Mais afiado que os dentes de uma serpente"	225
XV. A queda do Trono do Pavão	241
XVI. "Sua própria tumba, do outro lado do rio"	253
Pós-escrito	265
Bibliografia	269
Notas e fontes	275
Índice onomástico	289

Agradecimentos

Não poderíamos ter escrito este livro sem passar um bom tempo na Índia — país que, mesmo tendo sido visitado várias vezes, continua desafiando nossos sentidos. Em Nova Délhi, o professor R. C. Agrawal, diretor-geral do conselho do Centro de Pesquisas Arqueológicas da Índia, ofereceu-nos generosamente o seu tempo e facilitou nossas visitas ao Taj Mahal e a outros locais associados à história de Shah Jahan e Mumtaz Mahal. Em Agra, ficamos muito agradecidos com a ajuda especial do arqueólogo superintendente, doutor D. Dayalan, do senhor A. K. Tiwari e do doutor R. K. Dixit, que, em seu escritório encantador, postado na entrada sul do Taj Mahal, falou-nos sobre as recentes escavações e os planos futuros. Também nos levou em um longo passeio ao redor do complexo do Taj e nas escavações dentro d'água, ajudando-nos a ver, tanto figurativa quanto fisicamente, uma nova luz. O doutor K. K. Muhammed, arqueólogo superintendente do Archaeological Survey of India (ASI) em Bhopal, possibilitou nossa visita ao palácio-fortaleza de Burhanpur, onde morreu Mumtaz Mahal, e ao local desolador onde foi temporariamente enterrada. Também somos gratos às muitas outras pessoas que conhecemos na Índia, especialmente Lucy Peck, por seu conhecimento dos monumentos mogol, em Délhi; a Vibhuti Sachdev, por nos dar informações sobre os princípios arquitetônicos hindus; e ao doutor Giles Tillotson, por conselhos sobre a arquitetura mogol.

As muitas crônicas mogóis foram importantes para nosso entendimento desta história. Devemos agradecer especialmente aos funcionários do Indian Institute, da Biblioteca Bodleiana, e aos funcionários da Biblioteca Britânica, da Biblioteca de Londres e da Escola de Estudos Orientais e

Africanos, por nos ajudarem a ter acesso a fontes do período. Também estamos em dívida com muitas outras pessoas. Nos Estados Unidos, Julia Bailey, editora da *Muqarnas*, nos deu informações sobre fontes para o estudo da arquitetura. No Reino Unido, Philippa Vaughan nos indicou materiais sobre a descrição da mulher nas pinturas mogóis.

Nossas pesquisas na Índia incluíram longas viagens a locais algumas vezes inacessíveis. Mehera Dalton e Tanya Dalton, da Greaves Travel International (Estados Unidos e Reino Unido), organizaram brilhantemente nosso itinerário, e em Nova Délhi, Mala Tanda, da Greaves, nos ofereceu apoio impecável. Também somos muito gratos ao Hotel Imperial, em Nova Délhi, e ao príncipe Richard Holkar, do Forte Ahilya, em Maheshwar, pela sua generosa hospitalidade. A Explore Limited nos ofereceu a chance de, no Uzbequistão, comparar as tumbas dos palácios de ancestrais dos mogóis e, no Irã, de traçar as influências persas discerníveis no Taj Mahal.

Os conselhos — e as críticas — de amigos foram inestimáveis. Em especial somos gratos a Robin e Justina Binks, Robert Binyon, Charlie Covell, Kim e Sharon Lewison, e Neil Munro. Também devemos agradecer à nossa família pelo seu apoio, especialmente a Lily Bardi-Ullman, por sua pesquisa na Biblioteca Pública de Nova York, e aos nossos parentes Leslie, Mary Preston e Vera Faith.

Agradecemos também a ajuda e os conselhos de nossos editores. Na Doubleday, em Londres, somos gratos a Marianne Velmans, a nossa editora Michele Hutchison, e também a Sheila Lee e Deborah Adams. Em Nova York, somos gratos a George Gibson e sua equipe, que inclui Michele Amundsen e Peter Miller, da Walker Books. Em Nova Délhi, Vivek Ahuja, da Random House India, nos ofereceu hospitalidade, encorajamento e novas ideias. Finalmente, agradecemos aos nossos agentes Bill Hamilton, do A. M. Heath, em Londres, e Michael Carlisle, do Inkwell Management, em Nova York, por seu entusiasmo e apoio durante todo o período.

Genealogia

OS GRÃO-MOGÓIS, 1526-1707

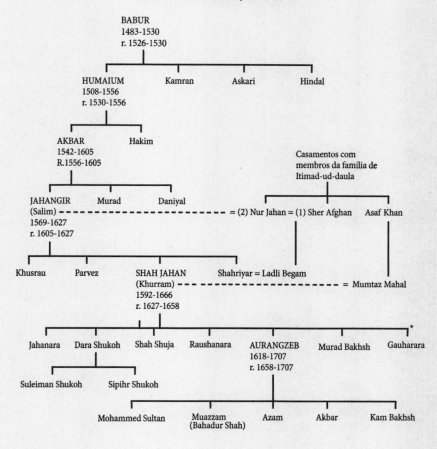

r. reinou
= casado com

* Os sete filhos de Shah Jahan e Mumtaz que sobreviveram e chegaram à idade adulta.

NOTAS: Todos os imperadores tiveram várias esposas.
A mãe de Humaium foi Ma'suma.
A mãe de Akbar foi Hamida.
A mãe de Jahangir foi uma princesa de Amber não nomeada pelo cronista Abul Fazl.
A mãe de Shah Jahan foi Jodh Bai.

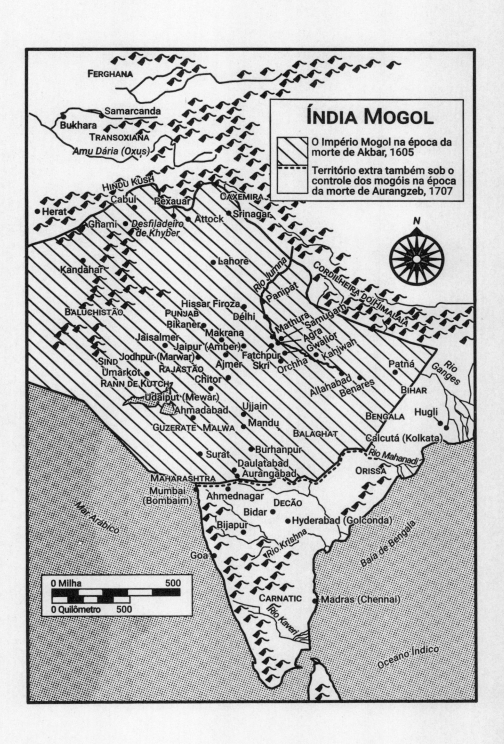

Prólogo

Numa fortaleza empoeirada, no quente e abafado planalto do Decão, no centro da Índia, um comandante do exército está sentado, jogando xadrez com sua linda esposa, muito adornada e grávida de vários meses. Corria o ano de 1631 — no calendário muçulmano, 1040 — e os dois eram muçulmanos. De repente, como diz a versão popular da história, uma dor severa reverberou no ventre da mulher. Muitos médicos foram consultados, mas, mesmo com seus esforços, essa mulher de 38 anos, em sua décima quarta gravidez, não melhorava. Fraca após tanta perda de sangue, ela murmurou ao marido enlouquecido coisas sobre seu amor eterno e implorou para que não se casasse outra vez. Seu pedido final foi que construísse para ela um mausoléu que fosse a representação do Paraíso na terra, como tinha visto em seus sonhos.

Os cronistas da corte registram sua morte logo após dar à luz uma menina.

Quando deu à luz sua última pérola
Ela esvaziou seu corpo como uma ostra.[1]

E dizem que, por dois anos, seu marido, o imperador mogol Shah Jahan, afastou-se dos prazeres mundanos e trocou pedras preciosas e roupas caras por simples vestimentas típicas de luto, impecavelmente brancas. Nas palavras de um dos poetas da corte, "de seus olhos saíam pérolas de tristeza".[2] Seu cabelo ficou branco da noite para o dia. Devotou suas energias ao sonho de sua esposa Mumtaz Mahal, a "Preferida do Palácio", criando uma tumba que não era simplesmente a representação do Paraíso na terra, mas um símbolo de sensualidade e luxúria mesmo após a morte. O monumento foi construído às margens do rio Jumna, em Agra, capital do reino, no noroeste da Índia, e que hoje conhecemos como Taj Mahal, o mais famoso memorial ao amor do mundo.

O verdadeiro arquiteto do Taj Mahal não é conhecido, mas essa pessoa produziu um desenho de simetria irreparável e notável elegância, uma síntese dos estilos muçulmano e hindu executada em arenito rosa e mármore branco. Mesmo com seu tamanho descomunal — o domo principal está a mais de 73 metros do chão e pesa mais de 12 mil toneladas —, o Taj Mahal parece flutuar, com leveza, sobre os pátios que o cercam, refletido nos espelhos d'água e entre os jardins de um verde vivo. Sua beleza frágil raramente deixa de cativar mesmo o visitante mais incrédulo.

Contemporâneos rapidamente reconheceram o Taj Mahal como uma maravilha de sua época. Um viajante francês do século XVII disse que tal edifício "merecia, mais que as pirâmides do Egito, estar descrito entre as maravilhas do mundo".[3] Um estudioso mogol escreveu que "o olho do Sol verte lágrimas ao vê-lo; sua sombra é como a luz da Lua para a Terra".[4]

Gerações posteriores encontraram dificuldade ao tentar expressar as emoções que a beleza etérea e melancólica do Taj Mahal despertara nelas. Para o vencedor do prêmio Nobel, o poeta Sir Rabindranath Tagore, o Taj era "uma lágrima no rosto do tempo".[5] Para Sir Rudyard Kipling, era o "portão de marfim através do qual todos os sonhos bons surgem; a concretização das salas vislumbradas ao amanhecer cantadas por [Alfred] Tennyson (...), a incorporação de tudo o que é puro, de todas as coisas sagradas, e de todas as infelicidades".[6] Edward Lear disse que "descrições desse local maravilhoso e adorável são inúteis, pois não existem palavras capazes de descrevê-lo. Daqui em diante, deixemos que os habitantes do mundo estejam divididos em duas classes: os que viram e os que não viram o Taj Mahal".[7] Convenientemente, foi uma mulher, a esposa de um oficial do exército britânico do início do século XIX, quem melhor capturou a intensidade do amor que inspirou a construção. Ela escreveu ao marido: "Não sei dizer o que penso, pois não saberia como avaliar tal edifício, mas posso dizer o que sinto. Eu morreria amanhã para ter um desses sobre mim."[8]

No final do século XVIII, o artista britânico Thomas Daniell, que produziu formidáveis quadros e planos do Taj Mahal, escreveu após sua visita: "O Taj Mahal sempre foi considerado (...) um espetáculo de grande fama (...) visitado por pessoas de várias classes, vindas de todas as partes."[9] A celebridade do Taj só fez crescer ao longo dos séculos. Hoje é um ícone internacional, como a Estátua da Liberdade, a Torre Eiffel, a torre inclinada de Pisa, a Grande Muralha da China e a Ópera de Sidney, como uma das estruturas edificadas mais facilmente identificáveis. Mesmo tendo sido construído por uma dinastia invasora, é um símbolo da Índia adotado por várias empresas turísticas, donos de restaurantes e empresas — na Índia e fora dela. Também se transformou num símbolo do amor eterno. Quando a princesa Diana esteve na Índia com seu então marido, o príncipe Charles, em fevereiro de 1992, o poder da imagem do Taj Mahal era tamanho que, ao visitar o palácio sozinha e permitindo ser fotografada — uma figura melancólica, desconsolada, solitária, sentada num banco de mármore branco diante de um monumento ao amor dos membros de uma realeza —, não foram necessárias palavras.

O Taj Mahal não é apenas uma representação do amor supremo, mas também de um poder confiante e opulento. Foi a criação de um imperador cujos domínios se espalhavam para o oeste das terras dos hindus até a área que hoje pertence ao Afeganistão e Paquistão; para o leste, em direção a Bengala; e, para o sul, em direção ao planalto indiano do Decão. Os ancestrais de Shah Jahan, os quatro imperadores anteriores, tinham conquistado essas vastas terras — de grande riqueza — graças a um oportunismo persistente. Foram deslocados de seus territórios originais além das montanhas do Hindu Kush após fortes movimentos de rivalidade com os governantes dos clãs locais. Sob a liderança de Babur, o primeiro imperador mogol, começaram a descer pelo desfiladeiro de Khyber em direção ao Hindustão — norte da Índia. Os primeiros ganhos de território foram precários. Somente no reino do neto de Babur — Akbar, avô de Shah Jahan, de 1556 a 1605 — a permanência dos mogóis na Índia foi garantida.

Com a estabilidade e a prosperidade, veio a oportunidade para os mogóis de favorecer seus interesses estéticos. Nostálgicos dos climas mais frios que tinham deixado para trás, desenvolveram gosto especial por incríveis jardins, flanqueados por chafarizes, caminhos de água e pavilhões arejados nos quais poderiam relaxar. Foram os protótipos dos jardins do Taj Mahal, e vários sobrevivem até hoje. Os imperadores também eram entusiastas da construção: novas fortalezas e diversos palácios foram construídos nas terras recém-conquistadas, e dentro de seus jardins ergueram também bonitos mausoléus. Levaram consigo a tradição de construção de tumbas que desenvolveram por muitos anos, numa mistura única das tradições islâmicas e indianas. A fabulosa riqueza da Índia, muito pilhada durante o Império Mogol, permitiu que construíssem mausoléus de extraordinária magnificência e sofisticação. Shah Jahan pôde literalmente enfeitar o Taj Mahal de joias, incrustando-as no mármore branco para formar flores ardentes que representavam o Paraíso dos céus na terra, no qual Mumtaz esperava por seu marido enlutado.

O Taj Mahal foi a última expressão artística do Império Mogol — imitado, mas nunca igualado. No entanto, revelou-se caro ao seu construtor, Shah Jahan, em todos os sentidos. Criar este "Paraíso na terra" era uma obra praticamente impossível, física e financeiramente. Um viajante inglês contemporâneo escreveu: "O edifício cresce com excessivo trabalho e custos (...). Ouro, prata, metais preciosos e mármore, e nenhuma pedra ordinária."[10] A construção do Taj e o impacto emocional da morte de Mumtaz Mahal dilapidaram os tesouros de Shah Jahan, afastando-o dos negócios de governo. Também nutriu as tensões com a família imperial, naquele momento sem mãe, fazendo germinar a semente da queda de Shah Jahan e precipitando o declínio do que era o maior império do mundo, dividido em fundamentalismos religiosos.

Enquanto Shah Jahan ainda era vivo, viu quatro de seus filhos com Mumtaz Mahal lutando entre si pelo trono, e o vitorioso, o duro ortodoxo Aurangzeb, matou dois irmãos e vários netos do rei. Quanto ao próprio Shah Jahan, passou seus últimos anos preso no forte de Agra. Dizem que passava seus dias olhando através do Jumna em direção ao Taj Mahal, recriminando o filho pelas divisões que estava criando no império e imaginando como tudo poderia ter sido se Mumtaz Mahal, a Senhora do Taj, tivesse sobrevivido.

Os 73 anos de vida de Shah Jahan, de 1592 a 1666, foram um período de alegria para os mogóis, mas também uma época de profundas mudanças no mundo ao seu redor, que mantinha séria influência no Império Mogol. No Oriente Médio, os turcos otomanos estavam reestruturando seu poder após a grande perda na batalha naval contra barcos espanhóis e venezianos em Lepanto. Sob o reinado de Mehmet III, que em 1595 matara 27 irmãos e meios-irmãos e seus sucessores para alcançar o poder — número que deixa em desvantagem o assassinato fratricida do final do reino de Shah Jahan —, os otomanos reconquistaram grande parte dos Bálcãs. Em 1639, retomaram da Pérsia o território que hoje é o Iraque e estabeleceram uma fronteira permanente com os persas, que voltariam suas conquistas para o leste.

Por longo tempo, a Pérsia foi aliada e adversária, alternadamente, dos mogóis. Os imperadores persas ofereceram apoio aos primeiros mogóis em tempos de crise, mas depois, sob a dinastia Safávida, encorajaram e deram abrigo a rebeldes nas fronteiras do oeste. Apesar de suas origens nômades na Ásia Central, os mogóis buscavam na Pérsia sua inspiração cultural. O imperador Akbar adotou a linguagem persa para a corte e membros da família real, e os cortesãos eram versados na composição de poesia e prosa persa.

Os mogóis também viam a Pérsia como um reservatório de homens de talento. Muitos cortesãos, generais e artistas mogóis tinham nascido na Pérsia ou descendiam de persas. Entre os artistas estava Amanat Khan, calígrafo de Shiraz, único homem que Shah Jahan permitiu que assinasse seu trabalho no Taj Mahal. Entre os cortesãos estava a própria Mumtaz Mahal. Seu avô veio da Pérsia para a corte mogol como um imigrante sem dinheiro poucas décadas antes e chegara a ministro-chefe do pai de Shah Jahan, Jahangir.

Em sua vida, Shah Jahan viu uma vigorosa expansão europeia e a alternância de poder entre os europeus. O início da Guerra dos Trinta Anos manteria a Alemanha fragmentada até a ascensão do Império da Prússia, mais ou menos duzentos anos depois. A França católica, no entanto, logo atingiria o seu ápice sob o reino de Luís XIV, cuja corte centralizada tinha muitos aspectos em comum com a estrutura dos mogóis e que, como os imperadores mogóis, acreditava no direito divino dos reis.

O Parlamento protestante inglês obviamente não via as coisas da mesma forma, e em 1649 julgou e executou Carlos I, substituindo-o por uma república puritana, até que em 1660 restauraram a monarquia, mas com poderes restritos pelo Parlamento. Os ingleses fundaram sua primeira colônia na América, em Jamestown, Virgínia, em 1607, ano do noivado de Shah Jahan com Mumtaz Mahal. Em 1664, dois anos antes da morte de Shah Jahan, os ingleses conquistaram dos holandeses a cidade de Nova Amsterdã, trocando seu nome para Nova York. Os holandeses se consolaram com o monopólio de comércio de especiarias no leste, quando, em 1619, a Companhia das Índias Orientais holandesa estabeleceu sua base em Batávia (hoje, Jacarta).

Os espanhóis, havia um bom tempo, dominavam grande parte do centro e do sul da América. No entanto, na época da morte de Shah Jahan, era um poder em declínio. Como os mogóis, os espanhóis falharam ao tentar desenvolver um sistema de comércio independente da burocracia e de favoritismos. Em 1655, a república inglesa tomou a Jamaica da Espanha, e os ingleses roubaram muito da riqueza espanhola daquele entreposto pirata. Os mercadores livres da Inglaterra começaram a cooperar com mercadores locais da Espanha, comercializando fora dos limites impostos pelos governantes espanhóis. Os ingleses levavam sua ideia de livre-comércio a outros cantos do mundo. Na África, negociavam com governantes locais pelos primeiros escravizados negros que levaram à Virgínia, em 1619, e nas Índias Orientais começaram a ameaçar os monopólios espanhóis e holandeses.

Quando Shakespeare e seus contemporâneos, como Christopher Marlowe, referem-se à Índia, o fazem como sinônimo de pedras preciosas e especiarias. A Companhia das Índias Orientais inglesa foi fundada em 1600 e começou a comercializar na costa oeste da Índia, onde os portugueses tinham se estabelecido em 1510. Ingleses e portugueses eram, no entanto, não mais que observadores humildes na corte dos mogóis. Um retrato em miniatura do pai de Shah Jahan, Jahangir, o representa governando o mundo enquanto um insignificante Jaime I, da Inglaterra, é retratado abaixo, numa posição subalterna, olhando para outro lado e vestindo joias e roupas muito inferiores em riqueza às de Jahangir.

Quanto à arquitetura, Shah Jahan nascera logo após São Pedro estar terminada, em Roma, e morreu quando Christopher Wren se preparava para trabalhar em sua obra-prima, a primeira catedral protestante, a St. Paul, de Londres. O recinto amuralhado do Taj Mahal era grande o suficiente para conter São Pedro inteira, incluindo a praça mais tarde desenhada por Bernini e construída durante a última década de vida de Shah Jahan. A St. Paul atinge mais de 111 metros, e o Taj Mahal, pouco mais de 73, mas a igreja de Londres não dá tamanha impressão de grandeza. Na Pérsia, na cidade de Isfahan, ao sul, Shah Abbas construiu a bela mesquita Shah, entre 1611 e 1630. Ela tem muitas semelhanças arquitetônicas com o Taj Mahal, desde a cúpula de grandes proporções até os grandes e retangulares *iwans* — arcos moldados das entradas — que dominam as fachadas principais. No entanto, revestida de azul, amarelo suave e verde, sua exuberância contrasta com a serenidade dos mármores brancos do Taj Mahal e mostra como a arquitetura mogol adiantou-se às suas influências persas, mesmo usando continuamente imigrantes persas como empregados no design e na decoração de seus edifícios.

Durante o período de vida de Shah Jahan, entre os principais artistas europeus estavam Caravaggio, Velázquez e Rubens, mas também um grande colecionador de gravuras e pinturas mogóis, Rembrandt, que fez desenhos baseados em tais trabalhos e parecia ter um especial interesse nas joias representadas. Rembrandt copiou pinturas de artistas contratados por Shah Jahan, que por sua vez tinham sido influenciados por trabalhos europeus ofertados por mercadores a seu pai Jahangir. Isso é apenas um exemplo de como, mesmo naquela época, influências artísticas passeavam pelo mundo. Historiadores chauvinistas europeus, conscientes da grandeza do Taj, logo clamariam que as intrincadas incrustações de pedras preciosas do edifício, e talvez mesmo seu design, tenham sido influenciados, ou mesmo levados a cabo, por europeus. Tais rivalidades persistem. Atualmente, na Índia, alguns alegam que o Taj Mahal foi um edifício criado por hindus, não uma síntese mogol de influências islâmicas e hinduístas. Outros insistem que se trata de uma criação totalmente muçulmana, que deveria ser administrada sob a lei *sharia*.

Talvez ainda mais que os seus contemporâneos europeus, os mogóis foram especialistas em registrar suas atividades e os detalhes de suas vidas. Os imperadores Babur e Jahangir mantiveram diários. Akbar e Shah Jahan empregaram cronistas na corte para escrever a história de seus reinados dia a dia, e também para julgar e aprovar seus resultados. Alguns cortesãos também mantinham diários. Muitos dos diários imperiais e outros memoriais sobreviveram. Junto aos relatos de viajantes europeus à Índia, impressos para satisfazer um público desejoso de fábulas sobre os "grão-mogóis", tais crônicas oficiais e memórias particulares nos oferecem uma visão íntima e multifacetada da família imperial e suas façanhas, incluindo a criação do Taj Mahal.

A história do Taj e do amor que o criou apresenta tintas de uma tragédia grega e carrega as emoções de uma ópera. É um conto de paixão avassaladora, num mundo de patriarcas imperiosos, filhos ciumentos e mulheres poderosas e carismáticas que dominavam a política da corte por trás dos véus de seda dos haréns. O destino de um império de milhões de almas dependia dos relacionamentos internos da família real, enquanto filhos tentavam destronar pais, irmãos matavam irmãos, e rainhas e candidatas à realeza tramavam. Mas esse viés de riqueza infinita, poder supremo e locações exóticas não pode obscurecer a natureza universal, porém profundamente íntima, que deu origem ao Taj Mahal. No coração do Taj estão questões que transcendem o tempo e as culturas sobre a natureza do amor, do luto e da beleza, e sob como tais qualidades intangíveis podem oferecer expressões permanentes e tão fortes.

I
"Um lugar de pouco charme"

O pai de Babur, um dos fundadores do Império Mogol, era rei de Ferghana, pequeno Estado a leste de Samarcanda, na Ásia Central, e, nas palavras de Babur, "pequeno e gordo (...), usava sua túnica tão apertada que para atar os cordões tinha de encolher a barriga; se deixasse a barriga solta, os cordões se rompiam". Era "bravo e valente, tinha boa índole, gostava de conversar e era divertido. Era forte, e todos os que o enfrentaram tiveram de comer a poeira do chão. Sua necessidade de fazer crescer o território transformou-se numa batalha, e muitos amigos terminaram enforcados". No dia 8 de junho de 1494, esse pequeno e astuto homem estava inspecionando as muralhas de seu castelo quando o parapeito desmoronou, fazendo com que caísse no poço logo abaixo. Por isso, escreveu Babur, "aos meus 12 anos, transformei-me em senhor do reino de Ferghana".

Ferghana era apenas um dos vários principados no território que hoje pertence ao Uzbequistão e ao Afeganistão, cujos governantes estavam constantemente em conflito em busca de maior porção de terra legadas por duas dinastias antecedentes — de Gengis Khan e de Tamerlão. Muitos dos que lutavam se diziam descendentes de um ou de outro; Babur podia alegar ser descendente dos dois. Pelo lado de sua mãe, era descendente direto do legendário Gengis Khan. Quando Gengis nasceu, filho de um homem importante nos planaltos mongólicos, dizem que segurava no punho fechado um coágulo de sangue, símbolo de seu destino como guerreiro. Quando morreu, em 1227, era conhecido como o "Senhor dos Oceanos". Ele e sua horda de homens a cavalo chegaram à metade do mundo então conhecido, de Beijing ao Danúbio.

Tamerlão era tataravô de Babur pelo lado paterno. Mais conhecido pelos europeus como Tamburlaine, corruptela do seu codinome "Timur the Lame" (Timur, o Manco), era chefe dos turcos nômades da tribo barla, que cem anos antes do nascimento de Babur tinha estabelecido um vasto império das fronteiras da China à Turquia, tendo como capital a cidade das fábulas, Samarcanda. Assim como o de Gengis Khan, anterior, o império de Tamerlão foi dividido após sua morte entre a família, e não deixado a um único herdeiro — daí sua rápida desintegração.

Babur tinha mais orgulho de Tamerlão, que imaginava ser sua ascendência turca, e não da ascendência mongol de Gengis Khan. Ele comentou que "mesmo que os mongóis fossem uma raça de anjos, ainda assim seriam uma nação vil", resumindo sua visão desse povo — e não sabia que a dinastia que estava fundando na Índia ficaria conhecida como mogol, corruptela da palavra persa para mongol.

No entanto, foi sua avó de origem mogol que guiou Babur em seus primeiros anos de mandato. Foi a primeira, mas não a última mulher a guiar os mogóis por trás dos véus do islã, e de acordo com seu neto era "inteligente e boa planejadora. Muitos dos negócios foram fechados com seus conselhos". Sob a sua tutela, em três anos Babur conquistou Samarcanda, mas sua possessão não durou mais de cem dias. A perda da cidade legendária foi, segundo ele, "difícil para mim. Não pude evitar e chorei muito". No entanto, recuperou Samarcanda menos de três anos depois, em julho de 1500.

Nesse intervalo, Babur se casou, mas não gostou da experiência. "Nos dias posteriores à cerimônia fiquei tímido, só frequentava sua cama a cada dez, quinze ou vinte dias. Mais tarde perdi o carinho por ela (...). A cada quarenta dias minha mãe me levava a ela com a severidade de um general." Babur confessou que seu afeto estava preso a um amor adolescente por um jovem mercador chamado Baburi: "Desenvolvi uma estranha inclinação a ele... na verdade passei a sofrer por ele. Após essa experiência, nunca voltei a sentir desejo por qualquer outra pessoa. Certo dia, Baburi veio até mim, mas eu tinha tanta vergonha que era incapaz de olhar no seu rosto, muito menos conversar abertamente com ele. Não havia possibilidade de uma conversa coerente." Passados cerca de três anos de casamento, a esposa de Babur o deixou, como ele diz, "após ser instigada por sua irmã mais velha".

O segundo reinado de Babur em Samarcanda durou menos de um ano, quando foi forçado a deixar mais uma vez a cidade, para seus rivais, com apenas alguns seguidores. Foi o ocaso de sua sorte. Mais tarde, admitiu que "andar de montanha em montanha, sem casa e sem lar, não era nada recomendável". Depois chegaram as notícias de que Cabul, outro território ancestral dos timúridas, caíra nas mãos de um forasteiro após a morte de seu governante anterior, um dos tios de Babur. Caso pudesse recapturar a cidade, poderia reivindicá-la para si como nenhum outro. Como ele sabia, suas forças haviam crescido e o governo local estava perdido, em meio ao caos. Mas lembrou-se que "no final eu cheguei até lá e havia quatro ou cinco pessoas feridas, e uma ou duas sem os membros. A luta tinha acabado". No dia 14 de junho de 1504, ainda com apenas 21 anos, tomou posse de Cabul, que manteria como base de poder e centro espiritual para o resto de sua vida. Em Cabul, Babur pela primeira vez deixou-se levar por sua paixão pelos livros e jardins.

Apesar de sua reputação na Europa como nômade selvagem e, nas palavras de Christopher Marlowe, "escória de Deus",[1] Tamerlão fora um homem instruído. Em Samarcanda, construiu lindos jardins. Um embaixador norte-americano descreveu como eles "eram atravessados por muitos canais de águas que corriam entre as árvores frutíferas e ofereciam um ambiente agradável. No centro de suas alamedas de árvores havia plataformas".[2] Seguindo sua tendência de antigo nômade, Tamerlão vivia em grandes tendas montadas em seus jardins, algumas feitas de tecido vermelho, outras de suntuosas sedas com brocados. Mas também construiu mesquitas e tumbas com domos, todas em planos de perfeita simetria.

Babur descreveu como estabeleceu seu jardim favorito em Cabul, e como o faria em qualquer outro lugar: "Montei-o numa colina voltada para o sul. No centro, um riacho corria constantemente entre a pequena elevação na qual estão os quatro canteiros do jardim. No sudeste, um reservatório com laranjeiras e árvores de romã, tudo cercado por um prado. Essa é a melhor parte do jardim, a melhor visão é quando as laranjeiras estão em flor. É verdade", congratulou-se a si mesmo, "esse jardim está perfeitamente situado." Mesmo quando governava a Índia, Babur encontrou tempo para escrever a seu governador em Cabul dizendo que o jardim deveria ser bem irrigado e apropriadamente coberto de flores.

Quando Babur conquistava novas terras, um de seus primeiros atos era roubar as bibliotecas dos governantes para formar a sua própria coleção.* O próprio Babur escreveu poesia e prosa, e seu interesse em arte está exposto na educação que ofereceu a um primo mais jovem, "caligrafia, leitura, construção de versos, estilo epistolar, pintura e iluminuras (...), habilidades como molde de selos, joalheria e trabalho de ourivesaria".[3]

No entanto, Babur sabia muito bem que se não seguisse em frente com suas tropas em busca de novos territórios e novas pilhagens, suas mentes poderiam voltar-se à revolta. Com os persas atrás de si, fez outra incursão em Samarcanda. Ainda que tenha capturado a cidade e a mantido por oito meses, foi mais uma vez obrigado a dar-se por vencido, abandonando-a aos uzbeques. Depois voltou sua atenção agressiva para o sul do Hindustão, ou norte da Índia. Seus dois ancestrais famosos tinham invadido o subcontinente. Em 1221, Gengis Khan chegou ao rio Indo, uma das maiores barreiras naturais que protegiam o noroeste da Índia, e voltou. Aos 60 anos, em 1398, Tamerlão, cujos olhos frios e determinados foram chamados por um contemporâneo de "velas sem brilho",[4] cruzou o Indo através de uma ponte formada por barcos, levando consigo suas tropas. Pilharam todo o caminho até Délhi, deixando uma "multidão de carcaças mortas que infectaram o ar".[5] Tamerlão entrou em Délhi no mês de dezembro e tratou a cidade a ferro e fogo, e de forma tão eficiente que "nada se mexeu, nem mesmo um pássaro, por dois meses".[6]

---

* As bibliotecas reais da Ásia Central continham apenas manuscritos. Ainda que o mais antigo livro impresso do mundo, o *Sutra de diamante*, de Wang Jie, tenha sido produzido na China, em 868 d.C., gravado em blocos de madeira, e livros impressos tenham se transformado em algo comum na Europa após a invenção de Johannes Gutenberg, no meio do século XV, dos tipos móveis e das máquinas de imprimir, nenhum desses processos era usado na Ásia Central ou na Índia Mogol. Isso resultou numa grande importância da tradição oral, ocasionalmente um problema para os historiadores, mas que também produziu lindos manuscritos iluminados que eram cópias de documentos-chave, como as crônicas de reis.

No entanto, antes que as chamas consumissem a cidade, Tamerlão reuniu o maior número de artesãos de Délhi que pôde — especialmente os que trabalhavam com pedras — para que o acompanhassem de volta a Samarcanda e trabalhassem em seus projetos de construção, como a esplêndida tumba azul-turquesa que erigia para si. Após cada uma de suas conquistas, Tamerlão escolhia artesãos para embelezar sua capital. Sopradores de vidro vieram de Damasco e ourives, da Turquia. Um embaixador descreveu que havia "tamanha multidão" de trabalhadores que Samarcanda "não era grande o suficiente para acolhê-los, e por isso vários viviam sob árvores e em covas nos arredores".[7]

De acordo com um registro, não podiam se mover muito mais que 6 quilômetros ao dia, mas ainda assim Tamerlão e seu exército deixaram a Índia menos de seis meses após sua chegada.

Antes de começar sua conquista da Índia, tanto o exército de Babur quanto sua família receberam reforços. O exército recebeu canhões e rifles dos turcos otomanos, e Babur ganhou outra esposa, Ma'suma Sultan Begum. Ainda que tenha dito que "após colocar pela primeira vez meus olhos nela senti uma grande atração", não revela seus sentimentos pela mulher. Contudo, por volta de nove meses mais tarde, em março de 1508, Babur comemorou o nascimento de um filho, Humaium, com grande alegria: "Promovi uma grande celebração. Foi uma festa de primeira categoria." Mais moedas de prata foram reunidas num só lugar do que nunca antes. *Humayun* significa "afortunado", mas sua sorte não seria grande. Outros filhos de esposas diferentes o seguiram: Kamran, em 1509; Askari, em 1516; e Hindal, em 1519.

Começando em 1519, Babur fez quatro expedições preliminares ao Hindustão antes de iniciar sua invasão completa, no outono de 1525. Naquela época, o sultanato muçulmano de Délhi, que dominava grande parte do norte da Índia por mais de trezentos anos, estava enfraquecido por lutas internas contra o sultão regente, Ibrahim. Então, Babur desceu pelos passos nevados do Afeganistão e Paquistão, cruzou o rio Indo, seguiu pelo Punjab e chegou a Panipat, aos seus planaltos quentes e empoeirados, a apenas 80 quilômetros de Délhi, em abril de 1526, sem antes enfrentar qualquer tipo de resistência determinada. Os 100 mil homens lá dispostos pelo sultão Ibrahim, que tomou pessoalmente o comando, superavam o exército de Babur em cinco para um. Mas Babur fez bom uso de sua única superioridade — os canhões e fuzis, que eram empregados na Índia pela primeira vez. Ele reuniu setecentas carroças, com seus arreios de couro, em um perímetro defensivo — como nos comboios de carroças do oeste norte-americano — ao longo das quais preparou seus canhões e posicionou seus homens de fuzil. Quando, exatamente após o cair do sol de 20 de abril, as forças do sultão atacaram com quase mil elefantes de guerra na retaguarda, o fogo dos canhões e dos fuzis de Babur levou o pânico e a desordem àquelas tropas. Em seguida, os arqueiros montados de Babur atacaram a desordenada massa de elefantes e homens que gritavam, assustados, fugindo para todos os lados. Em cinco horas, 20 mil soldados inimigos estavam mortos, incluindo o sultão Ibrahim. Babur era senhor do norte da Índia.

Uma vez proclamado governante em Délhi, tendo o sermão do meio-dia de sexta-feira, a *khutba*, lido em seu nome na principal mesquita como atestado público de sua soberania, marchou pelas margens do rio Jumna até Agra. Lá seu filho Humaium presenteou-o com um enorme diamante que recebera da família real Rajput, de Gwalior, em agradecimento à proteção após a luta de morte de seu governante com Ibrahim, em Panipat. Babur lembrou-se que "um mercador de pedras certa vez avaliou a peça como os gastos do mundo em meio dia (...), mas eu imediatamente a devolvi [a Humaium]". Tratava-se do famoso diamante Koh-i-Nur, a "montanha da luz", que reapareceria várias vezes na história dos mogóis.

Babur tomou posse de suas novas terras. Não parecia muito impressionado: "O Hindustão é um lugar de pouco charme (...). As cidades e províncias são desagradáveis. Os jardins não têm muros e a maioria dos lugares é plana como uma tábua. Seus habitantes não são belos, sua sociedade não é graciosa, não há talento poético, não há etiqueta, nobreza ou virilidade (...). Não existem bons cavalos, carne, uvas, melões ou qualquer outra fruta (...), não tem gelo, água fria, boa comida, banhos, madraças (...), águas não percorrem os jardins e palácios, e em seus edifícios não existe simetria ou harmonia." Num primeiro momento, Babur só conseguia pensar em um ponto satisfatório: "O único aspecto interessante do Hindustão é que trata-se de um território vasto, com muito ouro e dinheiro." Após um tempo, conseguiu ver outro, "o ilimitado número de artesãos e praticantes de todos os comércios". Como seu ancestral Tamerlão, ficou feliz, especialmente com os que trabalhavam com pedras. Ele e seus descendentes os empregariam com efeito espetacular.

Logo remediou alguns dos problemas que apontara, construindo jardins nas margens do Jumna, em Agra, no lado oposto onde hoje está o Taj Mahal. "Na Índia sem charme nem harmonia foram plantados maravilhosos jardins retangulares e geométricos (...) e, em cada borda, rosas e narcisos em perfeito arranjo", escreveu.

Babur tratou bem a família de Ibrahim, a quem derrotara, mantendo sua mãe, Buwa, na corte. No entanto, ela não retribuiu essa gentileza. Babur ficou com quatro dos cozinheiros de Ibrahim para que lhe preparassem pratos típicos do Hindustão. No dia 21 de dezembro de 1526, Buwa persuadiu um deles a colocar veneno na comida de Babur, que nos conta esta história: "Não tinha gosto ruim. Quando me sentei, estava quase vomitando na toalha (...). Eu me levantei e, no caminho para o banheiro, quase vomitei. Quando cheguei lá, vomitei muito. Nunca tinha vomitado após comer, nem mesmo quando bebo. Pedi que o vômito fosse oferecido a um cachorro. [O cachorro] ficou muito mal. Não importava quantas pedras atirassem nele, o cão se recusou a se levantar, mas não morreu." Babur mandou prender o cozinheiro. Após terem confessado, sob tortura, duas mulheres que tinham agido como mensageiras e o homem que provava a comida de Babur também foram presos. "Eles também confessaram (...). Ordenei que o homem que provava as comidas fosse esquartejado e o cozinheiro, esfolado vivo. Uma das duas mulheres foi posta sob a pata de um elefante e a outra levou um tiro. Buwa foi presa." Para curar-se, Babur bebeu ópio misturado a leite. "No primeiro dia tomando esse remédio, meus excrementos continham coisas pretas como bile queimada. Graças a Deus tudo agora está bem. Nunca tinha percebido como a vida é algo delicado."

Ainda que tenha escapado da morte dessa vez, Babur não teria mais que 4 anos de vida. Em parte, gastou esse tempo em lutas contra as regras mogóis e repelindo incursões de príncipes vizinhos; em parte, compondo poesia e compilando suas honestas e íntimas memórias, o *Baburnama*, primeira autobiografia da literatura islâmica. De acordo com as crônicas, a morte de Babur foi resultado da terrível doença de seu filho Humaium. Ele poderia ser indiferente às suas mulheres, mas adorava seus filhos, e certa vez declarou que Humaium era "uma companhia incomparável". Quando seu filho estava imerso em delírios, disseram a Babur que, se abrisse mão de uma das valiosas possessões do filho, este se recuperaria. Pareciam ter dito algo sobre o "Koh-i-Nur", mas Babur interpretou como se devesse tirar sua própria vida, oferecendo-a a Deus. E fez isso, dizendo: "Eu devo ser seu sacrifício (...). Posso recuperar toda a sua dor." E "quando sua reza foi ouvida por Deus (...), Babur sentiu algo estranho em si mesmo e gritou: 'Nós acabamos com isso!' Imediatamente, um estranho calor febril tomou conta de Sua Majestade e houve uma súbita diminuição da febre sentida [por Humaium]."[8]

A saúde de Babur se deteriorou após o incidente, mas muitos meses se passaram até a sua morte, em dezembro de 1530, que para as pessoas de mente menos romântica parecia mais ligada à sua juventude pouco rigorosa e seus exageros no vinho, ópio e em outras drogas. (Babur descreveu como, em seu transe de drogas, feito um autêntico hippie, foi capaz de passear por "maravilhosos campos de flores".) Porém, antes de morrer, Babur reuniu seus apoiadores para reconhecer Humaium como seu sucessor legal, e disse a Humaium: "Não faça nada contra seus irmãos, mesmo que eles mereçam."[9] Ao contrário de outros descendentes seus, Humaium seguiria os pedidos do pai, que derivavam do princípio de um general timúrida, de que a vida dos príncipes reais deveria ser protegida. Babur foi enterrado em seu novo jardim, no lado oposto ao futuro local do Taj Mahal. Mais tarde, seu corpo foi levado de volta a Cabul, como ele desejava, e enterrado em um jardim com vista para a cidade. Ainda seguindo seu pedido, e de acordo com a tradição islâmica de que os túmulos deveriam estar diretamente expostos ao sol, nenhum prédio foi construído sobre seu túmulo de mármore.

*

Humaium, de 22 anos, foi "um príncipe magnânimo e digno, de bom coração e generoso, benevolente". Pessoalmente, era bravo, mas não tinha a determinação e a decisão necessárias para consolidar o poderio de quatro anos de seu pai sobre o Hindustão. Distraía-se com facilidade e era tão supersticioso que sempre entrava numa sala com o pé direito e exortava os que não o tinham feito que entrassem outra vez no recinto. Era obcecado por astrologia. Vestia roupas de cores diferentes, que seguiam os planetas que regiam cada semana. Aos domingos, por exemplo, vestia amarelo e lidava com negócios de Estado, e às segundas-feiras, usava verde e celebrava casamentos. Às terças-feiras, vestia vermelho vivo, agindo com ira e vingança. Sua ira poderia ser tão caprichosa quanto cruel. Certa terça-feira, declarou que gostaria de julgar crimes, mandando cortar a cabeça dos que considerava "teimosos" e as mãos e os pés daqueles que lhe pareciam ainda estar em dívida — "sem distinção entre mãos e pés".[10]

Sua letargia natural foi multiplicada pelo que um cronista chamou de "excessivo"[11] uso de ópio, que ele misturava à água de rosas. Como resultado de tudo isso, Humaium perdeu o Hindustão e foi forçado a se render, tornando-se um governante sem trono, como fora Babur em sua juventude. O agente de sua expulsão foi o astuto e sutil Sher Shah. De origem humilde como oficial em um pequeno Estado muçulmano, em Bihar, às margens do Ganges, já havia alguns anos silenciosamente estabelecera a si mesmo como governador virtual de grande parte de Bihar e Bengala.

Quando percebeu a ameaça de Sher Shah ao seu governo, Humaium fez seu exército descer o Ganges. Sua aproximação foi lenta, e assim Sher teve tempo para se preparar. Após várias manobras, os dois exércitos finalmente se encontraram no campo de batalha no final de junho de 1539. As forças de Sher Shah cercaram as tropas de Humaium e o imperador se viu forçado a fugir. Só conseguiu seguir pelo Ganges graças à ajuda de um de seus atravessadores aquáticos, Nazim, que destruiu seu cantil feito de pele animal para dar a Humaium, para que o ajudasse a boiar. Para desespero de seus irmãos e cortesãos, o quixotesco Humaium, no calor do momento, prometeu que daria a Nazim a oportunidade de se sentar no trono imperial. Nazim só pôde ocupá-lo brevemente, mas foi o suficiente para que desse algumas ordens convenientemente destinadas a seu autoenriquecimento e de sua família. No entanto, tal ação de Humaium nada fez para aumentar sua dignidade num momento crucial pelo qual estava passando seu reino.

Humaium fugiu primeiro para Agra, depois em direção noroeste a Lahore, para encontrar seus meios-irmãos Kamran, Askari e Hindal. A lealdade que demonstravam era suspeita. Gengis Khan e Tamerlão tinham dividido seus reinos entre os filhos, em vez de apontar um único herdeiro, como Babur, e por isso os irmãos gostariam de ver uma volta às antigas tradições, envolvendo-se em rebeliões e quase rebeliões, em busca de territórios para si. Todas as vezes foram perdoados por Humaium, que, além de respeitar o pedido de seu pai, era sentimental e afetuoso por natureza. De acordo com sua irmã Gulbadan, ante um perigo em comum, os quatro irmãos "se reuniram, ouviram conselhos e pediram ajuda, mas não chegaram a qualquer conclusão". Kamran tentou secretamente negociar a paz com Sher Shah, tentando manter Cabul. Humaium ofereceu paz a Sher Shah, dizendo: "Deixei-lhe o Hindustão. Deixe Lahore e agora deixe que o Sind seja a fronteira entre nós dois."

Sher Shah rejeitou as duas coisas. Quando avançou para o Lahore, Humaium, seus irmãos e, dizem, 20 mil de seus seguidores tinham fugido. Gulbadan escreveu: "Foi como o dia da ressureição; as pessoas deixaram seus palácios decorados e seus móveis exatamente onde estavam." Acompanhado por Hindal, Humaium fugiu em direção ao Sind, e passou meses infrutíferos tentando persuadir o governador local a apoiá-lo. No entanto, teve sucesso em outro trabalho de persuasão, mas somente após um mês de tentativas: convenceu Hamida, de 14 anos, filha de um dos conselheiros de Hindal, a casar-se com ele. Num primeiro momento, ela e Hindal eram inteiramente contrários ao casamento, talvez porque estivessem atraídos um pelo outro. Hindal então marchou, nervoso, até Kandahar. A mãe de Humaium induziu Hamida a aceitar seu filho de 33 anos dizendo: "Afinal de contas, você se casará com alguém. Melhor que um rei, quem poderia ser?" Humaium "pegou [um] astrolábio em sua mão abençoada e buscou ele mesmo a melhor data astrológica para o seu casamento: 21 de agosto de 1541".[12]

Quando Hamida e Humaium deixaram Sind, em maio de 1542, foi para cruzar o deserto do Rajastão de volta à Índia, onde ele tinha a esperança de aliar-se com o rajá de Marwar (Jodhpur). No entanto, sua esperança não durou muito, e a caravana amargou no deserto rigoroso nos meses mais quentes do ano. Hamida estava grávida de oito meses. Mesmo assim, o desdém que alguns oficiais nutriam por Humaium era tanto que, certo dia, quanto Hamida saiu sem um cavalo, ninguém foi capaz de emprestar-lhe outro. Eventualmente, Humaium ofereceu o seu próprio e seguiu a camelo — algo impensável para um imperador. Finalmente, um oficial ofereceu a Hamida seu cavalo, permitindo que Humaium descesse do camelo.

Logo chegaram a Umarkot, cidade desértica cujo governante fora morto por inimigos de Humaium. Era o caso de "o inimigo do meu inimigo é meu amigo", e a exausta caravana de Humaium foi bem recebida. Lá, no dia 15 de outubro de 1542, Hamida deu à luz seu filho — o futuro imperador Akbar. Humaium, claro, montou o horóscopo do filho. Era propício. No entanto, a posição de Humaium ainda não era cômoda. Mais uma vez deixou a Índia, com os irmãos Asaki e Kamran entre os seus opositores. Decidiu que sua única esperança era buscar a ajuda do xá da Pérsia, como fizera seu pai em situação semelhante.

Como a viagem seria em terreno acidentado e no inverno, deixaram seu único filho, então com 14 meses, sob os cuidados de seu tio rebelde Askari, que não era um Ricardo III, e, seguindo os preceitos de Tamerlão sobre como um príncipe deveria ser tratado, deixou que sua mulher cuidasse do menino. No entanto, o pai sofria: "Meu coração está gelado pelo frio intenso", disse Humaium. Comida e panelas eram escassas, de forma que se viram obrigados a matar um dos cavalos para "cozinhar algo de carne em um capacete".[13] No entanto, em janeiro de 1544, chegaram à Pérsia. O xá deu as boas-vindas a Humaium como um visitante honrado e parecia inclinado a oferecer-lhe apoio. A benevolência do xá foi encorajada por uma bolsa com flores verdes, que Humaium levava debaixo de suas roupas. Dela, extraiu o Koh-i-Nur e outras joias, oferecendo-as ao xá. O cronista--chefe de Akbar, Abul Fazl, mais tarde escreveu que as joias valiam "mais de quatro vezes"[14] a ajuda do xá.

Ainda assim, antes de conseguir seu apoio, Humaium, um sunita muçulmano, foi exortado pelo xá a mudar de seita, tornando-se um xiita, pelo menos enquanto estivesse sob seu domínio.* Humaium, com relutância, só foi capaz de dizer sim, sobretudo diante da inconstância sunita. Um exército foi então providenciado e Humaium partiu para o Afeganistão, onde tomou Kandahar de seu irmão Askari e Cabul de seu irmão Kamran. Em Cabul, ele e Hamida se reuniram com Akbar, naquele momento sob os cuidados de outra irmã de Babur, Khandura, que, assim como muitas outras mulheres da família real mogol, agia com frequência como intermediária entre os irmãos. Como parte das celebrações, aconteceu a importante cerimônia pública da circuncisão de Akbar, então com 3 anos. Humaium participou das festas junto aos seus nobres.

Mesmo que os irmãos estivessem mais uma vez reconciliados, não deveriam seguir assim por muito tempo. Tanto Kamran quanto Askari se rebelaram em distintas ocasiões. Hindal morreu combatendo as forças de Askari. Humaium, em certo momento, enviou Askari numa peregrinação a Meca — destino muito comum em exílios mogóis —, na qual morreu. Após Kamran ter tomado Cabul duas vezes de Humaium, e também tê-la perdido duas vezes, as forças de Humaium o capturaram em 1552. Seus conselheiros pediram a execução de Kamran: "Costumes entre irmãos não têm nada a ver com governar e legislar. Se realmente quer ser rei, deixe de lado o sentimento fraterno (...). Esse não é o seu irmão! É um inimigo de Vossa Majestade."[15]

Relutante, Humaium concordou que Kamran deveria ser cegado, estratégia utilizada nos reinos de Tamerlão para desarmar rivais. Alguns homens de Humaium capturaram Kamran, arrancaram seus olhos e depois jogaram sal e suco de limão nas cavidades. Humaium teria dito a seu irmão

---

* A dinastia Safávida fizera da prática xiita do islã a religião de Estado da Pérsia, em 1501. A distinção entre xiita e sunita deriva do primeiro século islâmico e originalmente tinha relação com quem era o legítimo sucessor de Maomé e se o gabinete deveria ser eleito ou restrito, como defendiam os xiitas, aos descendentes do profeta através de seu primo e genro, Ali. "Xiita" significa "partido" e vem da frase "partido de Ali". "Sunita" significa "os que seguem o costume, Sunna, de Maomé". Por volta do século XVI, as diferenças se exacerbaram entre as duas seitas.

choroso: "O que aconteceu comigo foi resultado de minha má conduta."[16] Kamran partiu numa peregrinação a Meca, onde morreu.

Em 1554, notícias chegaram a Cabul, para Humaium, sobre a morte do filho e sucessor de Sher Shah, no Hindustão, Islam Shah. (Sher Shah morrera na explosão de um arsenal de pólvora em 1545, em campanha.) E logo vieram mais boas notícias — três inflamados rivais estavam lutando pelo trono do Hindustão. Mesmo o normalmente indeciso Humaium não poderia ignorar tal oportunidade. Levando junto seu jovem herdeiro, Akbar, seguiu rapidamente em direção à Índia, venceu duas vezes seus principais rivais e, em julho de 1555, retomou Délhi — quinze anos após ter sido varrido de lá por Sher Shah.

De volta ao seu trono, Humaium devotou-se à astronomia e à literatura. Estabeleceu um observatório e reformou um pequeno pavilhão octogonal de pedra no palácio de Sher Shah, conhecido como Sher Mandal, que ficou servindo como biblioteca. (Sua coleção de manuscritos, incluindo as memórias de seu pai, bem como outros objetos e joias, acompanhavam-no em suas confabulações.) Mas seu destino continuava a desafiar aquele nome de "afortunado". Certa tarde, enquanto o sol se punha, no final de janeiro de 1556, estava sentado no chão do Sher Mandal, discutindo com seus astrônomos quando Vênus surgiria no céu noturno — época que, ele imaginava, seria um tempo de anúncios importantes. Após um momento, decidiu voltar aos seus aposentos. Quando estava colocando os pés na escadaria do Sher Mandal, com seus degraus estreitos, afilados, ouviu a reza de uma mesquita próxima e "seu pé enganchou na cauda do robe (...). Ele perdeu o equilíbrio e caiu de cabeça, sua têmpora do lado direito recebeu um sério impacto, fazendo com que sangue escorresse de seu ouvido". Alternando entre a consciência e a inconsciência, morreu três dias mais tarde, com as palavras: "Ouvi o chamado divino."[17] Tinha 47 anos e 10 meses, poucos dias mais velho que seu pai, Babur, quando morrera.

Humaium viveu menos de um terço de sua vida na Índia. Seu filho Akbar — que, como seu contemporâneo Shakespeare, morreria no dia de seu aniversário — viveria precisamente 63 anos, 50 deles na Índia, 49 como imperador. Em vida, transformou o reinado mogol na Índia, que era uma ocupação estrangeira, em um império estável, estruturado e, integrado.

II
Allah Akbar

Os primeiros seis anos do governo de Akbar foram conduzidos, como disse seu principal cronista, Abul Fazl, "por trás do véu": primeiro sob a tutela do general de seu pai e depois de sua mãe adotiva, ou ama-seca, Maham Anga, e sua família.* De acordo com Abul Fazl, quando Akbar nasceu, no deserto do Rajastão, foi primeiro posto para mamar no seio de sua mãe, de 15 anos de idade e, com "seus doces lábios em contato com seios tão benignos, sua vida foi adoçada por um fluido de vida". No entanto, de acordo com os costumes de Tamerlão, foi passado a uma série amas-secas de famílias destacadas. Ser ama-seca era uma posição conveniente, pois tais mulheres adquiriam grande influência e seus filhos passavam a ser considerados irmãos adotivos do infante. Akbar tinha ao menos dez irmãos postiços, mais do que o normal, pois na época de seu nascimento Humaium teve poucas outras oportunidades de recompensar seus seguidores leais.

O poder foi para as mãos do filho de Maham Anga, Adham Khan. Nas palavras de Abul Fazl, ele se "inebriou com a juventude e a prosperidade"

---

* Abul Fazl era de estrato árabe, filho de um clérigo. Entrou para o serviço de Akbar em 1574, aos 23 anos. Liberal como seu pai, transformou-se em um dos mais próximos entre os confidentes do rei, sendo seu cronista oficial. Disse que escreveria com "uma pena perfumada com sinceridade". Ainda que fosse obviamente parcial em relação a Akbar e constantemente prolixo, sua diligência e seu apuro como cronista não deixaram dúvida. Na tradução para o inglês, seus escritos sobre Akbar somam pouco menos de 4 mil páginas, sendo 60% formados pela história de Akbar e seus ancestrais, o *Akbaranama*, e o *Ain-i-Akbari*, relato detalhado sobre o funcionamento do império e da corte.

e "seu orgulho foi levado pelo vento da arrogância". Juntou tesouros de imperadores de cidades invadidas e tomou para si os melhores habitantes de haréns capturados. Certa tarde quente de maio de 1562, caminhou calmamente com seus guardas pelo palácio imperial de Agra, onde um ministro rival dava audiência pública. Quando o ministro, marido de outra das amas-secas de Akbar, levantou-se para cumprimentá-lo, Adham fez um gesto para que um de seus sectários o ferisse com uma faca. Com uma espada em punho, Adham foi ao harém adjacente, onde Akbar dormia, mas um eunuco trancou a porta com força. Akbar, de 19 anos, já bem desperto, saiu por uma porta lateral e correu em direção a Adham, gritando: "Seu filho da puta!" Adham virou-se e colocou a mão sobre a manga de Akbar. Este deu um murro na cara de Adham — os cronistas de Akbar dizem que foi como se tivesse sido atingido por um bastão com pregos. Akbar ordenou que o corpo ainda inconsciente de Adham fosse jogado dos muros do palácio — de quase 10 metros de altura. Como não morreu na primeira queda, Akbar fez com que fosse arrastado para cima, pelos cabelos, e jogado mais uma vez do muro, desta vez de cabeça. Nas palavras de Abul Fazl: "Seu pescoço se quebrou e o cérebro foi destruído. Afinal de contas, o sanguinário recebeu o troco que merecia." Akbar tinha emergido por trás dos véus em vingança.

 Akbar era especialmente irritadiço, como mostra seu confronto com Adham. Também tinha ambições de estender os limites do império que herdara do pai. De acordo com Abul Fazl, ele acreditava que "um monarca deveria estar sempre em busca de conquistas, ou seus vizinhos pegariam em armas e se revoltariam contra ele". Ao longo dos anos, patrocinou muitas guerras de conquista. Muitas das vezes vestido como um guerreiro, liderou suas tropas no front. Adepto do ataque-relâmpago, certa vez cobriu mais de 800 quilômetros em nove dias com sua tropa montada a fim de surpreender e derrotar um exército muito maior. Inventou artefatos para levar elefantes e artilharia mais rapidamente à frente de batalha, tinha uma bateria de morteiros que diziam demandar mais de mil bois para serem carregados e poder de fogo para atirar quatorze vezes simultaneamente.

 As primeiras conquistas do reinado de Akbar, de Ajmer, Gwalior e Juanpur, ocorreram enquanto ele ainda estava "por trás dos véus". Logo no início de seu reinado, Akbar venceu alguns dos principais rajás dos principados do Rajastão (Rajputana). Os rajputs, cujo nome significa "filhos de reis", que se diziam descendentes do Sol, da Lua e do Fogo, eram, e são, alguns dos mais bravos guerreiros do mundo, com um código de honra estrito, equivalente ao dos espartanos, e um espírito de clã semelhante ao dos escoceses das Terras Altas. Eram, por vários motivos, os guerreiros da Índia hindu. Lendas e canções estão repletas de feitos seus. A partir do século IX, começaram a ganhar poder gradualmente no noroeste da Índia, onde eram a maioria entre as dinastias reinantes. No entanto, frequentemente lutavam entre si, e sua forte rivalidade tribal ajudou Akbar a iniciar uma política de "dividir para conquistar".

O cerco de Chitor, no final de 1567 e início de 1568, foi um ponto alto da coragem dos rajputs, mas também o fim de sua era de independência. A fortaleza de Chitor tinha quase 500 metros de comprimento, com seus muros defensivos no alto de uma colina. A fim de permitir que suas tropas se aproximassem, Akbar ordenou a construção de grandes corredores de ataque cobertos, *sabats*, largos o suficiente para que dez cavaleiros passassem em linha, e construídos de pedra e pedregulho, com tetos cobertos de peles. A cada dia, mosqueteiros trabalhando para Chitor atingiam centenas de trabalhadores que construíam tais tentáculos mortais, avançando lentamente, de forma sinuosa, mas sempre seguindo em frente, circundando as pedras. Após meses do cerco de Chitor, Akbar viu chamas e fumaça subindo de repente de diferentes pontos do forte. Um observador explicou que os rajputs viam a perda como inevitável, mas, antes que os homens saíssem para morrer com suas roupas de martírio amarelas, suas famílias estavam fazendo a *jauhar* — "o último sacrifício que os rajputs, em desespero, oferecem aos deuses". As colunas de fogo vinham das piras funerárias nas quais as mulheres se jogavam.

Após ver os soldados rajputs morrendo em combate, e em contraste com sua política habitual de reconciliação, Akbar ordenou o massacre dos que permaneceram vivos em Chitor, a maior parte homens do campo em busca de abrigo. Talvez tenha feito isso porque Chitor fora, por muito tempo, símbolo do poder rajput ou para mostrar aos futuros inimigos que quanto maior fosse a resistência, pior seria a retaliação. Por volta de 1570, todos os mais importantes príncipes de Rajput — menos um, o rana de Mewar (Udaipur), que se escondera nas montanhas — tinham reconhecido a soberania dos mogóis.

O alvo seguinte de Akbar foi a costa oeste do reino de Guzerate. Era uma localidade próspera, que se beneficiava de sua posição como principal portão para o comércio com a Arábia e além, bem como ponto de partida para muitas das viagens de peregrinos a Meca. Como fizeram tantas vezes os mogóis, Akbar clamou a legitimidade de suas ações sob o pretexto de que Guzerate já tinha sido parte do reino de Humaium. Ele também costumava tirar vantagem das disputas entre a elite governante do estado, dizendo que alguns deles o tinham convidado para que restaurasse a ordem. Mais tarde, Akbar diria sem arrependimento que suas conquistas "não foram fruto de vontade própria ou autoindulgência (...), que não tinham qualquer objetivo além de ser gentis com os mortais e destruir os opressores".[1] A campanha foi curta e, no final de 1573, Guzerate estava completamente incorporado ao reino mogol.

Mesmo quando estava lutando contra os rajputs, Akbar, muçulmano sunita, reconheceu que precisava reconciliar esse povo e os outros povos hindus que viviam em seu reino sob a sua égide. E fez isso de várias formas. Abul Fazl descreveu a primeira: "Sua Majestade firmou alianças matrimoniais com princesas do Hindustão e outros países, e com tais laços assegurou a harmonia do mundo." Aos 19 anos, Akbar casou-se com a primeira de várias princesas rajputs, a filha do rajá de Amber (Jaipur). Tanto ela quanto outras esposas não muçulmanas de Akbar podiam praticar sua religião no harém. No entanto, Akbar não ofereceu suas filhas em matrimônio a outros governantes; na verdade, desde então ficou estabelecido como costume local que as princesas mogóis não deveriam se casar — provavelmente para evitar rivalidades futuras entre dinastias. Akbar também integrou velhos rajputs a seu serviço. Pouco tempo depois, bem como os exércitos escoceses no Império Britânico, essas pessoas começaram a ocupar um número desproporcional entre os generais e o pessoal de tropa, a quem eram oferecidos privilégios especiais, como guardas montadas em palácios imperiais ou o rufar de tambores quando entravam em cidadelas reais.

Akbar baniu, ainda, a dessacralização de templos hindus. Em 1563, ao descobrir que oficiais estavam cobrando taxas de peregrinos para visitar a cidade sagrada de Mathura (vista pelos hindus como o local de nascimento do deus Krishna), a menos de 65 quilômetros de Agra, imediatamente as proibiu. Em 1564, foi além: para grande descontentamento dos mulás islâmicos, aboliu a *jizya*, taxa cobrada aos "infiéis", prescrita no Corão e mais tarde encarada por eles como parte essencial da *sharia*, ou "caminho correto", da lei islâmica. Akbar, por fim, proibiu uma série de práticas discriminatórias e degradantes, como o bizarro direito de magistrados muçulmanos de cuspir na boca de hindus que atrasavam o pagamento de seus impostos.

Para integrar seu império em expansão, Akbar instituiu diversas reformas administrativas e territoriais. Fez isso baseando-se em medidas introduzidas por Sher Shah, competente administrador, e converteu uma aristocracia militar em uma altamente regulada burocracia imperial na qual qualquer pessoa de importância era um servo do Estado. Com a exceção de alguns principados rajputs e outros Estados subordinados, cujos governantes reconheceram a soberania mogol e pagavam seu tributo ao tesouro imperial enquanto seguiam com autonomia em seus negócios internos, Akbar fez com que as terras em seus domínios fossem de propriedade imperial e as dividiu em feudos (ou *jagirs*). Ele mesmo escolhia os nobres que cuidariam de cada feudo por determinado tempo. Em retorno às taxas recolhidas de seus *jagirs* por oficiais do governo, os nobres tinham de manter certo número de guarnições militares. Exercendo ou não comando militar, tanto os nobres como os oficiais eram ranqueados hierarquicamente como comandantes de determinadas tropas — de 10 a 10 mil. Mesmo o chefe da cozinha real era "comandante de 600".*

---

* O uso do número dez por Akbar era baseado no zero, uma "invenção" da Índia. O que conhecemos como números arábicos são, na verdade, "números índicos" — apenas foram levados à Europa via Oriente Médio.

Akbar decretou que quando os nobres morressem a propriedade de seus feudos voltaria à Coroa. Como poderia arbitrariamente remover os nobres de seus feudos ou transferi-los para outros no lado oposto do império, bem como controlar seus Estados póstumos, Akbar esperava poder garantir grande lealdade e prevenir o estabelecimento de bases de poder rivais. No entanto, de acordo com os cronistas, sofreu com 144 rebeliões — todas sem sucesso — durante o seu reinado.

A importância da boa comunicação, nos vários sentidos da palavra, para o império foi bem entendida e explorada por Akbar. Enquanto mais tarde os britânicos usariam o inglês e as ferrovias para governar a Índia, Akbar impôs o persa como língua da corte e construiu várias estradas cercadas de árvores que ofereciam sombra.* Em intervalos regulares ao longo dessas estradas, os viajantes descansavam, e os mensageiros imperiais podiam trocar de cavalo ou transferir os recados, permitindo que instruções imperiais percorressem mais de 240 quilômetros em 24 horas. Isso fazia com que os viajantes tivessem sempre em conta o poder imperial, bem como os deixava tranquilos quanto a sua segurança: em alguns pontos, pilhas de cabeças decepadas demonstravam o destino de ladrões e rebeldes. Um viajante inglês descreveu como as cabeças eram cimentadas em pequenas torres "em forma de casa de pombo, e nunca ultrapassavam os 3 metros de altura".[2]**

Para Akbar, a religião foi, em todos os aspectos do seu reinado, a chave tanto para o seu governo quanto para sua vida pessoal. Quando morreu, deixou mais de trezentas mulheres, muitas delas vindas de dinastias. O Corão permitia ao homem quatro esposas, mas em certo verso parece sancionar, implicitamente, uma espécie de casamentos de segunda ordem

---

* O urdu, hoje a língua oficial do Paquistão, é uma mistura do persa falado pelos mogóis com o híndi. Era originalmente falado nos acampamentos militares mogóis — a palavra *urdu* significava "acampamento".

** Naquela época, as forças inglesas mostravam ladrões de estrada executados, e a única ponte de Londres sobre o Tâmisa era palco para demonstração das cabeças de rebeldes, lembrete similar do poder do governo para a população.

com um número não especificado de mulheres. Segundo a visão de Akbar e de clérigos xiitas, tal abertura ofereceu respaldo aos "casamentos extras" de Akbar. Quando o conselheiro-chefe da lei religiosa para Akbar, que era sunita, não concordou com a manobra, mesmo após longos debates, Akbar o trocou por um xiita, mais complacente. (São claros os paralelos com a rejeição de Henrique VIII, mais ou menos cinquenta anos antes, da fé católica em favor de sua própria visão do cristianismo, ao ter de enfrentar a recusa do papa em sancionar seu divórcio de Catarina de Aragão e casá-lo com Ana Bolena.)

Akbar sempre pareceu seguir um caminho místico. No final de sua adolescência, viajou sozinho pelo deserto, libertando seu cavalo e, após meditar intensamente, afirmou ter ouvido a voz divina. Anos mais tarde, enquanto se preparava, sob uma árvore frutífera, para uma caçada no Punjab, "uma alegria sublime tomou posse de seu corpo, e a percepção de Deus o atingiu como um raio". Ficou tão mexido pela experiência que sua mãe, Hamida, percorreu a considerável distância desde Agra para cuidar do filho. Sua espiritualidade inerente, combinada ao imperativo político de unificar a religião ao invés de dividi-la, levou Akbar a uma contemplação profunda, a uma análise comparativa de religiões. Construiu o que chamou de "Ibadat Khana" — "casa da adoração" — e convidou teólogos das maiores fés para entrar e debater suas crenças.

Quando a disputa entre estudiosos islâmicos chegou ao ponto de eles se chamarem, uns aos outros, de "idiotas e hereges", Akbar decretou um tratado sobre a infalibilidade de sua própria crença. Se os especialistas islâmicos não concordavam sobre a interpretação do Corão, o próprio Akbar tomaria a decisão final. Mais importante ainda, o decreto dizia que quando Akbar tomasse uma decisão sobre qualquer assunto, este não poderia ser comentado, a menos que estivesse patentemente contra os preceitos do Corão. Assim como Henrique VIII fizera na Inglaterra de 1534, Akbar estava fazendo de si mesmo o líder secular de sua fé, constituindo uma decisiva diminuição do poder dos mulás.

Akbar também introduziu uma nova forma de saudação frente à presença imperial, a prostração, com a testa tocando o solo. Era um anátema para a fé muçulmana, que acreditava que tal saudação deveria ser feita apenas a Deus. Os clérigos objetavam outras inovações menores de Akbar, tal como a decisão de tomar banho antes, e não depois, das relações sexuais. Nesse caso, a objeção tinha a ver com transformar o sexo — de uma obrigação seguida de um ritual de limpeza — em um prazer que requeria ablução prévia. Também proibiu o abate de animais aos domingos, pois era um dia consagrado ao Sol. Desencorajou o crescimento de barbas, adorno facial muito comum entre os homens do islã mais estrito, bem como o consumo de alho e cebolas. Imaginou que "a remoção de um pedaço de pele [circuncisão] não era uma forma de aproximação com Deus", e por isso decretou que os meninos não deveriam ser circuncidados até os 12 anos, quando poderiam decidir eles mesmos se tal procedimento deveria acontecer.

Akbar debateu com hindus, traduziu seus épicos, assistiu a seus festivais e apareceu com sua marca vermelha, o *tilak*, na testa. Um muçulmano desgostoso disse que Akbar tinha sido persuadido "a venerar o fogo, a água, as pedras e as árvores e todos os objetos naturais, mesmo as vacas e seu esterco".[3] Akbar se prostrava sob o sol como os parses e outros zoroastrianos. Os jainistas o convenceram do benefício do vegetarianismo. Viu méritos no taoismo, no budismo e no confucionismo. Os *sikh* o consideravam "um ouvinte atento".

Em 1579, Akbar reuniu os jesuítas da colônia portuguesa de Goa, no sudoeste da Índia. Tratou os padres com muita cortesia e, dizem, recebeu quatro volumes da Bíblia "com grande reverência", beijando cada um deles e colocando-os "sobre a cabeça, gesto que para estes povos significa honra e respeito".[4] Chegou a remover seu turbante ao entrar na pequena capela dos padres, e foi algumas vezes persuadido a usar um crucifixo e deixar outro dependurado em sua cama. Ainda que os padres tenham imaginado que imitaria Constantino, levando o cristianismo ao império, isso nunca aconteceu.

Para Akbar, o cristianismo era apenas mais um entre os vários tipos de fé dos quatro cantos do mundo, e cada um continha um elemento de verdade. Em vez de abraçar qualquer uma delas, Akbar inaugurou uma nova religião — conhecida como Din Ilahi, "a fé divina" — que uniria seu povo sem que o obrigasse a deixar suas crenças originais. Era uma fé livremente definida, na qual os princípios de reencarnação e carma eram aceitos, e o perdão, a tolerância e a gentileza perante a todos os seres vivos deveriam ser observados. Foram anunciados dez vícios e dez virtudes. O Sol era reverenciado como o coração da divindade, e a unificação com Deus seria o objetivo final. Como "o desejo divino se manifesta pela intuição dos reis", o próprio Akbar era o único elo entre o divino e a humanidade, mas nunca ficou claro se estaria reivindicando qualquer divindade para si mesmo. Mudou sua alcunha, acrescentando as palavras "Allah Akbar" em vez de, como era antes, apenas seu nome. No mundo islâmico, tal frase significa "Deus é *akbar*" — grande —, mas também poderia ser interpretado como "Akbar é Deus".

Ainda que tenha levado muitos dos nobres mais destacados à sua fé, não a transformou numa religião de convertidos; consequentemente, ela nunca alcançou um número grande de seguidores e desapareceu após a morte de Akbar. No entanto, a mera existência de um debate religioso e a tolerância religiosa que adotou durante toda a sua vida promoveram um grande sentido de inclusão entre os seus súditos, sem importar que religião professavam.

Mesmo tendo várias esposas, quando estava com seus 20 e poucos anos Akbar ainda não tinha um herdeiro e começou a consultar religiosos. Primeiro foi em busca de um homem sobre o qual ouvira falar, o sufi ou místico muçulmano chamado Shaikh Salim Christi, que vivia na pequena cidade de Sirki, a oeste de Agra.* Ele acalmou Akbar dizendo-lhe que teria três filhos. Logo depois, a esposa principal de Akbar, filha do rajput rajá de Amber, ficou grávida. Akbar a enviou para viver com Shaikh em busca de sorte para a gravidez. No dia 30 de agosto de 1569,

---

* Os sufis pregavam uma relação mais pessoal com Deus, por meio de vários caminhos místicos. A palavra "sufi" significa "aqueles que vestem o sufi", roupas de lã áspera. Dizem que os místicos tinham adotado tais roupas, como os eremitas cristãos, a fim de provar seu ascetismo e pobreza.

deu à luz, em Sirki, um filho chamado Salim por Akbar, mas que ficaria conhecido como Jahangir quando se tornasse imperador. Os outros dois filhos, Murad e Daniyal, nascidos de outras mulheres, vieram nos três anos seguintes, um nascido em Sirki e o segundo em outro santuário.

Para honrar seu conselheiro e capitalizar a boa sorte que veio de Sirki, Akbar decidiu mover a capital de Agra para uma nova cidade a ser construída na região. Mais tarde, somaria ao nome de Sirki o prefixo "Fatehpur", ou "cidade da vitória", para comemorar o sucesso de suas campanhas militares em Guzerate. Fatehpur Sirki não era, no entanto, o principal projeto de construção de Akbar na região — havia a tumba de seu pai, Humaium. O grande complexo ajardinado foi construído ao sul de Délhi e, mesmo aos olhos de um leigo, trata-se de um claro antecedente do Taj Mahal. Projetado em plano simétrico, o mausoléu está construído após um arco de mais de 6 metros de altura de arenito vermelho, dentro de um grande jardim murado. A tumba tem inserções em arenito com intrincados desenhos em mármore branco, e foi posta sob uma enorme cúpula também de mármore branco, após um *iwan*, ou entrada em arco recuada. Diferentemente de grande parte dos edifícios mogóis, essa tumba está ligada aos seus arquitetos, Sayyid Muhammad e seu pai, Mirak Sayyid Ghiyas. Os dois, descendentes de persas, usaram na tumba muito do design persa, com seus portais em arco e câmaras mortuárias octogonais. Contudo, a construção também contém vários elementos hindus, como o remate final acima da cúpula, em forma de bulbo, e estrelas de seis pontas — importante símbolo cosmológico hindu que representa o espírito e a matéria unidos — sobre as paredes dos arcos e as *chattris* nos tetos de cada uma das partes principais da construção. (A palavra *chattri* significa "guarda-chuva", mas em arquitetura denota os tetos em forma de cúpula.)

A tumba de Humaium foi a primeira a ser construída na Índia com a combinação de mármore e arenito em grandes quantidades. Alguns historiadores da arquitetura chegaram a sugerir que o uso do branco (mármore) e do vermelho (arenito) era ecumênico, e que com isso Akbar estava associando os mogóis com as duas mais altas castas da estrutura social dos hindus — o branco dos Brahmin e o vermelho dos bélicos Kshatriya.

Akbar continuou a reforma da fortaleza de Agra, ao lado do rio Jumna, e tentou mostrar sua força percorrendo as muralhas de arenito de mais de 2 quilômetros carregando um homem em cada braço. No entanto, Fatehpur Sirki ilustra melhor sua visão arquitetônica. A cidade tem a forma de um vasto quadrilátero, fortificada por três lados e protegida no quarto por uma colina. Ainda que o design da cidade siga os princípios mogóis, o design dos edifícios, muitos dos quais sobrevivem até hoje em incrível estado de conservação, é de inspiração quase inteiramente hindu. A cidade foi construída com arenito, pedra que podia ser talhada tão facilmente por um especialista no assunto quanto a madeira pode ser entalhada por um carpinteiro. A decoração pontiaguda lembra as escavações em madeira ornamentadas dos templos hindus. O arenito também permitiu a pré-fabricação. O padre Antonio Monserrate, jesuíta europeu, registrou que "para não ser incomodado pelo barulho das ferramentas, Akbar mandou confeccionar as partes em vários lugares, sempre de acordo com o plano exato do edifício, e depois as levou ao local, sendo então reunidas". Pinturas em miniatura mostram Akbar demonstrando grande interesse pelo trabalho de entalhadores de pedra em Fatehpur Sirki. Monserrate foi além, registrando que "Akbar algumas vezes carregava as pedras junto aos trabalhadores. Também não se furtava (...) a praticar, por uma questão de diversão, o ofício de um simples artesão".[5]

Mesmo que a pré-fabricação não ocorresse totalmente em Fatehpur Sirki, como sugeriu Monserrate, essa pode muito bem ter sido uma das razões para a cidade cercada por muralhas com nove portas ter sido completada em sete anos. Dentro das muralhas estavam o tesouro real, as casas de banho, alojamentos, jardins, mesquitas, quarteirões para os nobres e, claro, o palácio de Akbar. Seus aposentos pessoais davam para o brilhante Anup Talao, ou "Reservatório Inigualável".

O enorme harém, protegido por uma guarita e pesados portões de metal, parecia uma fortaleza. O único contato que as mulheres tinham com o mundo exterior era espreitando a partir dos balcões construídos no alto dos muros. Por trás desses pesados muros estava um palácio luxuoso. Havia fontes entre os canteiros de flores brilhantes e telhas azuis reluziam sob a luz do Sol. Quando as brisas refrescantes sopravam, as mulheres se reuniam num pavilhão mais alto — o Hawa Mahal, ou "palácio do vento" — para aproveitar o bom tempo. As incrustações nas pedras vermelhas de seus aposentos e dos pátios apresentavam uma voluptuosidade tipicamente hindu. Akbar, que podia entrar no harém por uma série de corredores, brincava de esconde-esconde com suas mulheres e gostava de jogar uma espécie de xadrez usando peças humanas.*

O edifício mais incrível de todos é um hall cujo interior é dominado por um alentado pilar, ricamente decorado, que apoia uma plataforma conectada por estreitas pontes em diagonal, ligadas a corredores em cada curva. Historiadores discutem sobre o uso dessa estrutura, mas a maior parte considera que Akbar a usava como câmara de audiências. Quando presidia um conselho, sentava-se na plataforma central, pedindo ajuda aos que estavam nos balcões que a circundavam, e que poderiam, se necessário, aproximar-se dele pelas pontes.

Ralph Fitch, antigo mercador inglês, ficou tão impressionado com Agra e Fatehpur Sirki que escreveu: "São duas cidades muito grandes. Ambas são bem maiores que Londres, e muito populosas."[6] A magnífica cidade de Fatehpur permaneceu inteiramente habitada por quatorze anos; porém, a partir do início de 1586, foi gradualmente sendo abandonada. A razão já foi muito debatida, mas nunca elucidada. Escassez de água e comunicação insatisfatória podem ter sido fatores preponderantes. Diferentemente de Agra, Fatehpur Sirki não estava próxima a quaisquer das grandes redes de estradas que conectavam o império de Akbar; nem às margens do Jumna, importante caminho de águas para comércio e viajantes, especialmente aqueles que faziam a viagem de ida e volta para Délhi. No entanto, Akbar talvez nunca tenha tomado a decisão formal de deixar Fatehpur Sirki — isso simplesmente aconteceu graças às suas prioridades sempre cambiantes.

---

* Os guias de hoje apontam depressões nas pedras onde dizem que as mulheres depositavam suas joias, de forma que seu ruído não as delatasse. O xadrez teve sua origem na Índia — por isso a expressão "xeque-mate", derivada de *shah mat*, "o rei foi derrotado" — e chegou à Europa via Pérsia.

Akbar voltou suas atenções para um local muito diferente: a Caxemira. Conquistada em 1586, após uma curta campanha bélica, ganhou o coração de Akbar e seus descendentes. O vale da Caxemira está entre altas montanhas do norte da Índia e tem pouco mais de 140 quilômetros de comprimento e 40 quilômetros de largura. Irrigado pelo rio Jhelum, é um verdejante Shangri-La, suas encostas cobertas de rododendros e zimbros, abetos e cedros, enquanto choupos e pinheiros margeiam seus lagos. Akbar apreciava particularmente as cores brilhantes do outono e os campos violeta de açafrão do verão.

Nos anos 1580, Akbar, com 40 anos, estava no auge de sua pompa e poder, uma figura impressionante, carismática aos olhos de quem o via, hindus e europeus. O padre Monserrate o descreveu como "de uma estatura e um semblante que caíam bem em sua dignidade real, fazendo com que qualquer pessoa pudesse facilmente reconhecer, mesmo à primeira vista, que se trata de um rei. Tem ombros largos, pernas boas para a equitação e uma compleição morena clara (...). Sua expressão é tranquila, serena e aberta, cheia de dignidade e, quando está nervoso, de uma majestade terrível (...). É difícil exagerar quão acessível ele se mostra a todos (...), pois todos os dias cria oportunidades para que as pessoas comuns ou os nobres o possam ver e conversar; e gosta de mostrar a si mesmo como bem-falante e afável, em vez de severo frente aos que se aproximam (...); é incrível o efeito que tal cortesia e afabilidade têm de atrair as mentes dos demais para seus objetivos (...). Suas ideias são acuradas e ele se mostra um bom planejador de futuro".[7]

O filho de Akbar, Salim, no entanto, apontou uma falha. Mesmo que a biblioteca imperial tenha passado a suntuosamente abrigar 25 mil manuscritos, seu pai era "iletrado. Mas, por conversar constantemente com sábios e pessoas inteligentes, sua linguagem era tão polida que ninguém seria capaz de descobrir, com uma conversa, que não tinha qualquer educação".[8] A inteligência de Akbar era também evidente em sua profunda curiosidade sobre o mundo mais amplo, que o deixava "à vontade ante os estrangeiros".[9]

Em 1577, um estrangeiro particularmente bem-educado, o ambicioso nobre persa Mirza Ghiyas Beg, chegou à corte de Akbar. Tão charmoso quanto pobre, esse imigrante deixara sua terra natal para viajar com sua esposa, grávida de muitos meses, e três crianças pequenas por terras selvagens e desérticas, na esperança de construir uma fortuna a serviço dos mogóis. A viagem foi árdua e perigosa, apesar de, para sua segurança, ter viajado na companhia de uma caravana. Ainda na Pérsia, ladrões atacaram sua família e roubaram tudo o que tinham, exceto duas mulas. Alternando os dois animais, a família chegou a Kandahar, onde a esposa de Ghiyas Beg deu à luz uma menina. Chamaram-na Mehrunissa, "o Sol das Mulheres".

De acordo com alguns cronistas, seus desamparados pais, desesperados, a abandonaram. O bebê foi localizado pelo rico líder da caravana, que a avistou, avisou sua mãe e prometeu ajudar a família. Outras lendas relatam como os pais, ao final, não foram capazes de abandonar a recém-nascida. Ghiyas Beg voltou à árvore onde a tinham deixado para encontrar a pequena Mehrunissa envolta por uma enorme serpente negra. Após a chegada frenética do pai, a serpente se desvencilha e desaparece, deixando o caminho livre para que Ghiyas Beg recuperasse sua filha.

Seja qual for a história real, Mehrunissa sobreviveu às primeiras e incertas horas de sua vida e viajou com a família ao território mogol. Chegando a Fatehpur Sirki, Ghiyas Beg, seguindo o costume de estrangeiros que chegavam à corte, foi apresentado a Akbar. O aventureiro persa imediatamente causou uma boa impressão. Tinha herdado a eloquência do pai, um poeta de voz macia que chegara ao posto de *wazir*, ministro-chefe, de Isfahan. Também foi ajudado pelo fato de que outros membros de sua família já tinham entrado para a corte mogol e prestado bons serviços. Mas nenhum alcançara o êxito de Ghiyas Beg, cuja família cativaria, emocional e intelectualmente, a atenção de vários imperadores. Sua filha e sua neta se transformariam em imperatrizes mogóis, e seu bisneto ascenderia ao trono.

O progresso de Ghiyas Beg foi lento, a princípio. Akbar o deixou num posto mediano e enviou-o como tesoureiro à fronteira norte, em Cabul. Em 1596, voltou aos domínios do palácio imperial, em Agra. Naqueles anos, Mehrunissa crescera, tornando-se uma linda mulher que, de acordo com um relato, "na música, na dança, na poesia e na pintura não tinha rival do mesmo sexo. Sua disposição era volátil; sua inteligência, viva e sarcástica; seu espírito, elevado e indomado". O subtexto é que tinha *sex appeal*. Casara-se aos 17 anos com um soldado persa bem-nascido que se distinguira entre as campanhas de Akbar e cuja coragem o fez ganhar o título de Sher Afghan, "Assassino de tigres".

Muitos relatos sugerem que, por acidente ou desígnio, Mehrunissa já tinha chamado a atenção do príncipe Salim. De acordo com um desses relatos, Salim convocou seu pai e "as senhoras, como de costume, para introduzi-la nos véus". Mehrunissa dançou em frente ao inflamado Salim, que "mal podia se conter pelas regras da decência (...). Quando seus olhos pareciam devorá-la, ela, por acidente, deixou cair o véu; e brilhou diante de seu olhar (...)". Alguns cronistas dizem que Akbar tinha organizado seu casamento para deixá-la longe das mãos do filho, mas outros sustentam que Salim concebeu sua paixão por ela após seu noivado, e que Akbar "recusou-se a cometer tamanha injustiça"[10], suspendendo o casamento.

Os vários relatos foram escritos anos após os acontecimentos, alguns enquanto Mehrunissa era a mulher mais poderosa da Índia, outros após sua derrocada. Alguns escritores estavam ansiosos para apresentar Mehrunissa e sua família como personagens intrigantes; outros queriam pintar o retrato de um amor nobre e duradouro. A verdade é tão pouco conhecida quanto a própria Mehrunissa, que viveu uma vida de menina aristocrática na ala feminina da casa de Ghiyas Beg. Teria sido difícil, se não impossível, para Salim oferecer-se a ela nessa casa ou na corte — mesmo que, como filha de um cortesão de confiança, pudesse ter sido convidada a visitar as senhoras do harém imperial, passando pelos olhos de eunucos cuidadosos e musculosas guardas femininas em direção ao interior do harém, perfumado e recoberto de seda, para baixar seu véu e dançar onde nenhum homem, exceto o imperador, era admitido.

Salim já tinha algumas esposas, especialmente vindas de alianças formadas para anular os elementos mais diversos do império de Akbar. Seu primeiro casamento, em 1585, foi com sua prima Man Bai, filha do rajá hindu de Amber (Jaipur). Em 1587, nasceu seu primeiro filho, Khusrau. O segundo filho de Salim, Parvez, nasceu de uma esposa muçulmana, em 1589. No entanto, foi a chegada do seu terceiro filho, nascido em 5 de janeiro de 1592, em Lahore, de outra princesa hindu, que mais agradou Akbar. Ele e seus astrólogos viram o nascimento como venturoso. A criança seria "uma pessoa de destaque no topo da realeza e mais resplandecente que o Sol". Ainda mais significante: a conjunção dos planetas no momento de seu nascimento era a mesma do nascimento de Tamerlão; o ano de seu nascimento era o ano 1000 no calendário islâmico; e o mês era o mesmo do profeta Maomé. O imperador deu-lhe o nome de "Khurram", ou "jovial". A criança, que se tornaria o imperador Shah Jahan, foi, desde seus primeiros momentos, o preferido de Akbar.

No ano seguinte, Ghiyas Beg também celebrou o nascimento de uma criança — uma neta, filha de um de seus filhos, chamada Arjumand Banu. Mais tarde, o mundo a conheceria como Mumtaz Mahal, a "Preferida do Palácio", grande amor de Shah Jahan. Sua morte prematura a transformaria na emblemática "Senhora do Taj".

Akbar deixou o pequeno príncipe Khurram sub os cuidados de sua primeira esposa, Rukhiya Begum. A mulher sem filhos era também prima de Akbar, filha de Hindal, e muçulmana devota. O hindu Jodh Bai foi consolado com um presente magnífico de rubis e pérolas. De acordo com o costume mogol, Khurram começou sua educação formal aos 4 anos de idade, 4 meses e 4 dias. O próprio Akbar levou o bem-vestido príncipe, revestido de seda, à mesquita-escola imperial, onde estudiosos de destaque o instruíram em artes, literatura e história de seus ancestrais, especialmente do grande Tamerlão. Os cronistas da corte disseram que o jovem príncipe demonstrava-se muito detalhista e dono de memória poderosa, mas, de forma pouco usual, descreveram também como, mesmo ainda muito jovem, apresentava um lado sensual, ficando feliz ao banhar suas roupas em perfume e ao manipular pedras preciosas brilhantes. Historiadores apontaram que não existe registro sobre a circuncisão de Khurram, normalmente uma grande celebração, e sugeriram que, seguindo a linha de seu avô Akbar, de ambivalência quanto ao costume, nunca tenha sido circuncidado. Ao crescer, Akbar o ensinou a caçar e lutar. Aos 6 anos de idade, Akbar o levou em campanha ao sul do Decão, deixando sua educação nas mãos de um formidável espadachim, atirador e cavaleiro. Na viagem, atirou pela primeira vez num leopardo, ferindo o animal. Logo depois, Khurram contraiu varíola, mas sobreviveu sem sequelas, para alívio do avô. Aos 9 anos, Akbar convidou o menino a tomar parte de seu conselho de guerra.

O amor de Akbar por seu neto contrastava com seus sentimentos ambivalentes por Salim, que de certa forma recorda, ressentido, em suas memórias, a atenção que seu pai dispensava a Khurram e como o imperador laureava o pequeno príncipe como seu "verdadeiro filho"[11]. Abul Fazl também disse que "o afetuoso soberano amou mais os netos que seus filhos". Mas Akbar já fora muito próximo de Salim. Quando pequeno, também fora o preferido do harém, e os primeiros sinais de sua destreza nas artes marciais e na caça deleitavam Akbar. Aos 12 anos, foi oferecido a ele o comando de uma grande tropa, e seguiu em campanha com Akbar. No entanto, enquanto Salim crescia, transformando-se num adulto ativo e hábil, a afeição de Akbar por ele diminuía. O velho imperador talvez se sentisse ameaçado pelo que entendia como uma grande e gananciosa ambição de seu filho.

No relato de um visitante inglês à corte mogol, o mercador William Finch, e em crônicas mogóis posteriores, também se encontram pistas sobre a rivalidade sexual entre os dois. Dizem que Salim se apaixonou pela concubina mais amada por Akbar, Anarkali, "Flor de Romã", e que, ao descobrir o romance entre os dois, Akbar a condenou à prisão perpétua.

Salim certamente se sentiu inseguro. Como os ancestrais mogóis nem sempre seguiam as regras de primogenitura, mesmo sendo o filho mais velho de Akbar, ele não tinha certeza de que herdaria o trono. Frente a tal incerteza, recusou-se a liderar expedições militares a regiões remotas, temendo que seu pai morresse enquanto ele estivesse longe demais para reivindicar o trono. Por sua vez, Akbar começou a favorecer abertamente seus filhos mais jovens, os príncipes Murad e Daniyal, dois alcoólatras inveterados.

Salim também gostava de beber. Aos 18 anos, provou um copo de vinho doce amarelado, confessando: "Bebi e gostei do que senti em seguida." Começou a beber todos os dias, logo abandonando o vinho por licores. Aos 20 e poucos anos, tragava "vinte copos de licor duplamente destilado"[12] por dia, com uma dieta de pão e rabanete. Constantemente de ressaca e com suas mãos tremendo tanto a ponto de já não poder segurar um copo, buscou a ajuda de médicos da corte. Eles disseram que, se não deixasse a bebida, poderia morrer em seis meses. Salim mudou seu hábito para seis copos de vinho misturado com destilados e 14 gramas de ópio por dia. O processo de limpeza, ainda que incompleto, provavelmente não melhorou seu temperamento nem o deixou mais brando ante a negligência de seu pai.

Em 1601, um Salim ressentido se rebelou. Sua revolta demonstrou-se um pouco disparatada e ele se conformou em marchar a esmo, acompanhado por um contingente de 30 mil homens, na tentativa de autoproclamar-se imperador. Pai e filho parecem ter se esforçado para evitar uma luta aberta. Salim, no entanto, voltou suas forças contra Abul Fazl, que era, além de cronista de Akbar, um de seus conselheiros mais próximos. Tão próximo que, quando Akbar foi ferido nos testículos durante uma caçada, Abu Fazl orgulhosamente lembrou-se de que a aplicação da pomada foi deixada a cargo do "escritor deste livro de fortunas". Mais tarde, esse homem de 52 anos se transformou em um dos generais de maior sucesso de Akbar, e estava em campanha no momento da revolta. Por volta de 1602, Akbar sentiu-se tão perturbado que chamou Abu Fazl de volta a Agra. Salim não gostava do soldado intelectual nem confiava nele, como mais tarde escreveu em suas memórias, "não era meu amigo",[13] e encomendou seu assassinato. Logo que Abul Fazl retornou para o lado de seu imperador, foi morto por um rajá local a quem Salim oferecera recompensa "se pudesse deter esse mercenário e o matasse".[14] De acordo com certos relatos, Salim ordenou que a cabeça decepada de Abul Fazl, enviada a ele pelo rajá triunfante, fosse despejada em uma latrina comum.*

Akbar soube do assassinato enquanto cuidava de seu pombal e se esvaiu em lágrimas de angústia. Queria punir Salim, mas se viu numa situação

---

* Os que não gostavam da política formulada entre Akbar e Abu Fazl acusavam este último de alcançar sua influência "usando sua disposição contemporizadora, seu jogo duplo, estudando o temperamento do imperador e através de favorecimentos sem limites". Uma curiosidade intrigante sobre Abu Fazl é que, segundo relatam, ele era dono de um apetite enorme, chegando a consumir 13 quilos de comida por dia.

difícil. Murad havia morrido em meio à agonia de um *delirium tremens*, e Daniyal também se ocupava de beber até a morte. Mesmo com os enormes esforços de seu pai para manter o álcool longe filhos, seus seguidores levavam vinho para eles, passando por entre os espiões de Akbar: escondiam as garrafas amarradas ao corpo com intestino de vacas, por baixo das roupas. Akbar percebeu que ele e Salim deveriam se reconciliar para proteger a dinastia mogol. De acordo com a tradição, as senhoras imperiais eram as intermediárias. Uma das esposas mais velhas de Akbar persuadiu o príncipe a voltar com ela para Agra, onde foi recebido por sua avó, Hamida, a noiva relutante de Humaium, mais de meio século antes. A velha senhora induziu Salim a prostrar-se aos pés do pai. Em meio àquela cena altamente teatral, Akbar ergueu seu filho com os próprios braços, abraçou-o e vestiu-o com o turbante imperial — mostrando às testemunhas quem era o seu herdeiro. Ordenou que tambores rufassem bem alto, alegremente, para anunciar a reconciliação.

Mas os problemas familiares e a incerteza sobre a sucessão não terminaram. Em 1604, a morte de Daniyal, após uma bebedeira espetacular de um licor concentrado que fora contrabandeado em um cano enferrujado de mosquete, liberou Salim de rivais fraternos. No entanto, seu filho mais velho, o adolescente Khusrau, surgia como um candidato ao trono, sendo, aos olhos de seus apoiadores, menos volátil e mais flexível que seu pai errático e violento. O último ano de reinado de Akbar incluiu um confronto público quando o imperador, deliberadamente, organizou uma guerra entre os elefantes mais poderosos de Salim e Khusrau. Lutas de elefantes eram o passatempo preferido da família real, com as grandes bestas levadas à ação por homens montados em suas costas. Mas essa ocasião teve uma importância especial. Talvez o velho homem estivesse buscando um presságio para o futuro do império; talvez, ainda de luto pela morte de Hamida, sua mãe, de 77 anos, no ano anterior, estivesse simplesmente tentando manchar a honra de seu filho extravagante.

Akbar assistiu ao confronto barulhento de uma varanda, com o menino Khurram, de 13 anos, como sempre ao seu lado, atuando como juiz. O elefante de Salim estava sendo massacrado pelo de Khusrau, e Khurram em certo momento ordenou que um elefante reserva fosse levado à arena para interromper a luta. Mas isso não deu certo, e os guardas foram obrigados a lançar pedras para separar os animais. Assustado, o elefante de Khusrau fugiu, deixando como vencedor, para a surpresa de todos, o elefante de Salim. Naquela atmosfera altamente ríspida, instalou-se uma luta entre os seguidores de Salim e Khusrau, e Akbar mandou que Khurram enviasse ordens aos dois chefes para que interrompessem a briga. Os pensamentos de Khurram sobre os ciúmes entre os dois possíveis imperadores e sobre sua própria intervenção não foram registrados, mas o adolescente estava aprendendo muitas lições ao lado de seu avô. O futuro Shah Jahan um dia demonstraria tal severidade ao eliminar rivais consanguíneos, de maneira incomparável a qualquer um de seus antepassados.

Fossem quais fossem seus sentimentos pelo pai e pelos meios-irmãos, Khurram amava Akbar. Uma semana após a luta de elefantes, quando o velho homem começou a sofrer com disenteria e sangramentos internos, um desgostoso Khurram recusou-se a abandoná-lo, insistindo: "Enquanto houver um fio de vida em Shah Baba [Akbar], nada me fará sair de seu lado."[15] Nesse meio-tempo, seu pai e seu meio-irmão lutavam pelo trono. Naquela ocasião, a maior parte dos nobres, reunidos por Akbar para oferecer seus pontos de vista, favorecia o mais maduro Salim sobre o de espírito mais jovem, Khusrau. Ansioso para que seu império não entrasse numa guerra civil, Akbar aceitou o veredito. O homem à beira da morte disse a Salim que pusesse as vestes e o turbante imperial e brandisse a espada de Humaium que estava ao lado de sua cama. Poucas horas depois, naquele mesmo dia, 15 de outubro de 1605, Akbar morria, aos 63 anos. Ao amanhecer, seu corpo foi conduzido num féretro até Sikandra, próximo de Agra, para a tumba que ele mesmo começou a construir, mas que ainda estava incompleta.

A visão e a vitalidade de Akbar construíram um império forte e coeso, de 100 milhões de habitantes, que divergiam étnica e religiosamente, espalhados por três terços do subcontinente indiano. A área deixada de forma precária por Humaium havia quase duplicado. Entre as mais significativas das últimas conquistas de Akbar, destacam-se a consolidação do poder mogol em Bihar e Bengala; a expansão de seus territórios sobre o Afeganistão, incluindo a tomada de Cabul dos persas, e da então, assim como hoje, estratégica cidade de Kandahar; além da conquista de Sind e Baluchistão, no que hoje é o Paquistão; e das incursões no Decão, ao sul. Sabendo que conquistar territórios era muito mais fácil que mantê-los, ele formalizou e centralizou sua administração, transformando-a em uma máquina eficiente.

O poder e a riqueza de Akbar eram simbolizados pelos vários exércitos que mantinha nos campos e pelos tesouros que pilhou, que incluíam diamantes, rubis, esmeraldas e pérolas, pelas quais os mogóis tinham uma especial atração fetichista. Fez de sua corte um local de sofisticação e luxo, e seus belos e grandiosos edifícios eram um sinal que enviava ao mundo de que os dias de nomadismo tinham ficado no passado. De todos os descendentes de Tamerlão, Akbar mostrou-se o mais hábil e astuto, o verdadeiro sucessor que faria valer a alcunha de "o Grande".

O herdeiro de sua magnificência, Salim, de 36 anos, foi proclamado imperador no Salão de Audiência Pública de Agra 49 dias antes da morte de Akbar. O nome que escolheu para si mesmo, *Jahangir*, significa "dominador do mundo", pois, como ele disse, sem meias-palavras, "o trabalho dos reis é dominar o mundo".[16]

III
"Joias inigualáveis e objetos para aquecer o coração"

Quando o reinado de seu pai começou, o comportamento do meio-irmão Khusrau deu ao jovem príncipe Khurram, futuro Shah Jahan, grandes ideias políticas, e assim ele pôde entender melhor a ameaça de familiares insatisfeitos e ambiciosos. Ainda havia os desejosos de ver Khusrau no lugar de seu pai no trono. Em abril de 1606, sob o pretexto de uma visita à tumba de Akbar, Khusrau saiu galopando do Forte Vermelho, em Agra, onde Jahangir o mantinha em prisão domiciliar. Parando apenas para saquear provisões em mercados, como frutas cristalizadas, Khusrau seguiu a rota noroeste em direção a Lahore, conseguindo mais demonstrações de apoio ao tomar conta da cidade. O próprio Jahangir saiu em busca de seu filho errante, deixando nas mãos de Khurram, de 14 anos, a supervisão de seu conselho, e partiu tão rapidamente que esqueceu-se de sua "cota diária de ópio" matinal.

O exército de Jahangir seguiu a rota dos rebeldes com facilidade. Khusrau fugiu, mas Jahangir decidiu que "não descansaria até colocar as mãos nele". Khusrau tentou uma fuga noturna pelo rio, mas o barqueiro se recusou a ajudar a ele e a seus companheiros. Ao tentar remar sozinhos, ficaram presos num banco de areia — vítimas de sua própria inexperiência. À primeira luz do dia, capitularam. Khusrau foi arrastado, "tremendo e chorando", para junto de seu pai, ao lado de outros dois aliados. De acordo com Jahangir, "Khusrau foi levado à minha presença com as mãos atadas e uma corrente na perna". O imperador ordenou que os corpos dos dois aliados de seu filho fossem envolvidos com a pele ainda pegajosa de um jumento e de um boi recém-abatidos, com as cabeças pendentes ainda coladas ao corpo. Os dois corpos voltaram montados em mulas. A pequena e grotesca cavalgada estava em seu caminho para Lahore quando o homem dentro da pele do boi morreu sufocado, pois, como Jahangir registrou, com interesse, "a pele de boi seca com mais rapidez que a de um jumento". O homem envolvido na pele do jumento sobreviveu e mais tarde foi reabilitado ao serviço imperial.

O próprio Khusrau desfilou sob um elefante pelo caminho ladeado por fileiras duplas de varas de madeira nas quais pendiam, espetadas, trezentas cabeças de seus aliados. Jahangir escreveu dizendo que "não havia punição mais humilhante, pois os culpados morreram em lentas torturas". Khusrau ficou tão traumatizado com a experiência que, como relatou friamente seu pai, "não comeu nem bebeu por três dias e três noites, que consumiu em lágrimas e gemidos, fome e sede". Tais horrores jogaram água fria em sua ambição, mas não a extinguiram. Por um tempo, Jahangir o manteve acorrentado, mas logo que seu pai mostrou sinais de afrouxamento da pena as correntes foram deixadas de lado e Khusrau voltou aos seus planos. Um importante estímulo foi a sua suspeita de que Khurram, quatro anos e meio mais jovem que ele, e naquele momento o favorito de seu pai, poderia em pouco tempo ser designado como herdeiro do trono. A inveja fez vicejar a sua ainda rediviva chama de vingança.

Khusrau incitou um grupo de nobres a matar Jahangir no campo de caça. Ironicamente, foi o rival Khurram quem ficou sabendo do plano e, como escreveu Jahangir, "muito perturbado, imediatamente me informou". De uma só vez, Jahangir matou quatro dos líderes da empreitada e pensou em executar Khusrau, mas decidiu que "o amor paterno não me permite tirar sua vida". Em vez disso, ordenou que seu filho fosse cegado. Como mais tarde Khusrau recuperou algo de sua visão, é provável que seus olhos tivessem sido queimados com líquidos corrosivos, não talhados ou arrancados. Seja qual for o caso, sua existência era miserável e só de vê-lo seu pai se aborrecia, reclamando que, sempre que estava diante do filho, sentia "um lamento e uma tristeza". Um efeito secundário da rivalidade de Khusrau por seu pai foi que sua mãe, a primeira esposa de Jahangir, desesperada, tirara "sua própria vida, destoando do zelo que era parte integrante da natureza rajput. Muitas vezes mostrou sinais de loucura — o que poderia ser genético, pois tais ataques tinham aparecido também em seu pai e irmãos (...). Quando eu estava longe, em caçadas (...), com sua mente desequilibrada ela consumia muito ópio e morreu logo depois", escreveu Jahangir.

No tratamento que dispensou a Khusrau, Jahangir convenientemente apagou da memória sua própria revolta contra o pai já idoso. Suas vivas memórias, escritas com o mesmo frescor, senão com a mesma candura que seu trisavô Babur, indicam piamente que "um filho deve buscar sempre ser o esteio de uma monarquia". O diário revela o monarca como um homem cheio de contradições — um líder efetivo quando não estava imerso em ópio ou álcool; charmoso, sofisticado e instigante em alguns momentos, muito cruel em outros. Jahangir deixou atrás de si um rastro de torturas e execuções, e em certa ocasião pareceu gostar de ver um homem ser esfolado vivo. Sir Thomas Roe, primeiro embaixador inglês na Índia, que chegou à corte em 1615 e, espantado, viu elefantes pisoteando pessoas enquanto o imperador apenas observava, disse que Jahangir sentia "muito prazer com o sangue".[1] Mais revelador da natureza sádica de Jahangir é que ele espancava seu filho de 7 anos, Shahiyar, para ver quando começaria a chorar; quando o menino ficava quieto, cortava sua bochecha com um punhal. O menino sangrava profusamente, mas permanecia calado.

Jahangir podia ser muito hipócrita. Cheio de manias, baniu o consumo de álcool, mas não renunciava à bebida, dando desculpas para sua fraqueza como se fosse uma velha viciada em garrafas de *sherry*.* Só era indulgente, ele insistia, em situações nas quais estava muito bêbado para ficar de pé, "para promover a digestão". Também limpou sua consciência decidindo que "nas tardes de terça-feira não cometerei o pecado de tomar vinho". Mais tarde, em seu reinado, de alguma maneira falaria sobre os benefícios do

---

* A palavra "álcool" foi banida do árabe, língua em que originalmente significava "pó de antimônio".

vinho para Khurram, enquanto ao mesmo tempo exigiria cuidado: "Meu menino, você é pai de crianças, e reis e príncipes bebem vinho. Hoje é dia de festa, e eu vou beber vinho com você, e vou deixar que beba em dias de festa, no dia do Ano-Novo e em momentos de descontração, mas sempre com moderação, pois beber em excesso e enfraquecer o intelecto devem ser evitados pelos sábios; na verdade, alguma vantagem deve ser obtida quando se bebe vinho."

Jahangir tinha muita curiosidade sobre ciência e natureza, conduzindo pesquisas originais sobre o funcionamento de crânios e sobre o período de gestação dos elefantes. Além disso, pediu que um meteorito fosse estudado e transformado em espadas, e que intestinos de leões fossem dissecados para investigar de onde vinha tanta coragem. Estava fascinado em saber como a *banyan*, árvore sagrada dos hindus, suportava seu peso apoiada em raízes aéreas. De certa maneira, se tivesse vivido na Inglaterra, seria um forte candidato à Royal Society, criada por Carlos II em 1660, como estudioso do mundo natural. Pintores da corte acompanhavam Jahangir em suas viagens para registrar qualquer criatura curiosa que encontrasse pela frente. Quando foi apresentado a um esplêndido peru, então novidade na Índia, ordenou que um quadro fosse pintado, escrevendo que "ainda que o rei Babur tenha, em suas memórias, dado uma boa descrição e pintado a representação de vários animais, é muito provável que nunca tenha pedido a pintores que pintassem observando diretamente a natureza".

Jahangir também admirava particularmente os retratos europeus em miniatura apresentados a ele por visitantes estrangeiros, e lançou uma nova moda: o uso de miniaturas presas em volta do pescoço ou nos turbantes. A poucos era permitido o uso de pequenas reproduções do imperador.

Outro de seus interesses era a arquitetura. Ficou muito satisfeito ao completar uma "sepultura magnífica" para seu pai em Sikandra, próximo a Agra Akbar apoiou a construção do mausoléu enquanto estava vivo, mas, numa viagem de inspeção, Jahangir não gostou do design do prédio: "Minha intenção é que ele deveria ser tão incrível que os viajantes de todo o mundo não pudessem dizer ter visto algo parecido em qualquer parte habitada do planeta." Porém, enquanto estava preocupado com as revoltas de Khusrau, "os construtores seguiram adiante com seus próprios gostos, e alteraram o projeto original como quiseram". Jahangir ordenou que "as partes horríveis" fossem demolidas e empregou "arquitetos mais inteligentes" para que "pouco a pouco um edifício mais magnífico fosse construído, com um belo jardim à sua volta e um portão triunfal, constituído de minaretes feitos de pedra branca". Os quatro minaretes de mármore branco brilhante eram uma inovação, mas se transformariam na identidade das maiores obras arquitetônicas mogóis. Enfeites marchetados de lírios, rosas e narcisos, além de outras flores, cobriam o túmulo de mármore de Akbar, uma prévia do que estava por vir.

Jahangir teve êxito em seu projeto de surpreender os visitantes. Mesmo com a tumba ainda em construção, William Finch ficou maravilhado diante do enorme monumento erigido para guardar o corpo de um monarca "que algumas vezes via o mundo como um lugar pequeno demais para ele".[2] No início dos anos 1630, outro inglês, Peter Mundy, que fez um desenho do prédio, escreveu que aquela construção estava entre as sete maravilhas do mundo. No entanto, trinta anos mais tarde, um visitante francês escreveria que, mesmo sendo maravilhosa a tumba de Akbar, ele não a descreveria, já que "toda a sua beleza é encontrada em maior perfeição no Taj Mahal".[3*]

Com Khusrau neutralizado, o império conseguiu certa estabilidade e tranquilidade. Assim, as afeições de Jahangir se voltaram para Khurram, que só passou a conhecer bem após a morte de Akbar. O jovem príncipe era exímio em artes marciais e compartilhava seus interesses, chegando mesmo a ultrapassar o pai no amor pelos edifícios de fina arquitetura. Em 1607, o imperador visitou a casa que Khurram construíra e julgou-a "uma estrutura verdadeiramente harmoniosa". Em 1608, seguindo os pedidos de seu filho mais velho, Parvez, apenas dois anos mais velho que Khurram, Jahangir ofereceu ao rapaz de 16 anos o território de Hissar Firoza, no

---

* Qualquer pessoa que compare os dois edifícios hoje provavelmente concordaria. A tumba de Akbar, que está num parque com macacos e cervos, parece uma "justaposição" de detalhes arquitetônicos islâmicos e hindus, mas sem qualquer síntese ou coesão.

Punjab, e o direito a uma tenda escarlate — honraria tradicionalmente concedida pelo imperador ao filho escolhido para ser seu herdeiro.

Naquela época, Khurram estava noivo. Em abril de 1607, se comprometera com Arjumand Banu, de 14 anos, neta do persa Ghiyas Beg, e o próprio Jahangir colocou o anel de compromisso no dedo da menina. De acordo com a tradição romântica, Khurram a viu pela primeira vez no Bazar Real Meena, durante a celebração do Nauroz, festividade de Ano-Novo introduzida por Akbar para marcar o momento em que o Sol entra em áries. O Nauroz compreendia dezoito dias de muito luxo e excessos. Trabalhadores ergueram uma grande tenda, que cobria dois acres de extensão, em veludo marrom e brocados dourados, nos jardins do palácio, com alojamentos privados para as mulheres da realeza, onde poderiam sentar-se e observar, mas sem ser observadas. Cada pedaço da tenda continha "seda e tapetes dourados, e dependuradas, assim como os ricos veludos com brocados dourados, pérolas e pedras preciosas". Ali o imperador realizava audiências ou saía em visita às tendas de seus nobres, montadas nas imediações, para receber presentes como "os mais raros brinquedos e joias que se podiam encontrar".[4]

O Bazar Real Meena era uma réplica na corte de um bazar real. Essa "caprichosa espécie de feira",[5] como foi descrita por um visitante francês, acontecia à noite em jardins perfumados com luzes de velas e lanternas coloridas dependuradas em galhos de árvores e entre chafarizes. As esposas e filhas da nobreza ficavam em barracas com objetos de prata e ouro, além de peças de seda, ocupando o papel de comerciantes, conversando e barganhando com seus possíveis compradores — matronas e princesas reais e, é claro, o imperador e seus parentes homens mais chegados. A ocasião festiva era uma das poucas nas quais às mulheres era permitido livrar-se de seus véus de seda e deixar que seus rostos cuidadosamente maquiados vissem a luz suave. Era uma boa oportunidade para que mostrassem suas belas filhas. Khurram pôde ver bem Arjumand Banu, a quem estaria ligado emocional e sexualmente pelo resto de sua vida.

Historiadores da corte registraram o noivo em sua costumeira linguagem floreada, elogiando a jovem mulher como "brilhante vênus da esfera de castidade" e exaltando seu "caráter angelical" e sua "linhagem pura".[6] Todos os relatos, oficiais ou não, concordam que Arjumand Banu era excepcionalmente bela numa corte em que a beleza não era muito corrente. No entanto, imagens da futura Mumtaz Mahal, a "Senhora do Taj", são elusivas. Um retrato contemporâneo dos mogóis a exibe, de perfil, como uma bela jovem, com delicadas sobrancelhas arqueadas, uma expressão suave, tranquila, e uma rosa nas mãos. Um véu dourado esconde a metade de seus longos cabelos negros, e fios de pérolas com rubis e esmeraldas envolvem seu pescoço delicado e seu fino pulso, com suas palmas decoradas com hena. O único outro retrato, que dizem ser a cópia de um original feita no final do século XIX, mostra uma jovem com um diadema de joias, lânguidos olhos negros, graciosas sobrancelhas arqueadas e, mais uma vez, uma rosa na mão.

Após alguns meses de noivado, a família de Arjumand sofreu um forte revés. Quando foi entronado, Jahangir apontou Ghiyas Beg como principal ministro, oferecendo a ele o título de Itimad-ud-daula, "Pilar do Governo". Os talentos administrativos do persa seriam úteis para o cargo, mas um contemporâneo escreveu sobre sua pródiga corrupção: "No recebimento de subornos, era certamente o mais descompromissado e não tinha qualquer medo."[7] Primeiro foi acusado de desvio de fundos, contudo acusações mais graves viriam no futuro. Um dos filhos de Ghiyas Beg estava entre os quatro conspiradores indiciados no complô para matar o imperador. O próprio Ghiyas Beg foi indiciado e preso, e por pouco escapou da execução. Salvou sua vida e garantiu sua reabilitação pagando uma enorme soma a Jahangir, provavelmente oriunda de sua rede de corrupção. Interrompeu sua subida ao poder como "Pilar do Governo" de Jahangir, mas o risco à sua família fora considerável.

A derrocada do Itimad-ud-daula e a execução de seu filho provavelmente explicam por que o casamento entre sua neta e Khurram demorou dois anos para ser consumado — algo excepcional para um casal em idade de contrair matrimônio. Enquanto isso, Khurram firmou, com a ajuda de Jahangir, uma aliança dinástica. Em outubro de 1610, casou-se com outra moça persa — uma princesa descendente do xá Ismail Safavi, da Pérsia —

que foi mãe de seu primeiro descendente, uma menina, em agosto de 1611. A sombra sobre a família de Arjumand, seu casamento protelado e a ideia de Khurram com outra não devem ter sido fáceis de suportar para uma jovem que esperava, ansiosa e impotente, no harém de seu pai.

Tudo mudou para Arjumand Banu em 1611, após o casamento de sua tia, filha do Itimad-ud-daula, com Jahangir. Quatro anos antes, Mehrunissa, então com 34 anos, voltou à corte imperial viúva. Seu marido, o guerreiro Sher Afghan, fora morto em Bengala, como vingança por ter assassinado o irmão adotivo de Jahangir — ato que o deixou possesso e deve ter contribuído para a posterior desgraça da família de Ghiyas Beg. Relatos de europeus do período pintam um quadro mais vívido, dizendo que Jahangir tinha expressamente enviado a Bengala seu irmão adotivo para matar Sher Afghan, para que assim pudesse possuir Mehrunissa, mas Sher Afghan, suspeitando de algo, agiu primeiro. O certo é que, após a morte do marido, o imperador fez com que Mehrunissa viajasse a Agra, onde passou a viver na casa de uma das esposas mais antigas de Akbar, no harém imperial. No entanto, uma vez lá, aparentemente ficou "um bom tempo sem qualquer serventia",[8] e não há qualquer evidência de que ela e Jahangir tenham se encontrado.

É mais provável que Mehrunissa tenha chamado a atenção de Jahangir pela primeira vez durante as celebrações do Nauroz de 1611. De acordo com um cronista, "sua aparência atraiu o olhar do rei e cativou-o tanto que ele a incluiu entre suas preferidas do harém".[9] Segundo outro relato, "sua estrela começou a brilhar, e como se desperto de um longo sono (...), o desejo começou a aflorar".[10] Em dois meses se casaram numa faustosa cerimônia. O amor de Jahangir pelas joias finas e pelo luxo era maior que o de seu pai, e ele se vestia com muitas delas, usando um conjunto diferente a cada dia do ano. Sabendo que herdara 125 quilos de diamantes, pérolas, rubis e esmeraldas — um total de 625 mil quilates de pedras —, era perfeitamente capaz de suprir suas necessidades. Para o embaixador inglês, ele se vestia tanto com roupas quanto com pedras preciosas "e outras vaidades, tão grande, tão glorioso (...). Cabeça, pescoço, peito, braços, sobre os cotovelos, nos pulsos, cada um dos seus dedos com pelo menos um ou dois anéis, correntes (...). Rubis grandes como nozes, alguns maiores; e pérolas do tamanho de olhos que eram de se admirar".[11] O Grão-Mogol, em seu casamento, deveria estar espetacularmente brilhante.

Jahangir deu à sua nova mulher o título de "Nur Mahal", "Luz do Palácio", e seria sua última esposa oficial. Em 1616, daria a ela outro nome, ainda mais extravagante — "Nur Jahan", "Luz do Mundo". Em suas memórias, escreveu que "não consigo pensar em ninguém que me estime tanto quanto ela". Jahangir promoveu sua família outra vez, e a recompensou. Itimad-ud-daula, perdoado pelas falhas anteriores, recebeu um posto ainda melhor e mais dinheiro. Jahangir honrou também seu filho, pai de Arjumand Banu, presenteando-o com uma de suas espadas mais queridas, Sarandaz, "Decapitadora de Cabeças". (Em 1614, Jahangir daria a ele o título de "Asaf Khan", nome pelo qual seria conhecido pelo resto de sua longa e influente carreira.) No entanto, entre toda a sua glória, Nur tinha ao menos um crítico. A língua afiada da perspicaz Jodh Bai, mãe de Khurram, destilava desconfiança daquela recém-chegada ao harém imperial. De acordo com uma história, quando Jahangir disse a Jodh Bai que Nur elogiara seu hálito doce, a dura princesa rajput retrucou dizendo que só mulheres com experiência de muitos homens poderiam dizer se um hálito era doce ou não.

No ano seguinte, no dia 10 de maio de 1612, data escolhida pelos astrólogos da corte para garantir a perfeita felicidade do casal, Khurram finalmente casou-se com Arjumand Banu. Cronistas da corte relataram como, naquela noite de alegrias, "as luzes do festival de lâmpadas das estrelas e a iluminação das tochas e lanternas brilhavam respectivamente na terra e no céu". Foi "uma noite mais brilhante que o desabrochar do dia", acrescida "de prazeroso deleite e satisfação do desejo".

Como se para compensar a longa espera, os noivos foram celebrados com toda a pompa e ostentação — da forma que somente um império muito rico poderia prover. Jahangir cuidou pessoalmente do "êxito das festividades e dos requisitos de alegria e prazer em uma escala conveniente aos imperadores de enorme grandeza". E continuou: "Fui à casa de Khurram e passei um dia e uma noite ali. Ele apresentou oferendas para minha inspeção, arrumou favores para os pedintes, para sua mãe e suas mães adotivas, e também para os criados do harém, e ofereceu robes de honra aos seus *amir*." Os presentes de Khurram incluíam "joias inigualáveis e objetos para aquecer o coração". Os amigos de Khurram carregavam presentes em dinheiro e pedras preciosas até a casa da noiva e ele os seguiu suntuosamente montado num enorme elefante.*

Antes da cerimônia, nobres mulheres mogóis, escondidas atrás de uma cortina, pintaram as mãos de Khurram com hena para desejar boa sorte, e o próprio Jahangir "prendeu a tiara de casamento com pedras brilhantes" na cabeça do filho. Mulás leram versos do Corão — Khurram, mesmo três quartos hindu graças aos seus ancestrais rajputs, fora criado como um muçulmano sunita, enquanto Arjumand Banu era muçulmana xiita. Depois, a jovem noiva deu seu consentimento formal e presentes foram trocados entre as duas famílias — "caros produtos e a melhor colheita do Jardim do Éden".

Quando a cerimônia chegava ao final, as mãos de Khurram foram postas em água de rosas e ele bebeu um cálice dessa água para confirmar a união. A festa de casamento foi celebrada na casa do pai da noiva. As celebrações — barulhentas, "com os tambores de festa e os clarinetes da alegria", fizeram "as esferas dançarem", com procissões brilhantes e fogos de artifício — duraram um mês.[12]

Cronistas imperiais, claro, floreavam sobre a potência sexual dos imperadores cujos feitos registraram, mas no caso de Khurram não precisaram exagerar. Ele foi, em toda a sua vida, um homem profundamente sensual. Com 20 anos na época do seu casamento com Arjumand Banu, atlético, estava no auge de seu poder sexual e era um amante hábil, experiente, e muito bem instruído numa corte em que os prazeres da carne eram desfrutados sem constrangimento. Os mogóis tinham aceitado plenamente as tradições sensuais de suas novas terras. A Índia era conhecida no mundo islâmico por sua sensualidade e sexualidade, e por seu manual do amor, o *Kama*

---

* Os mogóis tinham adotado o costume hindu da procissão matrimonial: desde o reino de Akbar, com o casamhento de noivas hindus com membros da família imperial mogol, também tomaram emprestada a tradição hindu de levar a cabo as cerimônias na casa da noiva.

sutra, compilado entre os séculos III e V. O xeique Nefzawi, que escreveu *O jardim perfumado* para o *bey* de Túnis no século XV ou XVI, sabia que "o povo da Índia tinha avançado no conhecimento e na investigação do coito".[13] Ele disse que, enquanto no Oriente Médio eram conhecidas não mais que 11 posições sexuais, os hindus tinham muitas mais, incluindo as 25 posições imaginárias que ele descreveu em sua obra.

As noites de núpcias eram organizadas, com todo o cuidado, para oferecer o máximo de gratificação sexual. A noiva e o noivo eram banhados e perfumados e recebiam óleos em uma magnífica cama pelas mãos de serviçais que acariciavam cuidadosamente seus corpos a fim de prepará-los para o coito. O prazer sexual era visto como um dos direitos, ou mesmo necessidades, da vida — tanto para o homem quanto para a mulher. Após as primeiras cópulas de Khurram e Arjumand, a cama foi inspecionada para confirmar que a relação acontecera e que ela, realmente, era virgem. Seis semanas depois, a mulher foi descrita pelos cronistas da corte como uma "mina repleta de joias da realeza"[14] por sua prodigiosa fertilidade, pois já estava grávida de seu primeiro filho.

Os cronistas de Khurram relatam que, tendo conhecido uma esposa "perfeita frente à sua experiência; e percebido também, além de sua beleza, que era a melhor, "a eleita" (*mumtaz*) entre as mulheres de seu tempo e as senhoras do universo, [Khurram] deu-lhe o título de Mumtaz Mahal Begam, para que, por um lado, servisse como indício do orgulho e da glória de ser "a eleita"; e por outro, para que o realmente ilustre e verdadeiro nome dessa mulher não fosse tocado pelas línguas de pessoas comuns". O oferecimento de um título era uma tradição entre os mogóis "quando queriam distinguir, com grande honraria, os agraciados com a sorte real".[15]

Agra, a capital imperial, onde o jovem casal começou sua longa vida juntos, era uma cidade vibrante de 750 mil habitantes. Os visitantes ingleses a imaginavam "populosa além da medida".[16]* As casas das pessoas comuns eram

---

* Londres, com uma população de mais ou menos 300 mil habitantes, era a terceira cidade da Europa, após Paris e Constantinopla.

de tijolo e ladrilho, caso pudessem comprá-las, ou de lama e barro, caso não tivessem dinheiro. O chão das casas era de terra batida, envernizada com uma mistura de estrume de vaca e água. Os tetos eram normalmente apenas simples coberturas de sapê para protegê-los do sol, e por isso muito vulneráveis ao fogo — com o verão quente e de muito vento pelo qual era conhecida Agra, fagulhas subiam dos fornos ao ar, incendiando os telhados. Algumas vezes, as mulheres preferiam morrer queimadas em suas casas a correr para fora e, assim, quebrar a regra do *purdah*, segundo a qual não podiam ser vistas por homens desconhecidos.

A capital mogol atraía visitantes de todo o império e além. Mercadores afegãos, uzbeques, turcos, persas e europeus, além de soldados, encontravam abrigo nos noventa postos de acampamento espalhados pela cidade. Viajantes cansados se livravam da poeira e da sujeira acumulada em seus caminhos em uma das oitocentas *hammams* (casas de banho). Naquela época, como hoje, as ruas de Agra eram um enxame de ambulantes buscando de forma enérgica sua sobrevivência. Um administrador inglês descreveu como em "todas as tardes as ruas eram como uma feira, onde se distraíam, barganhavam e escolhiam suas prostitutas sentadas ou deitadas em seus catres". Ele viu meninas pequenas escravizadas sendo treinadas como dançarinas e tendo sua virgindade oferecida "por bons preços, após serem banalmente prostituídas". As ruas estavam tão lotadas que as pessoas se espremiam contra as paredes quando passavam carruagens e carros de bois que transportavam os nobres para a corte. Mais perigosos eram os enormes elefantes, andando entre as pessoas e carregando cestas de onde saíam mulheres com véus. Alguns abastados preferiam refestelar-se em espécies de camas envoltas em cetim ou brocados, carregadas sobre os ombros de escravos cujos pés descalços levantavam uma nuvem de pó enquanto corriam.[17]

Os rituais da corte ditavam as vidas de todos quando o imperador estava em casa, por trás dos altos muros de pedra do Forte Vermelho. O dia começava sob a luz do amanhecer, quando a batida do grande *dundhubi* (tambor) anunciava a chegada do imperador no *jharokha-i-dundhubi*, o balcão das aparições, construído bem alto no muro externo em cada palácio

"JOIAS INIGUALÁVEIS E OBJETOS PARA AQUECER O CORAÇÃO"

ou fortaleza. Era usado para mostrar aos súditos que ainda estava vivo e que o império continuava a salvo. Akbar introduzira tal cerimônia, que tinha suas origens nas cortes dos governantes hindus. Era algo tão vital, escreveu Jahangir, que nada, nem mesmo "a maior dor ou pena", o faria deixar de aparecer. Mas Jahangir confessou que voltava para a cama por mais algumas horas após a cerimônia.

Os mais atirados poderiam buscar compensações diretas para suas doenças em Jahangir. Ansioso por ser considerado apenas um governante capaz de "ganhar os corações de todas as pessoas e reorganizar o mundo", logo cedo em seu reinado imaginou o que chamou "corrente da justiça". Era uma corda de cerca de 25 metros, com sessenta sinos de ouro, cujo objetivo era "remover a opressão dos corações das pessoas".[18] O inglês William Hawkins escreveu sobre essa longa corda esticada de um pilar de pedra às margens do rio até o forte de Agra: "A corda estava cheia de sinos dourados, e quando era agitada os sinos podiam ser ouvidos pelo rei, que mandava alguém até o local para saber a causa e ditava sua justiça de acordo com a necessidade."[19]

Os que, segundo o rei, puxavam a corda por razões insuficientes se arriscavam a sofrer punições; era preciso coragem para buscar uma audiência com o rei. A etiqueta imperial era complexa e exigente. O profundo silêncio era a regra e ninguém, nem mesmo os príncipes reais, poderia se mover de sua posição na câmara de audiência sem aprovação. As punições eram muitas vezes levadas a cabo imediatamente, diante do imperador. Hawkins descreveu como "logo à frente do rei ficava um de seus xerifes, junto ao seu carrasco-mestre, acompanhado de quarenta carrascos que usavam uma espécie de chapéu acolchoado na cabeça, diferentemente de todos os outros, e carregavam uma machadinha nos ombros, e outros com vários tipos de chicotes à disposição, prontos para atender aos comandos do rei".[20]

Outros sinos também tocavam em Agra, como os das igrejas construídas pelos jesuítas durante o reino de Akbar, sinos que badalavam forte, misturados às chamadas dos *muezzin* à oração. Jahangir era, normalmente, tolerante com as várias religiões, e escreveu em suas memórias sobre o seu desejo, como Akbar, de "seguir as regras da paz universal observando as religiões". Pietro della Valle, um visitante italiano à sua corte, escreveu que ele, "em seus domínios, não fazia distinções entre as diferentes pessoas, na corte ou nos exércitos, e mesmo entre os homens de mais alta categoria; [todos] eram dignos da mesma consideração".[21] As vacas passeavam à vontade nas ruas de Agra, pois, respeitando a crença dos hindus, Jahangir proibia seu abate sob pena de morte. Sua tolerância era, no entanto, mais errática que a de Akbar. Ocasionalmente, abria exceções emocionais ou estéticas — por exemplo, demolindo com fúria um ídolo com cabeça de porco que o ofendia.*

Quanto à sua religião, Jahangir seguia os preceitos do islã, mas gostava de ouvir debates entre jesuítas e mulás. Sir Thomas Roe observou que sua religião era "uma invenção própria"[22] e chegou a sugerir que Jahangir era, na verdade, ateu. Em 1610, permitiu aos jesuítas batizarem três filhos de seu irmão morto, Daniyal, reunindo os padres incrédulos no palácio à meia-noite para que pudesse trazer os meninos até eles. Mas a conversa com seus sobrinhos não durou muito tempo. Os jesuítas escreveram com desgosto que os príncipes "rejeitaram a luz e voltavam aos seus vômitos".[23]

Ao longo do rio Jumna estavam as mansões elegantes e luxuosas dos cortesãos, com seus jardins floridos, repletos de árvores e chafarizes refrescantes. Como as margens do rio eram muito valorizadas, a cidade, de acordo com um viajante europeu, era "mais longa que larga", curvando-se como meia-lua, seguindo o curso do rio. Entre os grandes palácios estava o de Khurram, onde Mumtaz vivia em seus próprios aposentos, dentro dos recintos fechados do harém, escondida dos olhares do público, como mandava o Corão. A palavra "harém" deriva do árabe *harim*, significando "algo sagrado ou proibido". Os relatos silenciam sobre o destino do príncipe Khurram por dois anos. Por motivos políticos, teria ao menos mais uma

---

* Jahangir também executou o guru Arjun Singh, que depois se transformou em um dos mártires mais endeusados pelos *sikhdom*, mais por sua culpa na rebelião de Khusrau que por suas crenças religiosas. Na verdade, tudo o que o guru fez foi abençoar o príncipe e marcar sua testa com açafrão para trazer boa sorte.

esposa, porém, segundo o que mais tarde escreveriam os historiadores da corte, sob sua própria supervisão, "todo o seu prazer estava centrado naquela ilustre dama [Mumtaz], tanto que ele não sentia pelas demais uma milésima parte da afeição que sentia por ela (...)".[24] De sua parte, Mumtaz tinha a felicidade de um relacionamento que espelhava os laços matrimoniais íntimos de sua própria família persa. Seus avós, Itimad-ud-daula e sua esposa, se amavam com devoção, e sua tia, Nur Mahal, ou Mehrunissa, estava desenvolvendo um forte laço com seu novo marido, Jahangir.

Nur estava consolidando sua posição central no grande harém imperial, lugar cuja "sensual lascívia e cujas festividades libertinas e excessivas"[25] fascinavam os ocidentais que visitavam a corte mogol — naquela época, claro, todos os visitantes eram homens. Estes especulavam entusiasticamente sobre o que acontecia naquele mundo de mulheres, e escreviam relatos sobre como as guardiãs não permitiam a entrada de nada que tivesse forma fálica, nem mesmo um pepino ou rabanete, naquele santuário feminino. O excêntrico andarilho inglês Thomas Coryat, que chegou à corte mogol em 1615, foi além: "tudo o que tivesse forma viril" era "destruído por receio de ser convertido em algo de abuso não natural".[26] Na verdade, as mulheres do harém não precisavam de tais objetos rudimentares. Falos artificiais de ouro, prata, cobre, ferro, marfim e mesmo chifres ou pedaços de madeira com várias pequenas protuberâncias para o prazer estavam disponíveis na Índia.

O harém imperial era, claro, um *playground* sexual — Jahangir tinha ao menos trezentas parceiras sexuais, e preparava-se para o prazer com poções afrodisíacas. As oficiais que trabalhavam no harém imperial mantinham um cuidadoso registro de suas relações sexuais, desde a frequência até o nome de suas parceiras. Se as miniaturas mogóis são fidedignas, tais oficiais estariam até mesmo presentes durante alguns dos acasalamentos do imperador, embora mantivessem o olhar decorosamente desviado do casal que se contorcia.

Mas o harém era muitas outras coisas também. Era a casa de vários membros da família imperial — mães, tias, irmãs, primas e viúvas, junto a concubinas aposentadas, deixadas de lado quando seu apelo sexual arrefecia. O harém também funcionava como creche para as crianças imperiais, que, como Khurram, eram muitas vezes criadas por matronas da família imperial, não por suas próprias mães.

Akbar prestou muita atenção à estética e ao governo de seu vasto harém de 5 mil mulheres, e suas regras foram aceitas pelos sucessores. Tradicionalmente, a mãe do imperador regente governava o harém, seguida por suas esposas número um e dois. Além delas, o harém era administrado por vários departamentos supervisionados por "mulheres castas" bem-pagas por seu trabalho. Uma das mais importantes era a contadora do harém — uma "escritora inteligente e zelosa" —,[27] que controlava os gastos do dia a dia e calculava o orçamento anual. Quando uma das mulheres queria comprar algo, dirigia-se à "guardiã do dinheiro", que submetia o pedido à contadora para a sua aprovação. Caso o sistema normal falhasse, as astrólogas do harém eram consultadas. Quando uma pérola valiosa desapareceu de um dos aposentos do harém, uma astróloga professou corretamente, ou pelo menos é o que dita a história, que a mesma pérola seria encontrada, três dias depois, por uma mulher de tez pálida que o colocaria nas mãos do imperador. No final da enorme hierarquia de oficiais femininas, atendentes e criadas, estavam as mulheres famintas, que eram empregadas para limpar os túneis subterrâneos nos quais o lixo das latrinas era despejado.

Os aposentos do harém do Forte Vermelho, em Agra, eram arejados e luminosos, com terraços, jardins, passeios cercados de árvores e até mesmo piscinas. Os quartos e salas eram ricamente decorados, com tapetes de seda com desenhos coloridos no verão e tapetes de lã no inverno. Nenhum pedaço de chão era deixado à mostra. Sedas de cores vivas e veludos sensuais eram ricamente drapeados em volta de janelas e portas.

Produtos da perfumaria imperial montada por Akbar dominavam o ar. Odores destilados do âmbar, da água de rosas, da aloe vera e do sândalo subiam sensualmente dos incensários repletos de adereços. Sabonetes e unguentos ajudavam as mulheres a manter a pele limpa e refrescada. Havia também os óleos de rosas destilados pela mãe de Mumtaz, Asmat Begum. Jahangir considerava tais arranjos como invento de seu governo, e disse: "Quando ela estava produzindo água de rosas, uma espuma se formava na superfície dos utensílios que usava para decantar a tépida água de rosas de seus jugos. Ela coletava aquela espuma pouco a pouco (...). O cheiro era tão forte que se uma gota fosse colocada na palma da mão de alguém era como se muitas rosas estivessem florescendo de uma vez. Não existe qualquer outro odor capaz de competir em excelência. É capaz de restaurar corações abandonados e reavivar almas perdidas."

Esposas e concubinas mantinham constante ligação entre suítes e aposentos. Uma rede secreta de corredores subterrâneos e escadas provia não apenas a ventilação, era também uma forma de checar as atividades das internas. O imperador poderia se mover silenciosamente pelo complexo, aparecendo ora num ponto, ora em outro, como se tivesse poderes sobrenaturais. Uma rede de espiãs, montada nos tempos de Akbar, também o mantinha informado. A disciplina no harém era estrita e dura. Uma concubina de Jahangir foi encontrada passeando com um eunuco e trancafiada numa fossa com os pés atados a uma estaca, com areia até os ombros, exposta ao sol, sem água ou comida. Morreu 36 horas depois. O eunuco foi "condenado ao elefante",[28] vítima do fato de que nem sempre a castração destrói o desejo sexual.*

Não havia local mais seguro para o imperador que o harém imperial, onde comia e dormia como senhor e hóspede. De várias maneiras, era como voltar à segurança de sua infância, até mesmo ao ventre da mãe. A água que bebia era provada por um empregado especial que a mantinha selada, e toda a sua comida era testada antes de chegar aos seus lábios. Os mesmos guardas que cuidavam das jovens e ardentes amantes, para que não houvesse roubos dentro do harém, também formavam uma boa linha de defesa contra qualquer possível assassino. O interior do harém era protegido por mulheres fortes e altas, que sabiam manejar arco e flecha — mulheres do Uzbequistão, da Turquia e da Abissínia eram especialmente habilidosas. Sua

---

* A castração poderia ser a retirada do pênis e dos testículos — significando que uma sonda seria necessária para urinar — ou, mais simples e higienicamente, a remoção apenas dos testículos. A esposa de um eunuco que não tinha os testículos disse ao viajante vitoriano Richard Burton que seu marido chegava a uma espécie de ejaculação, o que seria na verdade um líquido prostático, após um período de estimulação erótica.

reputação de serem linhas duras refletia as terríveis punições que sofriam quando negligenciavam seus deveres. Estavam subordinadas ao *khwajasara*, oficial maior do harém, e a mais confiável dessas amazonas guardava os aposentos do próprio imperador.

Todos os portões eram fechados ao cair do sol, exceto o principal, onde tochas ficavam acesas durante a noite. Eunucos guardavam as imediações do harém. O inglês Peter Mundy descreveu como "grandes homens (...) os empregavam em tarefas de grande confiança, nas quais a principal era guardar as mulheres, seu tesouro (...)".[29] Alguns, como era o caso na China, escolhiam a emasculação como forma de progresso. Outros eram forçados, algumas vezes segundo instruções de parentes. Um velho eunuco imperial daquele período posteriormente se recusou a ver os seus parentes, que lhe negaram "os maiores prazeres deste mundo".[30]

Além dos eunucos, em constante alerta, dia e noite, havia um destacamento de homens rajputs, e mais destacamentos de guardas e tropas imperiais. Entrar no harém imperial não era tarefa fácil. Quando a esposa de um nobre queria fazer uma visita, deveria pedir permissão a um oficial do harém e esperar uma resposta. Os que conseguiam o direito de admissão eram, se não conhecidos pelos guardas, rigorosamente checados pelos eunucos, "que não demonstravam qualquer respeito pela posição da pessoa".[31] O viajante veneziano Niccolao Manucci reclamou que "as mãos e línguas desses beduínos agem ao mesmo tempo, sendo muito licenciosas ao examinar tudo, objetos e mulheres, que entravam no palácio; eram rudes ao falar, e contavam histórias disparatadas".[32] Os exames eram ostensivos, para que tivessem certeza de que nenhum homem disfarçado de mulher entraria no recinto. Vários doutores europeus, a quem era permitido entrar no harém para cuidar de mulheres muito doentes, escreveram suas experiências. François Bernier descreveu como sua cabeça foi tapada com um xale de caxemira, "que pendia como um longo cachecol até os meus pés, e que um eunuco me levou pelas mãos, como se eu fosse um homem cego".[33]

Muitos relatos sugerem que cirurgiões eram chamados para praticar aborto. Mulheres ciumentas, loucas para que concubinas e escravas não usurpassem o desejo de seus maridos, pagavam aos médicos por tais serviços. Há um relato de uma princesa que "em um mês foi responsável por abortos em oito mulheres do harém [de seu marido], e não permitia que qualquer outra criança além de seus filhos sobrevivesse".[34]

Trupes de dançarinas, mímicas e acrobatas entretinham as mulheres do harém, que contavam histórias, jogavam e admiravam seus reflexos em pequenos espelhos incrustados em anéis. Mas não passavam todo o tempo em diversões narcisistas. As mulheres ricas, de boa educação e bons contatos do harém imperial, como Nur, conduziam negócios de sucesso, usando suas relações masculinas ou oficiais especialmente selecionados como intermediários. Negociavam internamente, mas também com o mundo externo, contratando navios, capitães e exportando bens da Índia para a Arábia e além. Elas ainda financiavam suas atividades comerciais por meio de mesadas e doações, e também com as propriedades que lhes eram atribuídas e com a concessão de certas vantagens, como taxas alfandegárias. De forma prudente, reinvestiam seus lucros em novas aventuras, construindo imensas fortunas, mas também gastando altas somas em festas e festivais, bem como na vida extravagante da corte. Apoiavam instituições de caridade e a construção de novos prédios. Um viajante holandês escreveu que "Nur constrói edifícios caríssimos em todas as partes — *sarais*, ou pousadas para viajantes e mercadores, jardins e palácios como nunca foram feitos antes".[35] As mulheres buscavam a competição nos negócios bem como no amor.

No dia 30 de março de 1613, Mumtaz deu à luz uma menina. Essa princesa, "fruta temporã do jardim da prosperidade", foi chamada de Hur-ul-Nisa. No entanto, a vida de Mumtaz, de conforto na corte, brincando com sua menina recém-nascida, estava chegando ao fim. Jahangir mais uma vez focava nas campanhas militares, que as revoltas de Khusrau o tinham obrigado a suspender, e, em 1614, convocou Khurram. Sua missão era derrotar o rana de Mewar (Udaipur), o mais importante governador do Rajastão que, de uma montanha-fortaleza, continuava a desafiar os mogóis.

Ainda que novamente grávida, Mumtaz acompanhou Khurram na campanha, e assim seria durante todo o seu tempo de casada. Resoluto, ele ignorou o conselho de seu ancestral Babur de nunca levar mulheres em campanhas militares. Um de seus cronistas observou que "nunca permitiu que a luz da câmara imperial fosse afastada dele, em casa ou fora dela".[36] Mesmo com privações, desgraças e, em certas ocasiões, perigo real, Mumtaz permaneceria ao seu lado, e doze dos seus quatorze filhos seriam concebidos e nasceriam em campanhas.

IV
O príncipe guerreiro

Jahangir tentava conquistar Mewar, e assim levar os domínios mogóis para o sul, para além dos problemáticos sultões do áspero planalto do Decão, e depois reaver "o reino hereditário de meus ancestrais" ao norte e na Ásia Central, em particular, o mais sagrado dos sagrados, a capital perdida de Tamerlão, Samarcanda. Jahangir moveu a corte imperial para Ajmer, quase 500 quilômetros a leste de Agra e mais próxima a Mewar e aos campos de operações de seu filho.

Khurram abriu a campanha avançando sobre as colinas do Rajastão, montando vários pontos de checagem militar. Impiedoso e implacável, o futuro Shah Jahan arrasava as terras e os campos, deixando até seu próprio exército, por vezes, sem fonte de alimento — e, diante de tanto atrito, o rana de Mewar tentou entrar em acordo. Khurram procurou não humilhar o mais valente de seus inimigos. Não pediu ao rana que cedesse suas terras ou que se curvasse em presença de Jahangir. Seu único pedido foi que o rana deveria enviar seu filho para ver o imperador. O filho mais jovem do rana, Karan Singh, chegou à corte, e Jahangir foi generoso, oferecendo-lhe presentes. Ele ficou surpreso com a falta de sofisticação de um menino que "era de natureza selvagem e vivia entre as montanhas" — descrição que poderia muito bem servir aos mogóis de gerações anteriores.

Khurram, de 22 anos, provou seus talentos como soldado e diplomata, e alcançou sucesso onde seu pai não tivera. Akbar, por duas vezes, pediu a Jahangir que fosse em direção a Mewar, e por duas vezes falhou. Na sua chegada à corte, o triunfante Khurram apresentou a seu pai um rubi brilhante que custava 600 mil rupias. Jahangir decidiu usá-lo em seu braço, mas sentiu a necessidade de "duas pérolas raras e lustrosas que combinassem". Um cortesão, aproveitando a deixa, encontrou uma única e esplêndida pérola, mas logo Khurram se lembrou que, nos dias de seus aprendizados com Akbar, tinha visto "uma pérola de mesmo tamanho e formato em um antigo adorno de cabeça". Os cortesãos buscaram o tal adorno e, escreveu Jahangir, "após vários exames, viram que continha uma pérola de exatos tamanho e formato (...); os joalheiros ficaram deslumbrados". A prodigiosa memória de Khurram estava afiada, como em seus tempos de menino, e tal acontecimento revelou também a paixão que faria dele uma das maiores autoridades em pedras preciosas entre os imperadores mogóis.

A jovem família de Khurram crescia. Durante a campanha no Mewar, Mumtaz o presenteou com outra filha, Jahanara, nascida em 2 de abril de 1614, e no ano seguinte nasceu seu primeiro filho homem, Dara Shukoh, no dia 30 de março de 1615. Toda a corte celebrou. Um viajante italiano observou que "quando uma princesa nascia no palácio, as mulheres ficavam muito felizes e faziam festas caríssimas para marcar sua felicidade", mas, "quando um príncipe nascia, todos na corte participavam das festividades, que duravam dias (...). Instrumentos eram tocados e música ressoava (...)".[1] Mais uma vez, o casal teve pouco tempo para aproveitar uma vida tranquila em família. No ano seguinte, 1616, Jahangir enviou Khurram ao sul, para Decão, a fim de que tomasse o lugar de seu irmão mais velho como comandante das forças imperiais. Pensava que "como a liderança e o comando da campanha no Decão não tinham sido tão positivos como eu imaginava sob a liderança de meu filho Sultan Parvez, imaginei que deveria convocá-lo, e depois deixar Baba Khurram, que era claramente competente, na vanguarda das forças imperiais, e seguir eu mesmo em sua esteira".

Os mogóis viam a independência dos sultanatos muçulmanos no Decão — Ahmednagar, Bijapur e Golconda —, no sul de seu império, como uma ameaça. Com certa frequência, esses reinos entravam em guerra uns com os outros, mas sempre havia o risco de que unissem forças contra o vizinho do norte. Era, por isso, muito importante para a segurança mogol que tais sultanatos tivessem conhecimento de seu poder como suseranos — algo que relutavam em aceitar. Os reinos do Decão eram e continuariam a ser uma área de resistência crucial aos mogóis. Dessa vez, o inimigo era um antigo escravo abissínio, Malik Ambar, que chegara a um posto alto sob o domínio dos sultões de Ahmednagar, de quem Akbar anexara algumas terras. Malik Ambar estava conduzindo uma inteligente e efetiva guerrilha para reaver os territórios perdidos e encontrara um aliado no rico sultão de Bijapur.

O encontro revelou-se traumático para Mumtaz e seu marido. No início do verão de 1616, sua filha mais velha, Hur-ul-Nisa, de 3 anos, morreu de varíola. As reações de Mumtaz não foram registradas, mas podem ser imaginadas, especialmente porque, naquele momento, estava grávida de oito meses. Khurram "mantinha forte luto" e Jahangir também sofria a morte de sua neta, escrevendo: "Ainda que tenha muita vontade de escrever sobre isto, minha mão e meu coração falham. Sempre que pego na pena, sinto-me atordoado e finalmente pedi a Itimad-ud-daula que escrevesse no meu lugar." Itimad-ud-daula, bisavô do bebê, realmente levou o conto triste adiante, descrevendo na barroca linguagem da corte como "o pássaro de sua alma voou de sua caixa elemental e passou aos jardins do Paraíso". O choroso Jahangir permaneceu recluso por dois dias e ordenou que a quarta-feira, dia da morte da criança, fosse daquele momento em diante conhecido como o "Dia da Perda". No terceiro dia, Jahangir foi à casa de Khurram, mas "não conseguiu se controlar".

Menos de três semanas depois, no entanto, o pesar da família arrefecera. Jahangir descreveu como "surgiu do ventre da filha de Asaf Khan [esposa de Khurram] uma preciosa pérola entre o mundo dos vivos. Com alegria e felicidade, os tambores soaram com força, e a porta da alegria e do prazer foi aberta para o povo". Mumtaz dera à luz seu segundo filho, Shah Shuja.

Enquanto se recuperava, Mumtaz também parecia disposta a acompanhar Khurram quando este voltava a se preparar para a guerra. Sua base seria a cidade de Burhanpur, no rio Tapti, conhecida pelo seu ópio, e que por muito tempo foi centro de operações dos mogóis contra os recalcitrantes reinos do Decão, que se espalhavam por planaltos de terras áridas ao sul. No dia 31 de outubro de 1616, o dia escolhido pelos astrólogos para sua partida de Burhanpur, Khurram ofereceu suas tropas à inspeção de seus pais. Seiscentos elefantes e 10 mil homens a cavalo, vestidos com tecidos dourados e com plumas brancas em seus turbantes, saudaram o imperador. Jahangir beijou seu filho, que vestia "um sobretudo de pano prateado, incrustado de pérolas e diamantes, como se fosse o firmamento",[2] e presenteou-o, entre muitas outras coisas, com o que o próprio Jahangir chamou de cavalo com "pés de vento", com sela bordada com joias.

O embaixador inglês Sir Thomas Roe escreveu sobre a estrela em ascensão, Khurram. "É verdade", disse, "todos os homens prestam maior reverência a ele que ao rei [imperador], agora que recebeu um exército" e "todos os homens [estão] bajulando seu ídolo". Roe não era um admirador do jovem príncipe, que caracterizou como "esfomeado e tirano", e com tanto orgulho "quanto poderia ensinar Lúcifer". Khurram reclamara com ele sobre o rústico comportamento dos mercadores ingleses, "suas bebedeiras e brigas nas ruas, e suas espadas ao ar". O príncipe também por várias vezes frustrou as tentativas de Roe de ganhar concessões, e seus homens confiscaram presentes que o embaixador trouxera da Inglaterra para ajudar sua integração com Jahangir. Na verdade, os únicos presentes que agradaram o imperador de um local que, para os mogóis, parecia uma ilha remota e atrasada, da qual não havia notícia que alguém do Hindustão tivesse visitado, eram as carruagens e algumas pinturas. Para o Nauroz, a festividade do Ano-Novo de 1616, Jahangir tinha a alcova atrás de seu trono repleta de imagens da família real inglesa.

Jahangir seguiu os exércitos de Khurram em direção ao Decão, como prometera, movendo a corte ao sul de Ajmer e instalando-se nas fortalezas construídas nas colinas, na região de Mandu, mais ou menos a 160 quilômetros de Burhanpur. Roe o acompanhou. Nas cartas irritadiças que enviava para a Inglaterra, de vez em quando o embaixador lamentava a vulgaridade dos mogóis. Ele comparou a paixão dessas pessoas pelas aparências à daquela senhora que, em sua obsessão "pelo aspecto exterior (...), colocava em um armário seus chinelos com brocados e seu prato [de prata]". Dessa vez, no entanto, o fausto o impressionou. Antes de partir, Jahangir, coberto de joias brilhantes e abanado por dois eunucos, apareceu no balcão do palácio para dar e receber presentes. Roe descreveu como os presentes "que ele concedia desciam atados a um fio de seda (...), os que eram entregues a ele eram puxados por um orifício através de outro fio, pelas mãos de uma respeitável matrona, gorda, deformada, enrugada e repleta de *gimbels* [anéis], como se fosse uma imagem [ídolo] (...)".

Roe descreveu Nur Jahan, com outra das esposas de Jahangir, observando tais operações: "De um lado, numa das janelas, estavam suas duas principais esposas, tão curiosas que fizeram pequenos buracos na tapadeira da janela para olhar para mim. Primeiro vi seus dedos, e após aproximarem suas faces, um dos olhos, depois outro; algumas vezes, era possível discernir sua proporção inteira. As duas eram brancas, de cabelos pretos, penteados; se eu não tivesse qualquer outra luz, seus diamantes e pérolas teriam sido suficientes para vê-las. Quando olhei para cima, elas se afastaram, e estavam tão felizes que imagino que tenham rido de mim."

O embaixador ainda descreveu como, quando chegou o momento da partida, Jahangir "desceu as escadas sob a aclamação de 'Padshah salamat', 'saúde ao rei', que deveriam ser clamores habituais (...)". Desembainhou sua espada "repleta de diamantes e rubis". De um lado de seu turbante, pendia um rubi "grande feito uma noz", enquanto do outro lado pendia um "diamante tão grande quanto" e, no meio, uma esmeralda enorme, em formato de coração. A túnica de Jahangir, de pano bordado a ouro, estava presa por uma faixa "trançada com várias pérolas, rubis e diamantes preciosos (...)". O embaixador ficou feliz ao ver que Jahangir saiu numa luxuriante réplica que ele mandara construir de uma carruagem inglesa, recoberta de veludo persa. Nur Jahan seguiu no meio de transporte originalmente inglês, "recentemente coberto e elegantemente decorado". Jahangir o tinha reformado inteiramente, deixando-o mais suntuoso, pois o estofamento original sofrera danos na longa, úmida e salgada viagem pelo mar desde a Inglaterra.

Roe também admirou a extraordinária organização que permitia ao imperador mover-se com um séquito equivalente a uma pequena cidade.

Seu capelão a via como uma espécie de *ambulans respublica*, um Estado móvel. Mais de 100 mil bois caminhavam juntos, transportando caixas de madeira com provisões. Quando montava acampamento, Jahangir cobria uma área num raio de mais de 30 quilômetros. Suas acomodações eram montadas no centro desse raio. Roe as mediu: mais de 90 metros de diâmetro. Para o embaixador, foi "uma das maravilhas de minha pequena experiência", ainda que estivesse aturdido com a chegada de um camelo que oscilava ao carregar o peso de trezentas cabeças de rebeldes; um presente de Jahangir ao governador de Kandahar.[3]

Enquanto Jahangir progredia ao sul, seguindo o rastro de Khurram, Nur demonstrou suas habilidades como caçadora. Jahangir registrou, orgulhoso, que "ela abateu dois tigres com apenas um disparo para cada, e matou outros dois com mais quatro disparos (...). Até agora, tal precisão nunca tinha sido vista, que do topo de um elefante e dentro de uma caixa fechada, seis disparos tenham sido desferidos, e nenhum deles errou o alvo".

Khurram também deu motivo de orgulho ao pai. Em outra curta e inteligente campanha, o príncipe subjugou, pelo menos por um tempo, Malik Ambar e o sultão de Bijapur. O capelão de Roe descreveu o drama da batalha entre os exércitos, dizendo que "em tais guerras do Oriente muitas vezes são envolvidas hordas incríveis (...). A música que soa quando vão à batalha vem de tambores-chaleira e grandes instrumentos de sopro. Os exércitos dos dois lados muitas vezes começam furiosamente (...)".[4] Khurram forçou seus adversários a recuarem das terras mogóis que invadiram e extraiu deles um grande tesouro, além de sua promessa de que, dali em diante, permaneceriam, nas palavras de Jahangir, "mansos e leais".

Quando notícias das vitórias de Khurram chegaram a Jahangir, ele "ordenou que tambores rufassem com júbilo", pois "os causadores de problemas que ousaram se rebelar tinham admitido sua falta de habilidade e poder". Em outubro de 1617, Khurram voltou "em maravilhoso triunfo", como registrou Roe. O embaixador foi impedido de esperar pessoalmente pelo príncipe, pois "estava com as esmeraldas [hemorroidas] ainda sangrando", condição que já levava "por vinte semanas lancinates".[5] As memórias de Jahangir deixam claras suas alegrias com Khurram: "Após devotar a mim seus respeitos, chamei-o à janela onde me sentava e, com um impulso de excessivo amor e afeição paternal, me levantei de imediato e tomei-o em meus braços. Quanto mais ele expressava sua reverência e respeito por mim, mais carinho eu sentia por ele." O imperador enfeitou a cabeça de seu filho com joias e moedas de ouro, e anunciou que, daquele momento em diante, seria conhecido como "Shah Jahan" — "Senhor do Mundo". Jahangir também ordenou que "uma cadeira deveria ser posta para ele na corte, ao lado do meu trono, uma honra (...) nunca antes conhecida em minha família", e apontou-o como governador da rica província de Guzerate.

Nur organizou uma festa da vitória, que custou incríveis 300 mil rupias, na qual ela ofereceu roupas incrustadas de pedras, cavalos e elefantes a Shah Jahan e vestidos de honra a Mumtaz e outras mulheres de sua casa.* Uma pintura retrata o banquete espalhado em ricos tapetes num jardim coberto por uma tenda. Nur está oferecendo comida a Jahangir, que se ajoelha à sua frente, com um halo em volta de sua cabeça. Com a intenção de invocar santidade, foi uma inovação de Jahangir, que tomou emprestada dos jesuítas.** Shah Jahan se ajoelha ao lado de seu pai, e um grupo de mulheres ornamentadas com joias, em roupas diáfanas, o observam, admiradas. É provável que uma delas seja Mumtaz, partilhando desse momento de glória na vida do marido. Quase um mês após a festa da vitória, Mumtaz dava à luz seu quinto filho, outra menina, chamada Raushanara.

Aos olhos de seu pai, Shah Jahan personificava tudo que um príncipe mogol deveria ser. Jahangir escreveu que "minha consideração por esse filho é tão grande que faria o que fosse preciso para agradá-lo; na verdade, é um filho excepcional, adornado com todas as graças, e que bem jovem conseguiu me satisfazer em tudo no que pôs as mãos".

Havia, no entanto, algo mais que Jahangir queria de seu filho: que se casasse com outra mulher, o que terminou fazendo no mesmo dia do

---

* A comparação de preços é difícil de ser feita. Mas, de acordo com Abul Fazl, um carneiro podia ser comprado por apenas uma ou duas rupias, e uma linda roupa de seda por algo entre uma ou cinco rupias, o que fornece alguma pista sobre a extravagância.

** Originalmente asiático, o conceito do halo chegou à Europa através do Império Bizantino, numa época em que já não era popular na Pérsia e na Índia.

nascimento de Raushanara. A noiva era neta do comandante-chefe, *khan khanan*, de Jahangir, a quem o rei gostaria de agraciar. O casamento foi, de acordo com os historiadores da corte de Shah Jahan, inteiramente "motivado por expedientes políticos", e a moça estava "feliz com tal conexão ilustre, ainda que somente em nome".[6] No entanto, ele teve um filho com essa esposa, Sultan Afroz. Porém, nunca alcançou o mesmo status nem teve o mesmo carinho recebido pelos filhos de Mumtaz. Sobre o nascimento do menino, o cronista de Shah Jahan escreveu apenas que "como o filho não nasceu em hora propícia, Sua Majestade não pôde ficar com ele (...)".[7] Um incidente posterior registrado por Jahangir também revela sua insignificância para a família real. Em 1620, o segundo filho de Mumtaz, Shah Shuja, uma criança enferma com tendência a achaques, foi tomada por "uma erupção tão violenta que a água não era capaz de descer por sua garganta", e os astrólogos da corte disseram aos pais desgostosos que sua morte estava escrita nas estrelas. No entanto, um astrólogo não concordou, profetizando que "alguma outra criança morreria" em seu lugar. Jahangir registrou com alegria que o homem estava com a razão: Shah Shuja se recuperou. Foi o infeliz Sultan Afroz quem morreu, passando à história com uma brevíssima menção.

Em 1618, o imperador deu novos sinais de que via Shah Jahan como seu herdeiro. Decidiu que o diário que manteve pelos primeiros doze anos de seu reinado deveria ser reunido em apenas um volume e cópias seriam oferecidas a seus melhores amigos ou, como ele mesmo escreveu, "enviadas a outros países para serem usadas pelos governantes como manual". No entanto, ofereceu a primeira cópia a Shah Jahan, de 26 anos, que, como escreveu, "considero em todos os sentidos o primeiro dos meus filhos". Quando, alguns meses mais tarde, a mãe de Shah Jahan, Jodh Bai, morreu, ele mais uma vez mostrou publicamente seu amor e preocupação com o filho. Mesmo tendo sido afastado da mãe ao nascer, Jahan lhe era devotado. Na verdade, por toda a sua vida, seria a mulher da família da qual se sentiria mais próximo. Tão grande foi sua dor que Jahangir "foi até a casa desse filho precioso". Após "ter lhe oferecido as condolências", mas vendo-o ainda inconsolável, Jahangir o levou consigo ao palácio para tentar abrandar seu pesar.

Jahangir seguiu sendo muito próximo aos filhos de Shah Jahan e Mumtaz, acompanhando os problemas diários que normalmente surgem em uma família em expansão. Descreveu outra doença de Shah Shuja: "Príncipe Shuja, o querido filho de meu filho Shah Jahan (...), a quem eu amo tanto, contraiu uma doença de crianças chamada epilepsia infantil. Ficou inconsciente por um bom tempo. Não importava quais tratamentos e remédios oferecíamos, não resolviam nada (...)." Mumtaz, outra vez grávida, devia lembrar-se tristemente da perda de sua filha mais velha para a varíola, dois anos antes. Jahangir fez um voto solene de não causar danos "a qualquer coisa viva com as minhas mãos" caso a criança sobrevivesse. Logo depois, o menino se recuperou, e Jahangir, honrando suas palavras, deixou de caçar.

Na noite de 13 de novembro de 1618, Mumtaz deu à luz seu terceiro filho. Estava acompanhando Jahangir, Shah Jahan e o resto da corte imperial em seu caminho a Agra quando entrou em trabalho de parto, numa pequena vila no alto das montanhas que dividem o Decão do Hindustão, ao norte. Vários dias mais tarde, quando a corte chegou a Ujjain, capital da província de Malwa, o nascimento foi celebrado com as devidas cerimônias. Jahangir participou de uma festa nos alojamentos de Shah Jahan, durante a qual seu filho "trouxe aquela feliz criança para perto de mim, e, oferecendo-me joias, ornamentos e cinquenta elefantes (...), pediu-me que encontrasse um nome para ele". Escolheu Aurangzeb.

Apenas três meses depois, Mumtaz ficou mais uma vez grávida. Em sete anos de seu casamento, teve sete filhos, e outros sete se seguiriam. Mesmo os seus contemporâneos ficaram maravilhados com tamanha devoção e fecundidade.

Em março de 1620, Jahangir, Nur e Mumtaz chegaram por entre as campânulas e o rosa-claro das flores das amendoeiras que desabrochavam no vale da Caxemira. A viagem desde Agra durara mais de cinco meses, e as longas distâncias foram dolorosas, "cheias de colinas e gargantas, desfiladeiros e subidas", como descreveu Jahangir, e sob uma chuva torrencial que algumas vezes se transformava em neve. Em um dia particularmente difícil, viajando por entre caminhos estreitos pelas montanhas, os cavalos e elefantes, carregados com a parafernália da casa imperial e cansados de tanto caminhar, "caíram em todas as direções e não eram capazes de se levantar". Vinte e cinco elefantes morreram. A experiência foi dura para todos, mas deve ter sido especialmente difícil para a grávida Mumtaz, que durante a viagem, em dezembro de 1619, deu à luz mais um filho, Ummid Bakhsh. (A robustez das mulheres mogóis surpreendia os estrangeiros. De acordo com um deles, "elas [pareciam] sofrer muito menos que as outras mortais ao parirem: não era incomum que tivessem filhos no final de uma jornada, e que no dia seguinte seguissem adiante, carregando o recém-nascido nos braços".)[8]

Na Caxemira, Mumtaz pôde ser recuperar, ainda que o idílio rural tenha sido interrompido brevemente quando o pequeno Shah Shuja, brincando no palácio, caiu por uma porta aberta e rolou por um muro alto. Por sorte, um tapete e o corpo de um homem sentado na base do muro interromperam sua queda. A cabeça do príncipe bateu no tapete, enquanto seus pés bateram contra as costas do homem; se não fosse isso, teria morrido. O comandante da guarda do palácio "imediatamente correu e segurou o príncipe, acolheu-o próximo ao peito e subiu as escadas". Confuso, tudo o que o príncipe fazia era repetir: "Aonde está me levando?"

A família imperial passou vários dias preguiçosos flutuando em barcos *shikara* sob o manto de "brilho cristalino" do lago Dal, colhendo lótus escarlates. Observavam fazendeiros locais com suas colheitas de melões e pepinos plantados em ilhas flutuantes que distribuíam pelo lago e admiravam a suave névoa cor de malva dos campos onde os açafrões-da-primavera cresciam. Jahangir, sempre naturalista, descreveu como "todo campo, todas as terras estavam, até onde os olhos podiam alcançar, cobertos por flores (...); a flor tinha cinco pétalas de cor violeta, e três estigmas produtores de açafrão eram encontrados dentro dessa flor, que seria o mais puro açafrão".

A beleza da Caxemira o fez escrever versos líricos, apaixonados:

As ninfas do jardim [flores] eram brilhantes,
Suas bochechas brilhavam como lâmpadas;

Havia claros botões em seus caules
Como amuletos escuros nos braços da amada.
A canção de ninar que parecia um ensaio de odes
Unia-se aos desejos dos bebedores de vinho;
Em cada fonte o pato afundava seu bico
Como tesouras de ouro cortando seda;
Havia tapetes de flores e frescos botões de rosa,
O vento balançava as roseiras,
A violeta trançava seus anéis,
Os botões davam um nó no coração.

Logo após sua ascensão, Jahangir começara a cultivar jardins na Caxemira, e agora buscava a ajuda de Shah Jahan em um novo projeto — construir locais de prazer no que hoje é conhecido como os jardins de Shalimar, às margens do lago Dal.* O príncipe desenhou um canal central largo, para escorrer as águas formadas pelo degelo das neves das montanhas em uma série de cascatas, passando por avenidas de álamos e grandes árvores, até chegar a um lago. Suas ideias imaginativas produziram o tal jardim, como Jahangir, admirado, descreveu, colocando-o entre os mais idílicos e pitorescos da Caxemira.

Aqueles seriam, no entanto, os últimos dias de harmonia entre o imperador e seu filho preferido. O forte círculo familiar em volta de Shah Jahan e Mumtaz começava a se desfazer. Nos primeiros anos de seu casamento com a sua sobrinha, Nur protegera e apoiara os interesses de Shah Jahan. Os dois, junto ao pai de Mumtaz, Asaf Khan, e seu avô, Itimad-ud-daula, formavam um quarteto poderoso. Como Shah Jahan crescera com o apoio do pai, tinha prestígio junto a Jahangir. Um fato a mais era a fraqueza de Jahangir ante o álcool e o ópio, que progressivamente alimentava sua indolência e seu hedonismo naturais. Relatos contemporâneos sugerem que Jahangir era muitas vezes vítima do álcool e das drogas. Roe, companhia

---

* O nome evocativo dos jardins nasceu com um governador do século VI a.C., que construiu ali uma casa chamada Shalimar, "O domicílio do amor".

favorita do imperador em suas bebedeiras, descreveu como os encontros de tardes do conselho com os ministros imperiais eram muitas vezes "impedidos pela sonolência de Sua Majestade após render homenagens a Baco".[9] Algumas vezes, simplesmente dormia. Após algumas horas, seus criados respeitosamente lhe davam cotoveladas para que acordasse e traziam comida, pois ele estava muito instável para alimentar a si mesmo, e a comida era "posta em sua boca pelas mãos de outros".[10]*

Nur era extremamente amorosa com Jahangir e cuidava muito de sua saúde. Um relato descreve como ela tirava suas roupas, "como se fosse uma criança pequena".[11] Ao mesmo tempo, a fraqueza e o atordoamento do imperador foram oportunos para que Nur exercesse seus incríveis talentos. Sua absorção do poder começou logo cedo no casamento. Quando Sir Thomas Roe chegou pela primeira vez à corte, em 1615, sua influência já era tanta que poderia ordenar que suas credenciais fossem enviadas a ela no harém para que, pessoalmente, as checasse. Roe rapidamente e de forma correta deduziu a influência de Nur sobre o imperador, mandando notícias à Inglaterra de que ela "o governa e direciona ao seu gosto".[12] "De temperamento fácil e naturalmente voluptuoso",[13] Jahangir ficou cada vez mais feliz ao "delegar" a tirania e os negócios tediosos do governo à sua enérgica, capaz e ambiciosa esposa.

Nur começou a exercer o poder diretamente — aprovando, sozinha, ordens imperiais e fazendo com que fossem editadas sob o nome de Jahangir, com a adição do seu próprio, "Nur Jan, a rainha Begam", ao lado da assinatura imperial. Ela tomou o controle de frequentes encontros, promoções e rebaixamentos que eram o centro da administração mogol. Um contemporâneo reclamou que "seus antigos e atuais apoiadores foram todos bem

---

* Jahangir não estava só em seu vício em drogas. Peter Mundy, que chegaria à Índia apenas alguns anos mais tarde, notou os "muitos campos de papoulas, de onde se extraía o ópio que ali chamavam *afim*, e que era usado para muitos propósitos. As sementes eram colocadas no pão (...), com as cascas eles produziam uma espécie de bebida chamada *post*, destilando-as em água por um tempo. Agitando o licor, eles o bebiam, e ficavam inebriados. Da mesma forma usavam certa [planta] chamada *bhang* [marijuana], produzindo o mesmo efeito, e por isso muitas vezes chamavam um amigo bêbado de *afimi* [comedor de ópio], *posti* [bebedor de ópio] ou *bhangi* [drogado] (...)". (MUNDY, 1914, p. 247)

recompensados (...), muitos dos homens hoje próximos ao rei receberam sua promoção dela (...); resultaram muitas confusões, já que as ordens do rei ou pedidos de encontros etc. não são certos, até que sejam aprovados pela rainha".[14] Nur também tinha moedas cunhadas em seu nome e se distinguia das outras esposas de Jahangir com o título de *shahi*, imperatriz. O único direito que nunca conquistou foi o de ter a *khutba* lida em seu nome, como uma prova de soberania, antes das rezas de sexta-feira à tarde na mesquita.

Enquanto Nur tomava conta dos aspectos administrativos do governo para o seu marido, Shah Jahan conduzia as campanhas militares de Jahangir. Seus interesses, por um tempo, eram os mesmos, mas Shah Jahan começou a desconfiar do crescente domínio de Nur no governo e de suas ambições. Em 1617, discutiram sobre as concessões de comércio com os ingleses — foi o primeiro desentendimento público entre eles. No entanto, um assunto muito mais importante para os dois era o que aconteceria após a morte de Jahangir. Naquela época, Nur tinha começado a procurar um candidato mais maleável para o trono imperial que o inteligente e cada dia mais independente Shah Jahan — ela buscava um homem através do qual pudesse governar, como fazia com Jahangir. A melhor forma de alcançar isso era através de novas alianças entre a sua família e a família imperial.

Alguns relatos sugerem que Nur, originalmente, considerou casar sua única filha, Ladli — de seu primeiro casamento, com Sher Afghan —, com Shah Jahan. No entanto, isso parecia inútil. Sua sobrinha Mumtaz era óbvia e absolutamente sua querida e primeira esposa, e dera à luz vários filhos, incluindo herdeiros masculinos. Por isso, seu primeiro pensamento foi casar Ladli com o meio-irmão de Shah Jahan, o príncipe Khusrau. O príncipe de um só olho seria, para Nur, mais maleável que Shah Jahan. Ainda que o casamento pudesse tê-lo resgatado da prisão em que estava confinado, Khusrau se negou. De acordo com vários relatos, fez isso por amor à mulher que insistiu em dividir com ele a prisão e, dessa forma, "recusou terminantemente qualquer outro conforto além de ser companhia para as misérias do seu marido".[15] Nem mesmo os pedidos dessa mulher para que aceitasse o casamento e assegurasse sua liberdade fizeram com que aceitasse a oferta de Nur.

As negociações, no entanto, alertaram Shah Jahan e Mumtaz quanto à estratégia de Nur. Fendas começaram a se abrir entre a família anteriormente unida de Itimad-ud-daula. As ambições de Nur Jahan, como consorte do imperador e aspirante sogra de qualquer príncipe que o pudesse suceder, e as ambições de Mumtaz Mahal, esposa do homem mais próximo do trono na linha de sucessão e mãe devotada a seus vários filhos, estavam em conflito direto. A lealdade inequívoca de Mumtaz era ao seu marido, não a sua tia, que pouco tempo depois faria Jahangir tomar atitudes contrárias a Shah Jahan. A situação também deixou o pai de Mumtaz, Asaf Khan, numa posição ainda mais delicada. Mesmo apoiando sua irmã imperatriz, deveria considerar seu próprio futuro e o de sua filha. Até o idoso Itimad-ud-daula precisou usar todas as suas artimanhas para manter-se entre os interesses de sua filha e de sua neta, e ao mesmo tempo assegurar a confiança de Jahangir como seu principal ministro.

Tais tensões foram trazidas à tona quando a família imperial ainda estava na Caxemira. Jahangir, com 51 anos, começou a sentir "falta de ar (...), e nas passagens de ar do lado esquerdo, próximo ao coração, sentia uma opressão. A sensação gradualmente aumentou e tornou-se permanente". Um "procedimento com medicinas quentes" trouxe um pequeno alívio, mas, acreditando que "a umidade na atmosfera" começava a pesar, Jahangir preparou-se para deixar a Caxemira em direção às planícies secas e quentes. Tal evidência da fraqueza física de seu marido induziu Nur a agir com rapidez. Se não pudesse ter Khusrau como genro, havia outra possibilidade. Em dezembro de 1620, com a corte em Lahore, Nur persuadiu Jahangir a atrair seu filho mais jovem, o indolente e boa-vida Shahriyar, à sua filha. Ele seria, na visão de Nur, um homem pouco inclinado a mudar o curso de sua autoridade. De acordo com relatos contemporâneos, mesmo sendo "o mais bonito de todos os príncipes",[16] também mostrava sinais de "fraqueza de espírito e caráter débil".[17] Deve ter parecido o candidato ideal.

Tal aproximação, junto à ameaça ao posto de herdeiro de Jahangir, não poderia ter vindo em pior época para Shah Jahan. Naquele outono, notícias chegaram à corte imperial de que, mais uma vez, como escreveu Jahangir, "no Decão, homens com más intenções [tinham] se rebelado". Os sultões do Bijapur e Ahmednagar, e o seu aliado, o sultão de Golconda, esquecendo-se de seus compromissos com os mogóis, e com uma força de 60 mil homens, estavam lutando contra tropas imperiais em Burhanpur e outras cidades. Mais uma vez, Jahangir chamou Shah Jahan para ir à guerra. Era sua escolha óbvia, e claramente a única. Ainda se tivesse as duas vistas perfeitas, Khusrau não seria de confiança; Parvez era muito incompetente como estrategista militar e herdara o gosto da família pelo álcool, enquanto o adolescente Shahriyar era muito jovem e sem experiência no assunto.

Shah Jahan não queria estar a centenas de quilômetros da corte numa época em que Nur tramava contra ele. Além do mais, se Jahangir morresse enquanto estivesse em campanha, Shah Jahan não poderia reclamar o trono. Decidiu que, mesmo sem outra opção que aceitar as ordens do pai, faria um pedido: Jahangir deveria oferecer a ele a custódia do irmão Khusrau, que o acompanharia na viagem. Dessa forma, poderia manter ao menos um rival por perto, e longe das mãos de outras facções.

Jahangir concordou e Shah Jahan e Mumtaz, grávida de seu oitavo filho, viajaram mais uma vez ao sul, ao Decão, acompanhados de uma força de mais de mil mercenários turcos com armas modernas, 50 mil homens de artilharia e um mar cinza de elefantes, além do miserável Khusram e sua esposa leal. Shah Jahan nunca voltaria a ver o pai que, de forma tão exultante, havia feito chover moedas de ouro sobre sua cabeça. Em poucos meses, Shah Jahan se tornaria, como Jahangir escreveu em seu diário, furioso, "um desgraçado", não mais digno de confiança ou amor, cada vez mais receoso pela segurança de sua família. Khusram tampouco voltaria a ver o pai — que dentro de um ano morreria.

O drama familiar tinha todos os elementos de uma tragédia de vingança jacobina na qual os principais personagens, reunidos por um cuidadoso Sir Thomas Roe, seriam "um nobre príncipe, uma maravilhosa esposa, um conselheiro fiel, uma astuta mãe postiça, um filho ambicioso, uma favorita engenhosa...".[18]

V
Imperador em compasso de espera

Mais uma vez, Shah Jahan teve êxito frente aos inimigos de seu pai no Decão, vencendo-os após uma campanha de seis meses e, desta vez, aplicando punições muito mais severas. Aqueles eram, escreveu Jahangir, dias de "alegrias e vitórias". Enquanto Shah Jahan consolidava sua posição no sul, o imperador, em Agra, participava dos "entretenimentos da realeza", organizados por Nur e seu irmão, o pai de Mumtaz, e lhe ofereciam pedras preciosas e outras maravilhas. Jahangir estava suficientemente restabelecido dos problemas de respiração que o tinham afetado na Caxemira e alegremente se deleitava com tais situações. Estava também bem o suficiente para terminar seus estudos sobre curiosidades da natureza, escrevendo sobre a "enorme estranheza" na aparência da zebra e sobre a chegada na corte de um eunuco hermafrodita vindo de Bengala.

Longe, no calor da monção que assolava o Decão, em junho de 1621, Mumtaz deu à luz seu oitavo filho, uma menina chamada Sorayya Bano. Deveriam ter sido tempos felizes, mas notícias vindas da distante corte imperial deixaram Shah Jahan cada dia mais inquieto. Logo após o nascimento da filha, ele soube que Shahriyar e Ladli tinham se casado em Agra. Um enorme "festival de alegrias" tomou conta da casa de Itimad--ud-daula, durante o qual Jahangir, sob os olhares de aprovação de Nur, destilou honrarias a seu filho mais novo. E pior: mensageiros chegaram com a notícia de que Jahangir voltara a adoecer — um sério ataque de asma que o deixara com dificuldades de respiração. Quando "a violência da doença aumentou", ele se medicou com leite de cabra e de camelo e, quando isso falhou, voltou desesperado ao álcool, admitindo francamente: "Como encontro alívio bebendo, contrariando meu hábito, passei a beber durante o dia, e pouco a pouco cheguei ao excesso." Quando a temperatura aumentou, ele obviamente piorou. Uma ansiosa Nur tomou conta dele e "tratou de reduzir a quantidade de minhas doses e oferecer combinados mais próprios e suaves (...), gradualmente reduziu a quantidade de vinho que eu tomava, e me afastou de comidas ruins e coisas impróprias".

O normalmente embriagado Parvez foi até o leito de seu pai apenas um pouco menos embriagado para ser chamado de "filho doce e comprometido", mas Shah Jahan e Mumtaz, no distante Decão, não podiam fazer nada além de esperar. Na corte imperial, logo haveria mais drama familiar. Primeiro, a mãe de Nur, avó de Mumtaz, ficara doente e morrera. Três meses depois, com Jahangir e Nur ainda de luto, subindo ao norte, em busca de terras mais frescas, onde o imperador imaginava que seria capaz de melhorar sua saúde, Itimad-ud-daula, seu "pilar no governo", também adoeceu. O velho homem estava devastado pela perda de sua esposa. Jahangir escreveu como "ele já não se preocupava com si mesmo, parecia minguar dia após dia". Movido pela agitação de Nur, com a qual "eu não podia competir", Jahangir se manteve vigilante com ela enquanto seu velho cortesão perdia e voltava à consciência no "momento da agonia de sua morte". Em janeiro de 1622, 44 anos após sua viagem perigosa, vindo da Pérsia, junto a sua família, Itimad-ud-daula faleceu.

Jahangir sentiu pena da perda de um "vizir tão sábio e perfeito, e de uma companhia afetiva e inteligente". Nur ficou de luto não apenas por perder o amado pai, mas também seu mentor. Encontrara consolo na preparação de uma tumba de mármore branco em Agra, mas durante as cerimônias estaria inconsolável. A reação de Mumtaz à morte de seus avós não foi registrada, mas ela também deve ter ficado triste, além de apreensiva sobre a forma como Nur agiria sem a enorme influência do chefe da família. Itimad-ud-daula era a única pessoa capaz de moderar as ambições de Nur e balancear os interesses de sua família. Sem ele, o futuro de Mumtaz, e de seu marido e filho, era menos seguro.

Uma semana após a morte de Itimad-ud-daula, chegaram notícias de outra morte — desta vez completamente inesperada. Uma entrada rápida no diário do convalescente Jahangir revela: "Uma carta de Khurram [Shah Jahan] informou que Khusrau morrera de cólica." Aparentemente, morreu no forte de Burhanpur, onde Shah Jahan o tinha encarcerado. Mesmo que as assinaturas dos principais nobres que acompanhavam Shah Jahan tivessem sido anexadas à carta, confirmando a veracidade de seu conteúdo, o momento do falecimento de Khusrau, exatamente quando a sobrevivência de Jahangir parecia incerta, era algo sinistro. Quase todos os visitantes estrangeiros à corte mogol chegaram à conclusão de que Shah Jahan matara seu meio-irmão de 36 anos para eliminar um rival na cada vez mais próxima luta pelo trono.

Tais clamores persistiram. Um relato sensacionalista e detalhado, escrito poucos anos mais tarde por um frade agostiniano, é típico. Ele descreve como Shah Jahan, "autor e engenheiro desse plano bárbaro", ordenou um escravo que matasse Khusrau enquanto ele saía de cena "com o pretexto de uma fuga" para oferecer-se um álibi: "Então esse homem, no meio da noite, foi, com alguns acompanhantes, aos aposentos do príncipe. Bateu à porta tentando acordar o príncipe, dizendo trazer cartas de seu pai e algumas roupas usadas em certas ocasiões pelos imperadores mogóis como indício de que mostrarão clemência e perdoarão crimes. Ouvindo as boas notícias, o príncipe aprisionado abriu a porta e percebeu que na verdade traziam a notícia de sua própria súbita morte. Logo após ter deixado que os assassinos entrassem, eles lhe caíram em cima, colocando uma corda em seu pescoço. Quando estava morto, deitaram-no em sua cama, fechando a porta com cuidado pelo lado de fora, como se não tivessem feito nada."[1] Poucas horas depois, de acordo com outro relato europeu, a zelosa esposa de Khusrau chegou ao seu quarto: "(...) seu marido parecia dormir na cama. Vendo que não se movia, ela tocou seu rosto, e percebeu que estava frio e morto. Correu para fora da casa e começou a gritar (...)."[2]

Um dos cronistas de Shah Jahan escreveu que "Khusrau foi liberado da prisão de sua existência e ficara confinado à prisão da não existência".[3] Um historiador mogol, escrevendo mais tarde, com Shah Jahan ainda vivo, também lhe creditou responsabilidade, ainda que alegasse que a morte de Khusrau era necessária para a segurança do império. Não importam as circunstâncias; a verdade é que Khusrau foi assassinado, provavelmente pelo irmão. Shah Jahan, em várias oportunidades anteriores, tentou ganhar a custódia de Khusrau, mas Jahangir resistira. Só concordara naquele momento porque, como está escrito em alguns relatos, estava bêbado quando Shah Jahan fez o pedido ou, como parece mais plausível, precisava que o filho o ajudasse na questão do Decão e resolveu agradá-lo. Nur provavelmente foi uma peça importante na decisão de Jahangir. Focada em Shahriyat, parecia uma boa oportunidade afastar Shah Jahan e Khusrau da corte e de seu pai.

Shah Jahan certamente tinha motivo para matar Khusrau, que, mesmo com sua deficiência visual, ainda era o filho mais velho e comandava alguns seguidores. Além do mais, suas habilidades eram muito maiores que as do bêbado Parvez e do bobo Shahriyat. Sua morte foi, no mínimo, conveniente para Shah Jahan. E também é consistente se observarmos que mais tarde, de forma impiedosa, eliminou outros rivais familiares. No entanto, ordenando a morte de Khusrau, Shah Jahan cometera um ato que assombraria seu reinado e estabeleceria um precedente de sangue entre os seus filhos. Como um comentarista pouco simpático a ele logo observou, ele estava "construindo as bases de seu trono sobre o sangue do irmão".[4]

O próprio Jahangir, recuperando-se devagar, parecia a princípio aceitar a explicação de Shah Jahan para o súbito desaparecimento de Khusrau. No entanto, relatos sugerem que a carta de um nobre mogol que estivera em Burhanpur naquela época e acreditava numa morte planejada mudaria sua opinião. O imperador escreveu nervosamente aos nobres em Burhanpur, "perguntando por que falharam ao escrever-lhe a verdade, dizendo se o seu filho morrera de morte natural ou se fora morto por outra pessoa".[5] Ordenou que o corpo fosse exumado e enviado a Allahabad para ser novamente enterrado em um jardim ao lado da tumba da mãe de Khusrau. Também ordenou que a viúva de Khusrau e seu filho pequeno fossem à corte imperial, depois a Lahore, para sua própria segurança.

No entanto, Jahangir logo enfrentaria uma nova crise que deixaria pouco espaço para reflexões sobre o fratricídio. Chegaram notícias de que Shah Abbas, imperador da Pérsia, que renascia, estava avançando sobre Kandahar, na fronteira mogol a quase 500 quilômetros ao sudoeste de

Cabul, e defendida por uma única e fraca guarnição. A cidade fora fonte de agravos entre os dois impérios desde o momento em que um humilde Humaium a presenteara ao xá, em 1545, por este tê-lo ajudado na manutenção de seu trono. Desde então, a cidade tinha sido tomada por uma ou outra força quatro vezes. Dominá-la era questão de honra, mais que de significância real. Ainda que Kandahar tenha sido um rico entreposto na rota de comércio com a Índia, sua importância fora apagada quando peregrinos e comerciantes começaram a tomar as rotas marítimas. No entanto, Jahangir estava ansioso por reaver a cidade, particularmente após ter percebido que sua captura poderia ser o presságio de uma invasão persa ao seu império. Mobilizou uma enorme força, incluindo artilharia, morteiros, elefantes, tesouros, armas e equipamentos, e em março de 1622 ordenou Shah Jahan e seus exércitos a deixarem o Decão para seguir para aquela área.

O pedido veio em momento complicado para Shah Jahan e Mumtaz. Havia apenas algumas semanas, seu filho Ummid Bakhsh, nascido nas rotas montanhosas em direção à "paradisíaca Caxemira" dois anos antes, "viajara para o mundo eterno",[6] como os cronistas eufemisticamente relataram a morte do menino. Fora o segundo filho perdido pelo casal. No entanto, Shah Jahan partiu à frente de suas tropas, com a enlutada e outra vez grávida Mumtaz, que, como sempre, seguia-o lealmente com as mulheres de sua casa em trajes que tapavam todo o corpo, carroças e gente montada nos dorsos de camelos. Chegaram até o forte de Mandu, uns 160 quilômetros a noroeste de Burhanpur, mas depois pararam. A desculpa que deu ao pai foi que gostaria de esperar até que as chuvas da monção parassem. O próprio Jahangir certa vez escreveu que "na estação das chuvas não há melhor lugar que o ar puro e as facilidades deste forte", com seus edifícios arejados, rodeados de grandes lagos. No entanto, Shah Jahan também escolheu o momento para fazer uma série de pedidos a Jahangir. Pediu para ser comandante único da campanha em Kandahar e para ser escolhido como governador da província estratégica do Punjab, que estaria à sua retaguarda enquanto ele avançasse em direção a Kandahar. E o mais importante para ele, talvez, era o enorme forte rajput de Ranthambhor, no Rajastão, conquistado por Akbar cinquenta anos antes e que ele via como um refúgio seguro para Mumtaz e seus filhos.

As condições de Shah Jahan refletiam sua crença de que sua presença na corte diminuía. Nenhuma nova honraria — literal ou metafórica — foi oferecida a ele por suas vitórias. Nem foi chamado outra vez para o lado do pai. Além do mais, o longo caminho a Kandahar o deixaria longe da base de poder que vinha consolidando no Decão, e assim ficaria isolado. Ao mesmo tempo, deve ter sido duro escutar notícias de que o poder de Nur só aumentava. Jahangir dera a ela todo o dinheiro de seu pai, além de suas terras, ignorando o costume de que esses bens normalmente eram revertidos à Coroa, para serem usados ao bel-prazer do imperador e distribuídos entre seus familiares. Ainda mais significativo, Jahangir ordenou que os tambores de Nur fossem soados imediatamente após suas cerimônias na corte. Deve ter parecido a Shah Jahan que, enquanto marchava de uma terra distante a outra com Mumtaz, Nur estava aproveitando sua longa ausência, aumentando ainda mais seus laços no governo. Mais tarde, quando Shah Jahan era imperador, seu cronista oficial escreveu que sua queda em desgraça era culpa de membros da corte "cuja sinceridade era impura e que sofriam com a tortura do ciúme por um bom tempo", e que afastaram Jahangir de seu filho e, assim, inflamaram "o fogo da intriga e da desordem que seria mantido aceso na Hind pelos quatro ou cinco anos seguintes".[7] Embora não o tenha afirmado diretamente, o cronista claramente se referia a Nur e seu séquito.

A resposta de Jahangir aos pedidos de Shah Jahan, sem dúvida encorajada por Nur, não demonstrava compaixão: "Seu pedido foi lido, não gosto do estilo nem do pedido feito, e os traços de falta de lealdade são aparentes (...)", escreveu. Jahangir ficou mais nervoso ao ouvir notícias de que Shah Jahan cercara terras que pertenciam a Shahriyar e Nur, e que seus homens e os de Shahriyar estavam lutando abertamente, fazendo com que "muitos fossem mortos dos dois lados". Taxando que a mente de seu filho "era pervertida", o imperador o avisou: "Não venha a mim, mas envie todas as tropas que foram pedidas para a campanha de Kandahar. Caso agisse em contradição aos meus comandos, mais tarde teria de se arrepender."

Em seu comportamento irritadiço e agitado, Jahangir revogou o voto que fizera cinco anos antes, quando o filho de Shah Jahan, Shah Shuja, ficara doente, de que deixaria de caçar caso ele se recuperasse, e escreveu: "Como estou muito triste com o comportamento [de Shah Jahan], volto a pegar em armas." Um sinal mais sério de seu desprazer foi quando, em agosto de 1622, decidiu passar o comando da campanha de Kandahar a "meu filho com sorte", Shahriyar. Uma exultante Nur ofereceu ao marido, no mesmo dia, um par de pérolas turcas "impossíveis de serem avaliadas". Jahangir também transferiu o feudo tradicional do herdeiro legítimo, Hissar Firoza, que ele havia concedido a Shah Jahan quatorze anos antes, a seu filho mais novo. Não poderia haver uma declaração de intenções mais clara.

Suspeitando corretamente que fora muito longe, Shah Jahan pediu desculpas a seu pai e ficou chocado ao perceber que era tarde demais. Jahangir escreveu: "Não tive notícias dele, por isso não prestei qualquer favor." Assim como, anos antes, endurecera seu coração frente a Khusrau, neste momento voltava o rosto ao mais talentoso, e outrora mais amado, de seus filhos. Ironicamente, mais ou menos com a mesma idade que Shah Jahan — 30 anos —, Jahangir iniciou seu golpe contra o pai, Akbar. Talvez esse fato não lhe escape.

No final de 1622, Mumtaz deu à luz um filho, mas a criança morreu antes de que fosse escolhido seu nome. A tristeza da perda e o medo crescente do que aconteceria com a sua família caso não agisse prontamente devem ter contribuído para o seguinte passo de Shah Jahan — uma rebelião aberta. Fora um estratagema perigoso, no qual não se envolveria sem antes pensar bem, mas Shah Jahan sabia que os poderes do seu pai diminuíam, e que muitos outros, assim como ele, ressentiam-se da influência de Nur sobre o imperador e poderiam, portanto, postar-se ao seu lado. Também sabia que poderia contar com o apoio de *amirs* e oficiais do Decão e de Guzerate, terras que governava. Por isso, em janeiro de 1623, Shah Jahan tomou sua decisão e, com Mumtaz, seus filhos e muitos apoiadores, seguiu na direção norte, de Mandu a Agra. Rebeliões precisam de fundos, por isso tentava confiscar o tesouro imperial que, segundo informantes, estava a ponto de ser despachado do forte de Agra a Lahore, para financiar a campanha de Kandahar. De acordo com certos relatos, foi o pai de Mumtaz, Asaf Khan, que secretamente o informou sobre o transporte do tesouro.

Asaf Khan certamente observava os eventos com apreensão. Não herdara nada da riqueza de seu pai, fora tudo para Nur. Mais importante: as manobras descaradas de Nur para que a afeição de Jahangir por Shah Jahan fosse suplantada pela afeição por seu novo genro significava que Ladli, e não sua amada Mumtaz, se tornaria imperatriz. Asaf Khan era muito habilidoso e pediu, graças a uma manobra aberta junto a um cortesão, poder prover assistência ao príncipe que, pessoalmente, gostaria de ver como novo imperador.

Notícias de que Shah Jahan soubera do envio do tesouro e estava a caminho de Agra enfureceram Jahangir, que declarou que seu filho rebelde "tinha tomado um passo decisivo na estrada da perdição". "Fogo tomara conta de sua cabeça", disse, e tinha deixado "escapar de sua mão os reinos do autocontrole". Jahangir foi ao sul para confrontá-lo, relegando as pendências momentâneas com Kandahar, que de qualquer maneira já caíra nas mãos do xá Abass no mês de junho anterior, numa luta digna de ficção. Numa carta plena de cortesia, Jahangir saudou o xá como "esplêndido tratador das terras da profecia e santidade", mas apimentou seu texto com insultos sutis chamando-o de ávido e duro. Por que, perguntou Jahangir a Shah Abbas, queria tanto a bela vila de Kandahar? Estava certamente abaixo de sua dignidade?

"O que devo dizer de meus próprios sofrimentos?", reclamou Jahangir em seu diário, quando saiu para lidar com o caprichoso Shah Jahan. "Na dor e na fraqueza, num clima quente que certamente não fará bem à minha saúde, devo seguir em frente e manter-me ativo, e em tal estado devo me confrontar com um filho que foge aos seus deveres." Ordenou que daquele momento em diante Shah Jahan deveria ser chamado *Bi-daulat* — desgraçado — e vociferou contra a ingratidão do filho: "Sobre a gentileza e favores oferecidos a ele, posso dizer que até hoje nenhum rei ofereceu tanto a um filho."

Jahangir não teria tempo para prevenir o ataque de Shah Jahan a Agra. Seu filho pilhou a cidade, mas falhou ao capturar o forte e o tesouro que esperava para ser levado à campanha de Kandahar. Os subalternos de Jahangir foram prudentes ao não arriscar o envio do tesouro. Em vez disso, concentraram suas forças ao redor das torres do forte e de seus portões para evitar um ataque. Decepcionado, embora não abatido, após seu ataque falho, Shah Jahan enviou suas forças ao norte, em direção a Délhi, para atrair as forças imperiais comandadas por Jahangir. Muitos ainda esperavam às margens das linhas de rebeldes, e parecia que o jovem e vigoroso Shah Jahan triunfaria sobre seu idoso pai.

No dia 29 de março de 1623, as duas forças, que somavam mais de 50 mil homens no total, enfrentaram-se em um árido planalto cercado de baixas colinas com pedras e arbustos espinhentos. Jahangir e Shah Jahan não participaram. Contrariando as expectativas, as forças de Shah Jahan foram cercadas e vários de seus comandantes mortos, mesmo que durante a batalha o líder da primeira guarnição de Jahangir tenha trocado de lado, levando consigo 10 mil homens. Ironicamente, Asaf Khan estava no comando de parte das forças imperiais, mas não entre os que Jahangir distinguira por bravura aquele mesmo dia. Dúvidas sobre as verdadeiras alianças de Asaf Khan ainda rondavam a cabeça do imperador.

Shah Jahan e Mumtaz seguiram em direção sul, atravessando o Rajastão, e encontraram refúgio temporário com o novo rana de Mewar (Udaipur), Karan Singh, o garoto selvagem das montanhas que ao chegar à corte, nove anos antes, e cujo pai havia acabado de ser derrotado por Shah Jahan, havia encantado Jahangir. O jovem rana, que se tornara próximo a Shah Jahan na corte, acolheu seus hóspedes por quatro meses num lindo pavilhão de mármore, encimado por um domo — o Gul Mahal —, que recentemente construíra no lado cintilante de Udaipur. Lá, Shah Jahan, Mumtaz e seus seis filhos ainda pequenos podiam observar as colinas circundantes e encontrar um respiro no calor cada dia mais intenso do verão.

Formalmente, em maio de 1623, Jahangir deixou a campanha contra Shah Jahan nas mãos de seu segundo filho, Parvez, mas o verdadeiro comandante era o seu general mais próximo e amigo de infância, Mahatab Khan, que fora também tutor de Shah Jahan e vinha de outra família persa que prosperara na corte mogol. As ordens de Jahangir eram brutais. Mahabat Khan deveria perseguir Shah Jahan e capturá-lo vivo, ou, se isso fosse impossível, matá-lo.

No entanto, a mais determinada e perigosa inimiga de Shah Jahan e Mumtaz era Nur. Mesmo sem os conselhos de seu pai e muito insegura de sua aliança com o irmão Asaf Khan, tinha toda a confiança e devoção de Jahangir. Seu poder sobre ele, sabendo que Nur estava em seus 40 anos, numa sociedade onde, como observou um visitante inglês, "o rei e seus grandes homens mantinham suas mulheres, mas que elas pouco o afetavam ao passar dos 30 anos",[8] era incrível, e um tributo à sua força e à sua personalidade atraente, forte e à sua inteligência, muito mais que a uma beleza infinita. Na verdade, ela estava a ponto de transformar-se em avó com o nascimento, em setembro, de uma filha do belo e tolo Shahriyar e sua própria filha, Ladli. A chegada de sua neta sem dúvida aumentou suas ganas de governar.

A fragilidade cada vez maior de Jahangir facilitou o trabalho de Nur, que assumiu novos poderes. Ele era grato a ela por tomar as rédeas num momento em que já não tinha forças nem mesmo para seguir com seu próprio diário. Ele confessou que "em consequência da fraqueza que tomou conta de mim dois anos atrás e ainda me assola, coração e cabeça não estão de acordo. Não sou capaz de registrar eventos e ocorrências". Em vez disso, pediu a um cortesão, Mutamad Khan, que "conhece meu temperamento e entende minhas palavras", para que daquele momento em diante mantivesse um registro dos eventos e enviasse a ele para sua verificação. A morte da carismática mãe indiana de Jahangir, no verão de 1623, também deve ter sido outro fator que fortaleceu a autoridade de Nur sobre o seu marido, cada vez mais dependente.

Shah Jahan e Mumtaz compreenderam a profundidade da inimizade de Nur por eles enquanto se moviam em direção ao sul, de Mewar ao Decão. Com muitos apoiadores desertando e seguindo para as tropas imperiais, as forças do príncipe estavam se reduzindo perigosamente, e ele percebeu que deveria manter um refúgio seguro para Mumtaz e seus filhos. Escolheu o grande forte da montanha em Asir, próxima a Burhanpur, e que estava sob o controle de um homem casado com uma prima de Mumtaz, que, imaginou, os ajudaria. No entanto, a tal prima era também sobrinha de Nur e, sabendo dos planos de Shah Jahan, o frustrou. Ela mesma escreveu ao controlador do forte, alertando-o: "Cuidado, muito cuidado, não deixe que Bi-daulat [Shah Jahan] e seus homens se aproximem do forte, aumente a segurança nas torres e nos portões, faça o seu dever, não permita que uma mancha de maldições e ingratidões caia..."

No entanto, Shah Jahan forçou o controlador a abrir os portões através de ameaças, mas com as forças imperiais marchando em seus calcanhares, ele e sua família não estariam por muito tempo seguros atrás daqueles muros. Deixando um rajput confiável no comando do forte, Shah Jahan cruzou os quase 20 quilômetros ao sul até a cidade de Burhanpur, de onde fez tentativas de acordos de paz com Mahabat Khan. Quando os acordos falharam, ele e sua família seguiram ainda mais ao sul, cruzando o Tapti e outros rios perigosos, alimentados pelas torrenciais chuvas de monção. Tentou forjar alianças com os sultões locais do Decão, mas eles o repeliram. A única ajuda veio do governante de Golconda que, ávido para incitar a desordem no reino mogol, permitiu ao seu antigo inimigo e sua comitiva que passassem por seu reino em direção a Orissa, numa jornada por entre montanhas e pântanos durante a qual, de acordo com as memórias de Jahangir, as tropas enlameadas "tiveram de suportar muitas privações" e, por conta disso, mais apoiadores de Shah Jahan desertaram.

Mas a sorte de Shah Jahan renasceu quando o governador de Orissa, primo de Nur e Mumtaz, ficou tão assombrado com a sua chegada que resolveu fugir, deixando tudo para trás. Shah Jahan tomou conta do grande tesouro do governo, reconstruiu seu exército e avançou com novos recrutas, artilharia, cavalos e elefantes de guerra em direção a Bihar e Bengala, capturando várias cidades importantes e forçando seus nobres a jurar aliança. Na primavera de 1624, matou um tio de Nur, o governador de Bengala, numa dura luta às margens do Ganges. O governador não apenas era irmão da mãe de Nur, mas também tio-avô de Mumtaz. Em alguns momentos, as viagens através da Índia devem ter parecido a Mumtaz um grotesco jogo de xadrez no qual muitas das peças principais, eliminadas ou conquistadas, eram parentes próximos.

Mas Mahabat Khan logo voltaria a atacar Shah Jahan e o enviaria de volta a Orissa. De lá, o príncipe e sua família podiam fazer pouco mais que voltar a Golconda. Mais uma vez no Decão, Shah Jahan encontrou um aliado pouco provável. Malik Ambar de Ahmednagar, o ex-escravizado abissínio que duas vezes vencera nas lutas que travara por Jahangir, e que naquele momento estava ansioso para unir forças com Shah Jahan "como inimigos comuns do governo imperial". O guerrilheiro estava feliz com a oportunidade de explorar a rebelião de Shah Jahan para o seu benefício. Juntos, montaram uma série de ataques, confundindo as tropas imperiais.

No entanto, em 1625, um cronista relatou que Shah Jahan "estava acometido por uma doença"[9] e viu que não poderia seguir em frente. Por três anos, Mahabat Khan levou a ele e sua família centenas de quilômetros para um lado e para outro, num jogo de gato e rato, pelo deserto do Rajastão — ao sul do Decão, depois ao leste de Orissa e Bengala, e mais uma vez aproximando-se de Agra, depois voltando ao Decão. Shah Jahan tentou evitar batalhas de campo com as forças do pai, mas, nas vezes em que foi forçado a lutar, teve de contentar-se em ser o inevitável perdedor. Durante uma batalha, uma flecha feriu gravemente o cavalo de Shah Jahan, e ele só pôde escapar quando um dos oficiais lhe ofereceu seu cavalo. A clara habilidade de Shah Jahan e seus seguidores de viajar rapidamente e sem muita carga, ao menos segundo os padrões mogóis, foi o que evitou que forças mais bem-equipadas o capturassem.

Em meio a tudo isso, Mumtaz, o melhor e mais paparicado produto do harém, permaneceu ao seu lado, dividindo os momentos difíceis da mesma forma como antes compartilhara as vitórias de Shah Jahan quando ele ainda era o filho preferido do imperador. A família vinha convivendo com o perigo e o estresse, encontrando pouco aliados. Muitas vezes, como Jahangir notou com satisfação, estiveram "infelizes", forçados a fugir desordenadamente "sob chuva forte, em meio ao lamaçal", de forma que "se qualquer bagagem fosse deixada para trás ninguém perguntaria nada e Shah Jahan, seus filhos e dependentes se dariam por satisfeitos de ao menos poder salvar suas vidas". Isso não poderia seguir assim.

Em tais circunstâncias, Shah Jahan decidiu que não tinha outra opção além de oferecer a si mesmo e aos seus ao perdão do pai. Sua família incluía um novo filho, Murad Bakhsh, nascido em setembro de 1624 na cidadela de Rohtas, próxima à cidade sagrada dos hindus, Benares, às margens do Ganges, de onde a fumaça das piras funerárias ritualísticas era lançada eternamente aos céus. Doente e depressivo, Shah Jahan escreveu ao pai "expressando sua tristeza e arrependimento e implorando perdão por todas as suas culpas no passado e presente", e aguardava apreensivo por uma resposta.

A resposta de Jahangir foi conciliatória, bem diferente de sua brutal reação à rebelião de Khusrau, vinte anos antes. Talvez Nur tenha imaginado que Shah Jahan e seu pai estavam tão distantes que uma reconciliação verdadeira nunca seria possível, e Shah Jahan já não representasse uma ameaça séria. Também deveria estar querendo matizar seu antagonismo frente ao irmão, Asaf Khan. Talvez tenha trabalhado junto a Jahangir por sua reconciliação com Shah Jahan. Talvez o imperador tenha simplesmente aceitado a oportunidade de voltar à paz com seu filho e assim terminar com uma série de lutas que causava baixas em seus exércitos em várias partes. Respondeu de próprio punho que não apenas ofereceria ao filho "perdão total", mas também o nomearia governador da remota província de Balaghat, na Índia Central. Havia, no entanto, uma armadilha. Shah Jahan deveria liberar as fortalezas de Rohtas e Asir, ainda ocupadas por suas forças. Deveria também enviar Dara Shukoh, de 10 anos de idade, e Aurangzeb, de 7, à corte imperial como reféns. Para amenizar o golpe, Jahangir enviou a seu filho, um amante de joias, um bastão com diamantes.

Deixar os meninos em tais circunstâncias deve ter sido profundamente traumático para Shah Jahan e Mumtaz. Dos dez filhos que tinham tido até então, três estavam mortos. Um cronista relata como, ainda que "nada fosse maior para ele que o amor que sentia pelos filhos", Shah Jahan, ainda afetado por "seu corpo adoentado", não teve opção além de enviá-los a seu pai, junto com "oferendas de joias, armas de casa e elefantes". Shah Jahan e Mumtaz depositavam sua fé no velho costume timúrida de que as vidas dos príncipes de sangue eram sagradas. No entanto, pensar no destino recente de seu irmão Khusrau, que perecera sob sua custódia, deve ter surtido um efeito perturbador em Shah Jahan.[10]

VI
A preferida do palácio

Shah Jahan e Mumtaz estavam, para todos os efeitos, no exílio. A rebelião de três anos que tinham empreendido resultara em muito pouco, exceto em cansaço físico e emocional, além de ter tomado dois de seus filhos e demonstrado suas diferenças irreconciliáveis com Nur. Sua única esperança era que outros ressentidos com a arrogância cada dia maior da imperatriz e seu comportamento autocrático levantassem a voz.

Uma dessas pessoas era Mahabat Khan. Ao derrotar Shah Jahan, transformou-se em um dos nobres mais influentes de Jahangir. Isso também proporcionou a ele um contato prolongado com o príncipe Parvez, então com 36 anos, pois juntos perseguiram Shah Jahan e sua família por toda parte. Como filho mais velho do imperador ainda vivo, Parvez tinha um bom motivo para reivindicar o trono. Seu alcoolismo era uma fraqueza, mas, como deve ter imaginado Mahabat Khan, também tornaria mais fácil controlá-lo quando chegasse a imperador.

A crescente influência de Mahabat Khan sobre Parvez estava, no entanto, sendo observada com cuidado por Nur e seu irmão Asaf Khan, já que nenhum dos dois tinha qualquer interesse em ver o triunfo de Parvez. Seu primeiro passo foi afastar Mahabat Khan do impressionável príncipe, persuadindo Jahangir a lhe oferecer o posto de governador de Bengala, no leste distante. Ao mesmo tempo, Nur e seu irmão o acusaram de apropriação indevida de elefantes e tesouros durante sua campanha contra Shah Jahan. Deduzindo que havia uma conspiração contra ele, Mahabat Khan decidiu aproximar-se do imperador e defender-se.

Em março de 1626, frente a mais de 4 mil rajputs, Mahabat Khan aproximou-se do empoeirado acampamento imperial na margem leste do profundo e calmo rio Jhelum, um afluente do Indo que descia das montanhas da Caxemira, onde Jahangir fizera uma pausa em seu caminho ao norte, em direção a Cabul. Sabendo de sua aproximação, Jahangir ordenou sua detenção, enviando apenas alguns elefantes e poucos servidores. O ainda respeitável Mahabat Khan despachou no devido tempo um grupo avançado que incluía o jovem que recentemente se casara com sua filha. Quando o genro de Mahabat Khan chegou ao acampamento imperial, soldados o cercaram, açoitaram-no e prenderam-no com correntes, com a desculpa de que ele não tinha o consentimento do imperador para aproximar-se. Para adicionar insultos aos danos físicos, Jahangir ordenou que os presentes de casamento oferecidos por Mahabat Khan ao casal fossem confiscados e enviados ao tesouro imperial.

Quando soube do que acontecera, foram confirmados seus medos de que Nur e seu irmão o estavam tentando destruir. Sua única esperança, pensou Mahabat Khan, era ter acesso direto a Jahangir e pessoalmente pedir clemência. O nobre que recentemente fora instituído por Jahangir para que escrevesse seu diário, e que era testemunha ocular, registrou que Mahabat Khan entrou em campo, à frente de suas forças, para descobrir que a maioria da corte imperial, incluindo grande parte do exército sob as ordens de Asaf Khan, e "a bagagem, o tesouro, as armas etc., mesmo dos mais domésticos", estavam cruzando uma ponte de barcos sobre o rio, a fim de que tudo ficasse pronto para a viagem no dia seguinte. Jahangir, Nur, Shahriyar e seus familiares mais próximos, que seguiriam pela manhã, ainda estavam em suas tendas — desprotegidos e vulneráveis.

Era uma situação praticamente inimaginável e um sinal de como Jahangir não via Mahabat Khan como uma ameaça. Sem considerar as consequências, Mahabat Khan planejou um assalto. Ordenou que 2 mil rajputs guardassem a ponte de barcos e, se necessário, a queimassem, para prevenir que o exército imperial voltasse em defesa de seu senhor. Depois, levou um corpo de cem soldados a pé, armados com lanças e escudos, às tendas reais, onde os poucos soldados de guarda estavam terminando suas orações matinais. O diarista de Jahangir registrou uma cena incrível.

Mahabat Khan andou a passos cada vez mais largos buscando o imperador até que, vendo um grupo de eunucos na entrada da tenda do banheiro imperial, suspeitou, erradamente, que Jahangir estaria por ali, ordenando que a desarmassem.

Ouvindo o barulho, Jahangir saiu de algum lugar em seu quartel-general, encontrando vários rajputs armados. Mahabat Khan tentou justificar suas ações, aparentemente dizendo ao incrédulo imperador que desde que "eu percebi que escapar da malícia e do ódio implacável de Asaf Khan é impossível, e que seria levado à morte de forma humilhante e desonrosa, presunçosamente me atiro à proteção de Vossa Majestade. Se mereço a morte ou punição, dê a ordem de que meu sofrimento deverá acontecer na sua presença". O que realmente disse não deve ter sido tão humilde nem eloquente, sem deixar dúvidas de que Jahangir era seu prisioneiro. Jahangir deve ter contemplado arrancar sua cabeça dos ombros — e por duas vezes levou sua mão a espada "para livrar o mundo da triste existência desse cachorro louco", como um cronista hostil a Mahabat Khan mais tarde escreveu — mas se controlou. Em vez disso, Jahangir foi condescendente com seu ex-amigo e apresentou uma proposta de cativo de que "é o momento de ir em frente e caçar; deixe que as ordens necessárias sejam dadas como sempre, para que seu escravizado possa seguir à sua frente, a fim de que o próximo e corajoso passo pareça ter sido levado a cabo por ordem de Vossa Majestade". No entanto, Jahangir recusou-se a montar no cavalo de Mahabat Khan, imperiosamente solicitando seu garanhão real.

Após abrir uma "distância de dois tiros com arco", Mahabat Khan pediu a Jahangir que subisse numa carroça levada por um elefante imperial, para que dessa forma fosse mais fácil para as pessoas verem o imperador e se convencerem de que nada de errado acontecia. No entanto, durante a troca, guerreiros rajputs mataram dois criados de Jahangir, imaginando que estariam esperando para resgatar seu mestre. Numa atmosfera a cada minuto mais tensa, o imperador sequestrado foi levado para o acampamento de Mahabat Khan.

Nervoso, em pânico, Mahabat Khan esqueceu-se de algo — ou melhor, de alguém — importante. Nur ainda estava no acampamento imperial. Quando ela soube do que acontecera, não perdeu tempo e correu para o rio que, aparentemente, os rajputs, sob as ordens de Mahabat Khan, de forma cavalheiresca, mas com segundas intenções, permitiram que cruzasse. Nur correu às tendas de seu irmão Asaf Khan, que cruzara o rio antes da chegada de Mahabat Khan, e mesmo enfrentando as leis do *purdah* reuniu os nobres e oficiais, dizendo a eles: "Por sua negligência, as coisas foram tão longe e o inimaginável aconteceu. Vocês foram desgraçados perante Deus e o povo." Surpresos, decidiram voltar a cruzar o rio no dia seguinte e resgatar seu imperador.

A operação foi um fiasco. Os homens de Mahabat Khan tinham queimado a ponte de barcos, e o vão escolhido pelas forças imperais para cruzar o rio era, de acordo com um diarista de Jahangir, "o pior possível", cheio de buracos profundos. Assim que as tropas imperiais começaram a cruzar, vários animais e homens simplesmente caíram. Além disso, quando começaram a lutar para chegar à outra margem, viram mais de setecentos rajputs de Mahabat Khan alinhados com suas elegantes vestimentas e armaduras de guerra, preparados para repeli-los. As já confusas tropas imperiais correram em pânico. Alguns enfrentaram águas profundas e fortes correntezas até chegar à outra margem, não controlada por rajputs. Uns poucos corajosos, arfando, ensopados e alquebrados, seguiram seu caminho em direção à tenda em que Jahangir, junto a Shahriyar, que também fora capturado por Mahabat Khan, estava preso, mas a maior parte desses homens foi derrotada. Outros fugiram, incluindo Asaf Khan, que correu em direção à segurança de uma sólida fortaleza construída por Akbar.

Os rajputs mataram quase 2 mil homens das tropas imperiais e mais 2 mil se afogaram, seus corpos misturados a carcaças de cavalos e elefantes nas águas frias, revoltas e tingidas de sangue. Os rajputs provaram ser, como sempre, temíveis oponentes. De acordo com um mercenário europeu que lutou ao lado deles, e também contra eles, "todos consumiam ópio, e nos dias de batalha ingeriam o dobro. Também ofereciam um pouco aos seus cavalos, para que fossem capazes de resistir à fadiga (...). Muitos usavam armaduras de ouro para que, caso fossem mortos, as pessoas que os encontrassem pudessem se encarregar de sua cremação".[1]

Nur participou de um ataque ao longo do rio, em cima de um *howdah*, com a neta nos braços e a ama da criança ao seu lado. Passou por uma tempestade de flechas e lanças de arpão rajputs, que laceraram a pele de seu elefante. Quando o bebê — ou, de acordo com um relato, a ama — foi atingido no braço, Nur retirou a lança "com suas próprias mãos e jogou-a fora, banhando suas roupas de sangue no processo", e lançou ela mesma três baterias de flechas nos rajputs como resposta. O homem que conduzia seu elefante levou o animal para longe dos campos, em direção a águas profundas, onde poderia nadar; assim, Nur e seus acompanhantes desceram numa das margens livre de rajputs. Tendo visto o caos sangrento do cruzamento e sabendo que seu irmão havia fugido, Nur aceitou a impossibilidade de resgatar seu marido e ofereceu-se a Mahabat Khan, insistindo em unir-se a Jahangir no cativeiro. Em poucos dias, Asaf Khan, extraído de seu refúgio nas montanhas e mantido por um tempo preso a correntes, também uniu-se aos prisioneiros reais.

Com a família real, na verdade com toda a casa real aos pés de suas forças rajputs, mas ainda com pretensões e objetivos leais, Mahabat Khan partiu para Cabul, uns 320 quilômetros a noroeste, seguindo a intenção original de Jahangir. Para um observador comum, tudo parecia normal quando, em maio de 1626, o séquito real passou por uma antiga cidade cercada por muralhas, além do desfiladeiro de Khyber. Jahangir, num portentoso elefante, distribuiu moedas de ouro e prata, "como era o costume", às multidões que o admiravam e faziam deferências.

Nos seguintes e complicados meses passados em Cabul, a estranheza continuava. Mahabat Khan tinha se apoderado de Jahangir num impulso, sem planos predefinidos e, aparentemente, sem o desejo de garantir o trono para si mesmo. Era provável que se arrependesse de sua ação precipitada, mas não sabia como livrar-se dela. Enquanto isso, sob o cuidadoso aconselhamento de Nur, Jahangir contribuía com a pretensa calma e continuidade, aparecendo em público, seguindo os pedidos de Mahabat Khan. Em privado, tranquilizou Mahabat Khan dizendo não ter intenção de machucá-lo e pôs a culpa de suas antigas suspeitas em Nur. De acordo com o diarista de Jahangir, o imperador chegou a avisar ao general que "o suplicante tem planos de atacá-lo. Cuidado". Mahabat Khan foi tranquilizado com tais confidências. Parecia mesmo convencido de que Jahangir estava contente ao ser libertado do jugo da esposa que assumira muito poder.

Nur estava, calma e pacientemente, esperando por uma chance de novamente arrebatar o comando das mãos de Mahabat Khan. Tinha sua própria cavalaria imperial, com a permissão de Mahabat Khan, sem dúvida para manter as aparências e prevenir um confronto. Como notou o diarista de Jahangir, Nur cuidava bem deles, pois queria manter "seus guerreiros experientes em batalhas satisfeitos e com boa saúde mental", provavelmente desencorajando deserções com o uso de suborno. Entre os seus eunucos, também secretamente comprou os serviços de muitos soldados mercenários a pé e montados a cavalo. Sua chance veio quando, em agosto de 1626, para evitar o frio do outono que se aproximava, o séquito imperial voltou a viajar ao sudeste, descendo mais de 800 quilômetros a partir de Cabul, atravessando o desfiladeiro de Khyber e voltando ao clima quente e acolhedor de Lahore. Por volta do mês de novembro, estavam se aproximando do rio Jhelum, onde Mahabat Khan levara a cabo seu golpe oportunista. Sob orientação de Nur, Jahangir disse ao seu general que gostaria de passar em revista a cavalaria da imperatriz e pediu que fosse à frente com suas próprias forças "a menos que uma discussão começasse e uma batalha tomasse forma entre os soldados muçulmanos de Nur e os soldados rajputs, hinduístas, de Mahabat Khan".

Como Nur esperava, o cada dia mais nervoso e indeciso Mahabat Khan reconheceu uma chance de livrar-se do que se tornara um impasse. De acordo com um diarista de Jahangir, sem objeção, ele "fez o que lhe foi pedido" e seguiu em frente com seus homens. Enquanto crescia sua distância das forças imperiais, uma tropa avançada e ordenada gerou uma luta indiscriminada. Como precaução, Mahabat Khan manteve ao seu lado alguns reféns, incluindo Asaf Khan e seu filho. Tal era o temor ante o poder de Nur que, quando ela ordenou que liberasse os dois, ele acatou logo que julgou estar a uma distância suficiente da vingativa imperatriz. Nur, numa linguagem moderna, simplesmente manipulara e vencera, psicologicamente, o general.

Mais de 1.600 quilômetros ao sul, Shah Jahan e Mumtaz, mais uma vez grávida, acompanhavam ansiosos os estranhos acontecimentos daquele verão através de notícias e rumores, que eram difíceis de ser distinguidos e muitas vezes se mesclavam. Sua preocupação principal deve ter sido com os possíveis danos para seus jovens filhos reféns, que chegaram ao acampamento do avô pouco após o golpe de Mahabat Khan. Ao mesmo tempo, o cerco a Jahangir por parte de Mahabat Khan ofereceu a Shah Jahan boas possibilidades de avançar em seus próprios interesses. Ao saber dos movimentos de Mahabat Khan, Shah Jahan reuniu mil homens a cavalo e, em junho de 1626, marchou para ajudar Jahangir — ou pelo menos dizia estar fazendo isso. No entanto, enquanto ele e Mumtaz estavam na longa e árdua viagem ao norte, as deserções minguaram suas forças e eles se viram "em grande desgraça e miséria", como anotou o diarista de Jahangir. A tentativa de Shah Jahan de conseguir um porto no Sind, no noroeste da Índia, para servir-lhe de base, foi frustrada pelo governador local, leal ao seu meio-irmão Shahriyar. Além disso, a doença debilitante que fez paralisar sua revolta ainda o rondava. Em dado momento, estava tão fraco que só conseguia viajar em uma liteira. O resultado foi que, antes que pudesse alcançar o acampamento imperial, Mahabat Khan já havia fugido e Nur e Jahangir estavam novamente sob controle.

Alarmada com o avanço de Shah Jahan, que vinha do sul, e suspeitando que seus motivos eram maiores que uma simples ajuda ao pai, Nur solicitou que voltasse. Segundo um relato contemporâneo, ela escreveu informando-o de que "sua marcha alvoroçara Mahabat Khan, cujas forças tinham sido liberadas e dispersas, e por isso o príncipe deveria voltar ao Decão e esperar por mudanças". Shah Jahan contemplou a possibilidade de fugir para a Pérsia, mas, tendo em vista o discreto encorajamento de Shah Abbas, obedientemente voltou ao sul com Mumtaz. Apesar disso, Nur ainda duvidava de suas intenções. Decidiu neutralizar dois inimigos colocando um contra o outro, ordenando que Mahabat Khan bloqueasse o desfiladeiro caso Shah Jahan voltasse a tentar uma aproximação. No entanto, Mahabat Khan era astuto o suficiente para saber que Nur nunca perdoaria o sequestro do imperador e buscaria sua destruição. Para garantir seus interesses, pensou, deveria unir forças com um antigo pupilo e atual oponente.

Outro fator que fez Mahabat Khan pensar dessa forma, sem dúvida, foi a morte de Parvez, meio-irmão de Shah Jahan, em outubro de 1626.

Estava tão debilitado pelo alcoolismo que "pouco a pouco desenvolveu intolerância à comida", como o diarista de Jahangir registrou tristemente, e por isso sofria. Nesse momento, "os médicos apelaram para chapas quentes, e colocaram cinco delas em sua testa e suas têmporas". Apesar de tais medicações, ou talvez por conta delas, finalmente sucumbiu em Burhanpur — a fortaleza em que Khusrau fora assassinado. Alguns contemporâneos especularam se Shah Jahan não deveria ter algo a ver com a morte do irmão, mas é mais provável que a fraqueza da família com a bebida fosse a culpada.

Seja qual for o caso, o falecimento de Parvez faria com que, após a morte de Jahangir, a luta pelo trono imperial se concentrasse entre os dois filhos sobreviventes: Shah Jahan e seu meio-irmão mais novo, genro de Nur, Shahriyar. Também era evidente que a luta estava longe de acabar. O fraco Jahangir estava cada dia pior. Uma estada no "perene e sem preço jardim da Caxemira" não foi suficiente para melhorar sua saúde e Jahangir voltou ao calor dos planaltos, tendo perdido até seu apetite pelo ópio, que mantivera por quarenta anos. Parecia sentir seu fim inexorável. Seu diarista escreveu sobre o "aroma de falta de esperança" que ele exalava. A visão de um de seus caçadores ultrapassando um alto penhasco enquanto perseguia um antílope parecia a Jahangir um presságio pouco auspicioso, "como se tivesse visto o anjo da morte". Três dias depois, em 28 de outubro de 1627, quando as primeiras luzes pálidas da manhã penetraram em sua tenda, nas montanhas acima dos planaltos, o "Dominador do Mundo", de 58 anos de idade, deu seus últimos e custosos suspiros, sem antes nomear um sucessor.

Uma confusa e dolorida Nur tentou reunir um conselho de nobres, mas poucos apareceram, indicativo brutal de que o poder que detinha se fora com seu marido. Asaf Khan agiu bem na tentativa de passar a perna em sua irmã. Com a desculpa de que "os jovens príncipes não estavam seguros com Nur Mahal",[2] mas com a intenção de, na verdade, controlá-los, levou seus netos Aurangzeb e Dara Shukoh. Após alguma discussão, deixou-os com um nobre casado com outra de suas irmãs (assim como Nur), que "se movia em torno deles como uma borboleta", em constante necessidade de agradar. Deixou Nur sob guarda em sua tenda, ordenando que ninguém deveria ter acesso a ela, e ignorando seus reiterados pedidos para que fosse vê-la.

No entanto, Asaf Khan estava em delicada posição. Sua filha Mumtaz e Shah Jahan estavam longe. Ainda que imediata e secretamente tenha despachado um confiável mensageiro hindu para informá-los sobre a morte de Jahangir e pedir que corressem em direção ao norte, sabia que o tal homem tardaria mais de vinte dias até encontrá-los. Nesse meio-tempo, Asaf Khan precisava assegurar-se de que Shahriyar, que estava em Lahore, não fosse proclamado imperador. Shahriyar fora até aquela cidade na esperança de que o clima do Punjab aliviasse os sintomas de uma doença — provavelmente lepra — que o atacara na Caxemira e "roubara dele sua honra" — um eufemismo da época para o fato de que barba, bigode, sobrancelhas e pestanas, e todo o resto de seus pelos, tinham caído. Tal perda de pelo corporal era considerada vergonhosa.

Após algumas horas da morte de Jahangir, Asaf Khan encontrou uma solução interessante. Convenceu os nobres que o seguiam que, com Shah Jahan e Shahriyar longe da corte, a única forma de prevenir um vácuo era oferecer o trono a Dawar Bakhsh, um dos filhos mais novos de Khusrau, que Nur recentemente ordenara que fosse mantido preso "por precaução". Com esse movimento, Asaf Khan assegurou que, quando Shahriyar reclamasse o trono — como certamente faria —, acabaria por ser considerado um rebelde usurpador. Isso poderia prevenir que mobilizasse as tropas imperiais contra Shah Jahan. Quanto a Dawar Bakhsh, ele era, segundo escreveu o diarista de Jahangir após a morte de seu mestre, um "mero cordeiro de sacrifício". Sua matança seria adiada apenas até o momento de chegada de Shah Jahan. Um observador europeu predisse que "havia pouca chance ou esperança" para ele.[3]

Dawar Bakhsh era um jovem inteligente que compartilhava a obsessão de Jahangir com as excentricidades da natureza. Vários anos antes, apresentou ao seu avô, como descreveu o diarista de Jahangir, "um tigre, que tinha grande afeição por uma cabra que morava na mesma jaula que ele. Costumavam copular e conviver, como se fossem animais da mesma espécie". Inicialmente, havia desconfiança se Dawar Bakhsh, especialmente ante o destino de seu pai, aceitaria "um governo fantasma". No entanto, foi eventualmente bem adestrado pelo bem-falante Asaf Khan e pelos juramentos solenes de seus aliados. O jovem permitiu que o proclamassem imperador antes de o enviarem, no lombo de um cavalo e ladeado por Asaf Khan e nobres líderes, para confrontar Shahriyar em Lahore. Nur seguiu um dia depois, junto ao corpo de seu marido morto. Asaf Khan determinara estritamente que ela deveria acompanhar o cortejo a cada passo do caminho até a morada final do corpo.

Em Lahore, Shahriyar agiu rapidamente, por conta de uma concisa mensagem de Nur — a última que pôde mandar antes de ser confinada — e pelos pedidos de sua mulher, a filha de Nur, Ladli. Clamou pelo trono, usando 7 milhões de rupias surrupiadas do tesouro imperial na cidade para comprar apoio e montar um exército. No entanto, o exército de Asaf Khan facilmente venceu suas inexperientes forças de ataque quando se encontraram nas imediações de Lahore. Um escravo turco fugiu do campo de batalha em busca de Shahriyar, rondando a cidade com notícias do confronto. O príncipe se refugiou na fortaleza de Lahore, que logo caiu nas mãos das forças beligerantes. Um eunuco encontrou o calvo Shahriyar tremendo no santuário do harém. Asaf Khan o mandou à prisão e, dois dias depois, o cegou. Dawar Bakhsh, entretanto, subiu ao trono dentro da cidadela, mas não o ocuparia por muito tempo.

A mensagem enviada por Asaf Khan chegou a Shah Jahan em Junnar, no norte do Decão, no dia 18 de novembro. Sabendo de sua chegada, Shah Jahan correu do harém, onde estava com Mumtaz. O mensageiro curvou-se aos pés de Shah Jahan, beijou-os e ofereceu o anel de Asaf Khan como prova da história que começaria a contar. Shah Jahan passou quatro dias de luto, como pediam a decência e o decoro, mas não parecia haver sinais de muita tristeza, nada parecido com o que o afetara quando criança, no momento da morte de Akbar, ou oito anos antes, quando perdeu sua amada mãe. A afeição entre pai e filho fora destruída havia muito tempo, vítima da ambição e da suspeita.

Shah Jahan logo começou a fazer planos para a marcha ao norte. Em um dia que parecia favorável aos seus astrólogos, ele e Mumtaz, que naquela época estava outra vez grávida, partiram para reclamar o trono, acompanhados por Mahabat Khan. Já no caminho, Shah Jahan recebeu uma carta de Asaf Khan "repleta de boas notícias sobre vitória e triunfo" a respeito de Shahriyar e pedindo que "seu séquito glorioso seguisse sobre asas velozes para resgatar o mundo do caos" — em outras palavras, dizia que deveria avançar rapidamente.

Chegara, enfim, o momento de cortar as arestas do jovem imperador. Shah Jahan decidiu deixar pouca coisa nas mãos da sorte. Aproximando-se de Agra, enviou uma mensagem escrita à mão a Asaf Khan, em Lahore, "sobre o efeito positivo de que Dawar Bakhsh, o filho, e [Shahriyar] o irmão inútil de Khusrau, e os [dois] filhos do príncipe Daniyal [irmão havia muito tempo morto de Jahangir], fossem mandados para fora do mundo". Seu padrasto concordou, ordenando a morte dos quatro, e, para evitar mais problemas, também do irmão mais novo de Dawar Bakhsh, apenas dois dias após a chegada da mensagem de Shah Jahan. Foram, provavelmente, estrangulados.*

Essa dura eliminação de um meio-irmão, dois sobrinhos e dois primos afastou qualquer possibilidade de rivais timúridas alcançarem o trono. Um cronista simpático a Shah Jahan desculpou suas ações dizendo que se tratava de uma questão de matar ou ser morto: "Autopreservação, o primeiro princípio da mente humana, converteu frequentemente o príncipe humano em um tirano cruel, pois a necessidade leva os homens a ações que suas almas talvez detestem."[4] O dilema foi caprichosamente encapsulado num provérbio mogol — *taktya takhta?*, "trono ou caixão?". No entanto, tal violação do código timúrida de proteção aos príncipes e a morte de Khusrau voltariam a assombrar Shah Jahan.

Naquele momento, no entanto, o futuro de Shah Jahan e sua grande família parecia assegurado. Sua viagem transformou-se em um progresso triunfal enquanto governantes e chefes locais das províncias pelas quais

---

* Algumas fontes dizem que Dawar Bakhsh, na verdade, escapou para a Pérsia. Foi onde Jean-Baptiste Tavernier, joelheiro francês, mais tarde afirmou tê-lo encontrado.

passavam corriam para oferecer presentes e marcar obediência. O escrivão inglês Peter Mundy, que estava na Índia na época, o joalheiro francês Tavernier, que chegou pela primeira vez em 1638, e o viajante veneziano Niccolao Manucci, que chegara em 1656, todos escreveram relatos entusiasmados sobre os supostos dramas encontrados pelo caminho, que se ramificaram em vários contos imaginativos. De acordo com um deles, o rei de Bijapur tentou evitar que Shah Jahan saísse do Decão para reclamar o trono, mas Shah Jahan imediatamente tomou sangue de cabra, que cuspiu na frente do rei, simulando sua morte. Mumtaz pediu que "o corpo de seu marido fosse levado para cremação em sua terra". Seu pedido foi aceito e "num caixão coberto de preto"[5] o vivíssimo Shah Jahan foi levado em direção ao norte, "com todos os adornos da mágoa, e seguido por seu pessoal, que chorava e lamentava enquanto partiam". Quando o suposto cortejo fúnebre chegou a Agra, Asaf Khan ordenou que o caixão fosse aberto, de onde "o defunto ficcional"[6], Shah Jahan, "se levantou e apareceu diante dos olhos do exército".[7]

Seja qual for o caso, no dia 24 de janeiro de 1628, data vista como favorável por seus astrólogos, Shah Jahan e sua família entraram em Agra numa magnífica procissão de elefantes claudicantes, "distribuindo uma profusão de moedas"[8] ao povo, cujos aplausos eram abafados pelos tambores imperiais. Como Asaf Khan prometera, "os altos e baixos da eterna cidade de Agra lhe ofereceram uma recepção como nunca antes para qualquer outro governante".[9] Como o *khutba* já tinha sido lido em seu nome em Lahore, tudo o que restava para Shah Jahan era subir ao trono nas salas de audiência pública e privada dentro do forte. A data escolhida foi 14 de fevereiro de 1628, 72º aniversário da sucessão do trono de Akbar, e 145 anos após o nascimento de Babur. Entre os elevados títulos que recebeu Shah Jahan estavam "Rei do Mundo", "Meteoro da Fé" e "Segundo Senhor das Conjunções Auspiciosas" — apropriação direta do título orgulhosamente usado por Tamerlão em seu tempo. Shah Jahan também teve o prazer de ser o décimo governante descendente direto do grande Tamerlão.

Numa cerimônia verdadeiramente "brilhante", joias enviadas por Mumtaz e outras mulheres do harém foram dispersas na cabeça do imperador. Shah Jahan ofereceu roupas de honra feitas de seda, espadas com joias, bandeiras e tambores, bem como grande quantidade de prata, ouro e pedras preciosas aos seus nobres, e recebeu vários presentes em troca. Fez de seu padrasto, Asaf Khan (que trazia os jovens príncipes de Lahore, e por isso não estava presente), ministro-chefe — papel que o pai de Asaf Khan, Itimad-ud-daula, representara para Jahangir — e de Mahabat Khan, governador de Ajmer e comandante-chefe das forças imperiais. Depois, saindo para o harém enfeitado de seda, Shah Jahan recompensou Mumtaz, de 35 anos, a dita "Rainha de seu Tempo", que estivera ao seu lado todo o tempo: ofereceu a ela 200 mil peças de ouro, 600 mil rupias e ganhos anuais de um milhão de rupias.

Poucos dias depois, no início de março, Mumtaz estava reunida com os jovens filhos dos quais fora afastada por dois anos quando seu pai, Asaf Khan, e sua mãe trouxeram Dara Shukoh e Aurangzeb de volta em segurança. O cronista oficial de Shah Jahan descreveu em linguagem simples o que deve ter sido um momento de alta carga emocional: "Sua Majestade, a rainha, ficou muito feliz com a notícia da chegada dos augustos príncipes e de seus pais. Com a permissão real, ela saiu do palácio para encontrar seus nobres pais na companhia de Sua Alteza, a princesa Jahanara Begam, e outras crianças da realeza; do outro lado, os príncipes correram para encontrar a liteira de Sua Majestade, a rainha. Encontraram-se em um local (...) em que tendas tinham sido levantadas para a ocasião, e todos estavam, enfim, alegres após uma longa separação."[10]

No dia seguinte, escoltada por uma elite de nobres, a imperatriz, aliviada e feliz, junto aos seus filhos, entrou na capital imperial, onde, no balcão *jharokha* do Forte Vermelho, os príncipes imperiais, mas não sua mãe aliviada, fizeram uma aparição pública. Uma linda pintura no único manuscrito ilustrado do *Padshahnama*, crônica oficial do reino de Shah Jahan agora na coleção da rainha da Biblioteca Real do Castelo de Windsor, mostra o imperador cheio de joias, em vestes púrpuras, felicitando os seus filhos, também ricamente vestidos em casacos em tons de laranja, ouro e verde-jade, com linhas de pérolas enroladas nos pescoços. A crônica recorda que Shah Jahan "ficou muito feliz ao ver seus filhos, que nasceram de sua esposa favorita".[11]

Devem ter sido dias de harmonia e felicidade. Mumtaz pôde apresentar aos príncipes que retornaram seu novo irmão, que nunca tinham visto — Sultan Lutf Allah, de quinze meses, nascido no incerto exílio de Shah Jahan. Dos onze filhos nascidos desde o seu casamento, dezesseis anos antes, oito estavam vivos e aparentemente bem na época. Com apenas três meses de entronado, o quadro mudaria. No final de abril de 1628, pouco tempo antes do momento em que Mumtaz daria à luz, sua filha de 7 anos, Sorayya Bano, morreu de varíola. Depois, no dia 9 de maio de 1628, um cronista da corte escreveu que "uma estrela auspiciosa surgira no céu": Mumtaz deu um novo filho a Shah Jahan, seu oitavo, Sultan Daulat Afza.

A alegria de tal evento ajudou a mitigar as tristezas anteriores, mas durou pouco. Cinco dias depois, "enquanto todos estavam aproveitando os presentes deste mundo" e Shah Jahan distribuía generosidades a todos, dos mais altos nobres aos "religiosos de turbante, favorecendo todas as pessoas, além de músicos e dançarinos", e oferecendo presentes incríveis à sua amada Mumtaz, o pequeno Sultan Lutf Allah, "graças à perversidade do obstinado céu", partiu de repente "para o asilo do outro mundo".[12]

Ainda que as pessoas estivessem acostumadas às altas taxas de mortalidade infantil da época, a morte de um infante da família imperial era sempre muito lamentada, e a morte de duas crianças em tão curto espaço de tempo, no início de um reinado, deve ter parecido um mau presságio. Observadores europeus também não sabiam exatamente o que esperar, mas sob perspectivas diferentes. Um deles escreveu: "Conhecendo a natureza do atual governante, é impossível expressar uma opinião, ainda que seja fácil imaginar que um reinado inaugurado com tantos crimes provará ter começado de forma doentia, e que um trono obtido à custa do sangue de tantos inocentes provará não ser confiável."[13]

VII
O Trono do Pavão

Apesar das dificuldades dos últimos anos, o prestígio de Jahangir em nada diminuiu. Ainda que não tenha acrescentado muitas terras ao Império Mogol, e até mesmo perdido Kandahar para os persas, conseguiu estancar as ambições dos sempre problemáticos governantes do Decão, eliminando focos de resistência no Rajastão e mantendo o império relativamente estável. Seus maiores problemas foram com as rebeliões de seus próprios filhos — o impaciente Khusrau, no início de seu governo, e "*Bi-daulat*" — o "desgraçado" Shah Jahan — no final.

No entanto, em 1628, quando Shah Jahan tomou o controle, com Mumtaz ao seu lado, aos 36 anos, ele estava no auge e não tinha medo de combates destrutivos. Seu caráter também era muito diferente do caráter do pai. Ainda que os dois gostassem dos prazeres sensuais, sendo muito receptivos à beleza e apreciadores do luxo, Shah Jahan era mais vigoroso e autodisciplinado. Ao contrário de Jahangir, tinha provado seu valor no campo de batalha logo cedo, e também ao contrário do pai não era chegado à bebida. Seu historiador registrou que, diferentemente do encorajamento de seu pai, quando jovem bebia com moderação, "durante festas e em dias nublados",[1] e em 1620 renunciou completamente ao vinho.

Uma imagem do primeiro ano de seu reinado — uma das várias que Shah Jahan, conhecedor do poder da imagem, encomendou para celebrar seus feitos — mostra o novo imperador perfilado contra um fundo ricamente verde. Sua barba e seu bigode pretos e muito bem cortados destacavam um rosto forte, modelado em detalhes. Seu grande brinco de pérola e as voltas de pérolas e pedras preciosas em seu pescoço, pulso e turbante acentuavam, em vez de diminuir, sua masculinidade. Shah Jahan parecia, como claramente pretendia, a figura de um homem viril e no comando, sua mão direita no punho da espada, enquanto a esquerda segurava o selo real no qual estavam gravados os nomes de seus ancestrais, desde Tamerlão.

Nos oito meses seguintes, Shah Jahan, Mumtaz e seus filhos teriam uma vida de paz no Forte Vermelho, em Agra. Os suntuosos aposentos do harém imperial devem ter agradado Mumtaz. Após sua vida errante como aferrada "companheira de viagens" de Shah Jahan, ela finalmente pôde ser "sua fonte de consolo em casa".[2] Com quase cem mulheres acompanhantes e um grupo de eunucos, vivia feliz nos aposentos ricamente decorados, antes dominados por sua tia Nur.

Shah Jahan não apenas adorava arquitetura, mas sabia que construir novos prédios era uma maneira de forjar uma nova imagem do seu novo reino, que poderia distingui-lo de seus predecessores e impor respeito à sua majestade. Estava então imaginando como remodelar o forte de Agra para que se transformasse em uma obra ainda mais impressionante dos aposentos públicos e mais luxuosa dos privados. Ele decidiu especialmente substituir algumas robustas estruturas de arenito por pavilhões arejados "que tocavam o céu"[3] de puro mármore branco e espaçosos pátios com fontes de água de rosas.

Em seus aposentos privados, que davam para o rio Jumna, a luz do Sol era filtrada por finas camadas de mármore que reduziam sua dureza a uma radiação fina. Os mogóis tinham vivido grande parte de sua vida sob uma luz fraca. Quando o sol de verão brilhava com força, seus empregados os protegiam com cortinas de seda. Para ressaltar os efeitos refrescantes das brisas, cobriam as janelas em forma de arco com *tattis*, telas com grama de caxemira perfumada, criando ondas de fragrância no ar. No inverno, dependuravam veludos e brocados nas câmaras reais para mantê-los protegidos dos ventos gelados.

Antecipando futuras visitas ao "pedaço de Paraíso" que era a Caxemira, com Mumtaz, Shah Jahan também mandou que os jardins de Shalimar fossem aumentados. Ordenou especialmente ao governador da Caxemira que supervisionasse a construção de um edifício abobadado, um pavilhão de mármore preto que fosse o contraponto de outro já existente, em mármore branco. Entre videiras, macieiras, amendoeiras, pessegueiros e reservatórios circulares de água, a nova área do jardim deveria ser conhecida pelo nome Faiz-Bakhsh, "Oferendas Ilimitadas". A própria Mumtaz começou a desenhar um jardim para si mesma às margens do rio Jumna — o único projeto arquitetônico que se sabe ter sido empreendido por ela e provavelmente também o único para o qual teve tempo e oportunidade.*

Seus filhos tinham quartos adjacentes no harém e estavam frequentemente ao seu lado. Mumtaz era especialmente ligada à filha mais velha, Jahanara, que, nas palavras de um cronista, era "sensível, viva e generosa, com personalidade elegante"[4] e muito parecida com a mãe. O pai de Mumtaz e sua mãe viviam próximo, numa mansão opulenta ao longo do rio Jumna, e Asaf Khan, em sua posição de ministro-chefe, estava diariamente ao lado de Shah Jahan na corte. De acordo com um cronista da corte, logo após sua ascensão ao trono, Shah Jahan começou a dirigir-se a Asaf Khan "pelo termo afetivo 'tio', fazendo crescer a inveja em todos".[5]

Outro símbolo da estima de Shah Jahan por seu sogro eram as visitas que fazia a ele, quando como, junto a Mumtaz e seus filhos, fez uma visita de Estado à sua casa. Asaf Khan seguiu todas as sutilezas do ritual: "Estendendo um tapete sob os pés de Sua Majestade e oferecendo-lhe dinheiro", além de "presentes excelentes, como pedras preciosas, ornamentos com joias, tecidos, cavalos qibchaqi e elefantes grandes como montanhas, com enfeites de ouro e prata".[6] A família imperial costumava permanecer por vários dias, com música, dança e festividades elaboradas.**

Nur, claro, não fazia parte desse restrito círculo familiar. Com toda a sua paixão e ambição gastas, aceitava a derrota com o bom senso característico e estava retirada, junto com a filha, em Lahore, em completo ostracismo.

---

* O jardim de Mumtaz, ao lado do rio, hoje conhecido como Zahara Bagh, está ao sul do Ram Bagh, jardim antes cultivado por sua tia Nur.
** A bela mansão de Asaf Khan foi aparentemente destruída pelos britânicos, após a Revolta dos Cipaios de 1857, que estavam ansiosos por afastar suas linhas de fogo de qualquer futuro confronto.

Sua filha já não seria imperatriz. Vivia com uma pensão de 200 mil rupias por ano oferecida por Shah Jahan. No seu isolamento distante, sem dúvida se reconfortou no pequeno mas lindo mausoléu que começara a construir para seu pai, Itimad-ud-daula, e sua mãe, seis anos antes, na margem leste do rio Jumna, e que foi completado no ano de sua queda.

O mausoléu estava envolto por um tradicional jardim cercado por muros, nos quais corriam canais de água refrescante, ladeados por fileiras de árvores escuras. Ela criara uma estrutura etérea revestida com mármore branco brilhante, baixa e de forma quadrada, sob um domo, e com torres octogonais no estilo minarete em cada canto; nos pináculos, pétalas de lótus. Paredes e pisos receberam intrincados desenhos, alguns com padrões geométricos, outros com graciosas formas de flores, utilizando pela primeira vez na Índia pedras semipreciosas polidas — cornalina, lápis-lazúli, ônix e topázio. Essa tumba, e outro complexo de tumbas construído em Délhi na mesma época, conhecido como Chausath Khamba, foram os primeiros edifícios mogóis inteiramente cobertos de mármore branco, que se transformariam em característica dos prédios de Shah Jahan, incluindo o Taj Mahal. Até aquele momento, o mármore branco tinha, por convenção, sido reservado para as tumbas de homens sagrados do islã, simbolizando o Paraíso.* O efeito geral era o de um grande ornamento, não de um edifício na verdade pequeno.

Depois, Nur devotou sua vida à criação de um mausoléu para seu marido, que gostaria, assim como Babur, de ser enterrado sob o céu aberto. Escolheu um local no vasto jardim Dilkusha, nos arredores de Lahore, que construíra com Jahangir e onde estivera em sua companhia naqueles dias felizes. O design era simples: um túmulo sobre uma plataforma, que por sua vez se apoiava em uma grande plataforma retangular com minaretes em cada canto. Havia incrustações nas pedras, mas em menor quantidade que na tumba de Itimad-ud-daula.** Nur também começou a construir

---

* Uma exceção é a tumba de mármore branco de Hoshang Shah, governador muçulmano da cidade-fortaleza de Mandu, construída em 1440.
** Shah Jahan também deve ter ajudado na construção da tumba de seu pai.

sua própria tumba, em área próxima, seguindo o modelo da tumba do marido. Nos jardins vizinhos, plantou rosas com fragrância e jasmim de doces odores.

Shah Jahan, entretanto, continuou a buscar a aura de esplendor sem precedentes que caracterizaria seu comando. Como seu avô Akbar, ordenou que os principais fatos de seu reinado fossem postos em crônicas detalhadas e selecionou os escritores dessas crônicas com todo o cuidado, trocando-os em intervalos e aprovando seus trabalhos após longos escrutínios pessoais.* Ainda que escrevesse usando a linguagem floreada da época, seus escritos relataram a indiscutível magnificência de sua corte. O mesmo era visto nos relatos dos visitantes europeus, deslumbrados. O embaixador inglês Sir Thomas Roe via a corte de Jahangir muitas vezes como um tanto vulgar, mas, em comparação com a seguinte, aquilo tudo foi positivamente silenciado. De acordo com um cronista dos primeiros tempos, "as pomposas apresentações da sultana favorita [Nur], no último reinado, desvanecem na grandeza superior das exibidas por Shah Jahan".[7]

Um dos primeiros atos de Shah Jahan foi encomendar o famoso *Takht-i-Taus*, ou "Trono do Pavão", para mostrar as pedras preciosas mais esplêndidas da coleção imperial. Verdadeiro conhecedor, selecionou sozinho peças das sete casas do tesouro espalhadas ao longo do império. Só o tesouro em Agra reunia 750 libras de pérolas, 275 de esmeraldas e corais, além de topázios e outras pedras semipreciosas, das quais se perdia a conta. O trono de quase 2,5 metros de altura de extensão e o mesmo de largura levaria sete anos para ser completado e consumiria 1.150 quilos de ouro.

---

* Os mais importantes cronistas oficiais do reino de Shah Jahan eram Mirza Amina Qazwini, que escreveu o relato mais completo do principado de Shah Jahan; Abdul Hamid Lahori, que escreveu o relato detalhado dos primeiros 26 anos do reinado de Shah Jahan, o *Padshahnama*; Muhammad Waris, pupilo de Lahori, que estendeu seus relatos, chegando ao ano de número trinta; e Inayat Khan, mantenedor da biblioteca de Shah Jahan, cujo trabalho foi um efetivo resumo dos seus predecessores. Muhammad Salih Kambo, ainda que não um historiador oficial da corte, era membro do departamento de registros e escreveu um relato detalhado sobre o reino de Shah Jahan usando as histórias oficiais como base e adicionando suas próprias compilações.

De acordo com Lahori, historiador da corte de Shah Jahan: "A parte externa do dossel seria feita de esmalte com pedras ocasionais, e o interior feito de rubis, granadas e outras joias, e era suportado por doze colunas de esmeraldas. No topo de cada pilar, dois pavões com pedras preciosas, e entre os dois uma árvore feita de rubis e diamantes, esmeraldas e pérolas. A subida tinha três degraus cravejados com gemas de boa lavra.[8]

O design deve ter sido inspirado no trono da lenda do rei Salomão, com suas quatro palmeiras de ouro, brilhantes graças a esmeraldas verdes e topázios de um vermelho profundo, encimados por dois pavões de ouro e duas águias douradas. De acordo com a tradição islâmica, o pavão foi, em tempos remotos, o guardião dos portões do Paraíso. O pássaro consumia o mal, mas depois o conduzia ao Paraíso em seu estômago, para então escapar e montar sua armadilha para Adão e Eva.*

Quando o joalheiro francês Jean-Baptiste Tavernier viu o trono, em 1665, registrou apenas um dos pavões, "com uma cauda elevada feita de safiras azuis e outras pedras coloridas, e o corpo de ouro incrustado de pedras preciosas, com um grande rubi no peito, de onde pende uma pérola em forma de pera de cinquenta quilates, mais ou menos".[9] Outros relatos do mesmo trono também sugerem pequenas variações no design descrito por Lahori, mas claro está que o trono continha a mais importante coleção de pedras preciosas reunidas em um objeto. Com um olhar profissional sobre o assunto, Tavernier contou 108 rubis enormes, nenhum com menos de cem quilates, e cerca de 116 esmeraldas, todas entre trinta e sessenta quilates.

As festividades também ofereciam uma oportunidade de apreciar a riqueza e o poder dos mogóis. No primeiro festival Nauroz do reinado de Shah Jahan, celebrado em março de 1628, um historiador da corte registrou como "3 mil montadores de tendas experientes, usando a tração de vários

---

* A esmeralda, mais antiga entre as pedras preciosas conhecidas, é especialmente querida pelos muçulmanos, que consideram o verde a cor do islã. Além disso, a esmeralda foi por muito tempo venerada na Índia por sua significância religiosa e astrológica. Foi encontrada pela primeira vez no Egito, há mais ou menos 5 mil anos, e os romanos entraram nas minas de Cleópatra à sua procura. Na época de Shah Jahan, esmeraldas vinham também da África do Sul.

tipos de artefatos científicos", erigiram uma enorme tenda de Estado dentro do Forte Vermelho de Agra. As tendas da corte já não eram as práticas e simples estruturas dos dias de Babur, mas construções complexas e sofisticadas com coberturas e cúpulas. Os cronistas registraram a grande tenda de Shah Jahan como "a tenda dos céus" ou "massa de nuvens". Era feita de veludo brocado em ouro, apoiada por colunas de ouro e prata. Além disso, havia "tendas de treliças de prata com cobertura de veludo brocado e desenhos em ouro, e muitos tapetes coloridos e carpetes ornamentais eram espalhados: tronos e cadeiras de ouro eram armados, e guarda-sóis, com pérolas pendentes, eram erguidos". Portas e paredes eram "revestidas com tecido de ouro de Guzerate e cortinas europeias, brocados da Turquia e da China, e mais tecidos de ouro do Iraque (...)".[10]

Como peça central do evento, Shah Jahan tinha de manter o mesmo nível. Ele já não usava a relativamente simples pluma com pérolas de seus ancestrais no turbante, mas uma joia muito elaborada desenhada para conter pedras escolhidas por ele mesmo. Enquanto jovem, ainda príncipe, as joias oferecidas como presentes por viajantes europeus à corte de seu pai chamaram sua atenção e agora serviam de modelo. O estilo do turbante também foi alterado durante o seu reinado. O material anteriormente leve, que pesava pouco mais de cem gramas, ainda revestia a cabeça da mesma forma, mas uma faixa do mesmo tecido ou de outro, em cores contrastantes, era usada para manter o turbante mais seguro sobre a cabeça. Como Jahangir, Shah Jahan usava casacas longas, com muitos desenhos, feitas de seda ou tecido brocado, e, no inverno, suaves mantas da caxemira eram montadas de forma elegante sobre um de seus ombros, e tecidos acolchoados serviam de sobretudo junto a peles caras, como de cervos. No verão, usava túnicas de fina musselina ou cetim. No entanto, com um bom olho para o aspecto romântico, como um cavaleiro inglês, adotou a moda de amarrar suas roupas com largas faixas, deixando algo do tecido não atado para que pudesse flutuar com graça negligente.

O festival mais espetacular após o Nauroz era a cerimônia na qual o imperador era pesado no dia do seu aniversário. Tal cerimônia, originalmente uma tradição hindu, fora adotada por Humaium. Akbar a sofisticou, introduzindo duas novas datas: uma cerimônia pública no nascimento solar e outra privada no nascimento lunar — esta última normalmente acontecia dentro do harém. (Os nascimentos solares e lunares coincidiam apenas no dia do nascimento do imperador e depois eram separados por onze dias a cada ano.) No primeiro nascimento solar de seu reinado, 27 de novembro de 1628, Shah Jahan foi pesado junto a quantidades de ouro e outros materiais. Akbar e Jahangir eram pesados usando o ouro como medida apenas no dia de seu nascimento solar, mas, refletindo seu desejo de sobrepujar seus predecessores em esplendor, Shah Jahan incluiu o ouro nas duas cerimônias.

O frade agostiniano Sebastião Manrique, testemunha ocular de uma das últimas cerimônias de pesagem de Shah Jahan, descreveu como no centro de "uma câmara privada ricamente decorada e adornada com os mais preciosos e valorizados produtos do mundo (...), dali pende, bem seguro por grossas correntes de ouro, um par de balanças feito do mesmo material, e suas bordas circulares estão revestidas de muitas pedras ricas. Sua Majestade Imperial avançou vestindo uma toga de cetim branco coberta com as mais preciosas pedras, de várias cores, que, por um lado chamavam atenção por suas muitas cores e, por outro, espantavam por suas dimensões (...). Tentando alcançar o equilíbrio (...), o imperador se agachou em um prato, enquanto os oficiais começavam a encher o outro prato com bolsas repletas de prata, em moedas de rupia, até que o peso fosse equilibrado (...). Quando terminaram, retiraram a prata (...). Depois fizeram outra pesagem com sacos repletos de ouro e pedras preciosas. Após o ajuste desse peso, fizeram uma terceira pesagem com diferentes tipos de tecidos de algodão, com fios de ouro, prata e seda. Também adicionaram (...) certas especiarias preciosas e várias drogas. A quarta e última pesagem foi feita com alimentos, como bolos de trigo, farinha, açúcar, e os mais comuns tecidos de algodão". Oficiais calcularam cuidadosamente o valor monetário das primeiras três pesagens, e o dinheiro foi distribuído como esmolas aos pobres, juntamente com o material usado para a quarta pesagem. No entanto, como notou o frade, escrevendo sobre a "insaciável avareza"[11] de Shah Jahan, o imperador foi mais do que recompensado pela enorme quantidade de presentes que recebeu de todos os grandes da corte.

Os festivais normalmente eram encerrados com lutas de elefantes. Os elefantes eram nomeados por seus atributos, por exemplo: "Bom passo", "Destruidor de montanhas", "Sempre corajoso".[12] Um baluarte de terra, de 1 metro de altura e quase dois de largura, era erguido nas planícies próximas ao Jumna. O imperador e as mulheres da corte observavam tudo de seus respectivos aposentos, dentro do forte de Agra, com telas de proteção no caso das senhoras, é claro, enquanto dois grandes elefantes se encaravam de lados opostos dos muros de terra, "cada um deles com uma dupla de cavaleiros, [de forma que] o artefato em que o homem se senta nos seus ombros, para guiar o elefante com um grande gancho de ferro, fosse imediatamente [apanhado] caso ele caísse", como notou um visitante europeu. "Os cavaleiros animavam os elefantes gritando ou repreendendo, chamando-os de covardes, ou os levavam adiante com suas rodas, até que as pobres criaturas se aproximassem dos muros e fossem constrangidas ao ataque. O choque era tremendo, e parece incrível que sobrevivam aos terríveis encontros de suas cabeças e trombas (...)". As lutas eram também muito perigosas para os cavaleiros que, no dia do combate, "se despediam formalmente de suas esposas e filhos como se condenados à morte".[13]

Como era de esperar em uma corte na qual se dependia tanto de espetáculos, a etiqueta mogol era complexa e formal. Na verdade, era muito similar à francesa, na época provavelmente a mais sofisticada e regulada da Europa. Bater à porta de um superior era considerado vulgar tanto na corte mogol quanto na francesa. Na França, os cortesãos deveriam bater à porta com o dedo mindinho de sua mão esquerda; em Agra, eles se ajoelhavam e, respeitosamente, batiam três vezes com a palma das mãos. Nas duas cortes, o status de cada cortesão era calculado com precisão. Na França, a altura de uma cadeira na qual um nobre poderia sentar-se na presença do rei assinalava o nível de seu prestígio. Na corte de Shah Jahan, ter permissão para se sentar na presença do imperador era privilégio de pouquíssimos, refletindo a ideia de que o imperador era o mestre e todos os demais, escravizados. Nem mesmo os príncipes reais poderiam se sentar, a menos que seu pai permitisse.

Tanto Shah Jahan quanto Luís XIV, que chegou ao trono da França em 1643, passaram grande parte de seus longos reinados em demonstrações públicas. Os dias de Luís eram guiados por várias cerimônias públicas: o *lever*, quando se levantava e era vestido em público; o *debotter*, quando se trocava após a caça, a procissão pública à capela para rezar, o recebimento de petições e de embaixadores estrangeiros; e o *coucher*, quando tiravam suas roupas e era levado à cama na frente de seus súditos. Os dias de Shah Jahan começavam duas horas antes do amanhecer, "quando as estrelas ainda eram visíveis no céu noturno", e o imperador acordava envolto pelo ar perfumado do harém imperial. No forte de Agra, era lavado e rezava pela primeira vez no dia, num total de cinco preces. Quando o sol se levantava, ele aparecia ao seu povo no *jharokha-i-darshan*, o "balcão para ser visto", projetando-se sobre as margens arenosas do Jumna. Como um dos historiadores da corte de Shah Jahan cuidadosamente lembrou aos seus leitores, "o objetivo da instituição desse modelo de audiência, que se originou no reino de Akbar, era permitir aos súditos de Sua Majestade ser testemunhas oculares da aparição simultânea do Sol que adornava o céu e do imperador conquistador do mundo, e assim receber, sem qualquer obstáculo ou estorvo, as bênçãos dessas duas luzes". A aparição diária do imperador — conhecida como *darshan*, palavra do sânscrito que significa "a visão de um santo ou ídolo" — também oferecia "à população contrariada ou oprimida" a "representação de seus desejos e vontades". Enquanto as massas se reuniam em frente às muralhas do forte, olhando para o seu imperador, Shah Jahan observava "elefantes selvagens e furiosos, capazes de matar homens"[14], que desfilavam para o seu divertimento às margens do rio, em exercícios militares ou, algumas vezes, com malabaristas ou acrobatas.

Em seguida, Shah Jahan seguia em direção à ricamente acarpetada e balaustrada sala de audiência pública, onde seus nobres e oficiais o esperavam, com os olhos baixos, em absoluto silêncio, "como uma muralha".[15] A proximidade de cada um dos homens ao trono era cuidadosamente calculada, seguindo as posições. Pouco antes das 8 horas, uma cacofonia de trompetes e tambores assinalava a aproximação do "Senhor do Mundo", enquanto Shah Jahan ultrapassava umas das portas que davam para o harém, em direção ao trono, nos fundos da sala. Mumtaz ouvia e assistia a tudo por trás de uma grade de pedra construída na parede ao lado do trono, enquanto seu marido lidava com petições, recebia notícias, inspecionava presentes e examinava cavalos e elefantes dos estábulos imperiais, punindo seus tratadores se os animais tivessem aparência de mal nutridos. Todos os homens que se aproximavam de Shah Jahan deveriam fazer uma série de reverências, roçando o chão com as costas da mão direita e tocando a testa com a palma da mesma mão. Ao se aproximarem do imperador, deveriam curvar-se ainda mais, pressionando a mão direita contra o chão e beijando sua palma. No tempo de Jahangir, era preciso tocar a testa no chão, mas Shah Jahan abolira tal necessidade, que se originara no tempo de Akbar, como concessão aos clérigos islâmicos, que consideravam tal ato muito próximo à prostração para a reza e, portanto, uma blasfêmia.

Após mais ou menos duas horas, o imperador se retirava para a sala de audiência privada junto aos seus mais antigos conselheiros para discutir importantes assuntos de Estado, receber embaixadores estrangeiros e, nas quartas-feiras, oferecer justiça a "pessoas oprimidas e de coração partido",[16] como seus cronistas descreviam os suplicantes. Shah Jahan, que foi um grande calígrafo, escreveu de próprio punho algumas das ordens. Outras eram registradas por "secretários eloquentes"[17] e depois checadas e corrigidas pelo imperador, para mais tarde serem "enviadas ao harém sagrado para ornamentação com o selo real, sempre pelas mãos de Sua Majestade, a rainha Mumtaz al-Zamani".[18] Isso permitia a Mumtaz rever importantes documentos antes que fossem despachados. Shah Jahan também ofereceu a ela o direito de despachar suas próprias ordens e marcar compromissos. Num documento ainda existente, de outubro de 1628, ela ordenava a oficiais governantes que restaurassem um homem à posição que lhe fora usurpada por outro. Ao mesmo tempo, ordenou que o homem reinstalado "aderisse às regras prescritas e aos regulamentos de Sua Majestade; que tratasse os camponeses e habitantes de forma que ficassem satisfeitos e agradecidos a ele (...); e que tivesse a certeza de que nenhuma rupia da receita do governo fosse perdida ou gasta de maneira inadequada".[19] O selo elegante e redondo de Mumtaz continha as seguintes inscrições de um verso persa:

Pela graça de Deus e deste mundo, Mumtaz Mahal se transformou
Em Companheira de Shah Jahan e sombra de Deus.[20]

Não havia dúvida de que Mumtaz era influente — todos os relatos concordam que Shah Jahan buscava seu conselho em assuntos importantes. No entanto, ela operava de forma muito diferente da imperiosa Nur. Sua aproximação mais suave, discreta, era um fator de sua personalidade e da natureza de seu relacionamento com o homem que conhecia e amava desde a adolescência. Também seria um reflexo de saber que Jahangir era muitas vezes ridicularizado por cortesãos e estrangeiros por sua óbvia e pública sujeição à estridente autoridade de Nur. Antes de sua rebelião, Mahabat Khan tinha, de acordo com um cronista anônimo, reclamado que nenhum rei na história fora tão "subjugado aos desejos de sua mulher"[21] e, poderia ter dito também, tão pouco atento à visão de seus nobres. O mesmo cronista comentou: "Nur Jahan Begum tinha forjado tanto a sua mente que se duzentos homens como Mahabat Khan o tivessem avisado simultaneamente sobre o mesmo assunto, suas palavras não teriam a mesma relevância."[22]

Nur tinha se casado com Jahangir já madura, uma viúva com muita visão de mundo. Ainda que sem dúvida o amasse, também estava claro que amava igualmente o poder. Ela o comprazia, cuidava dele e o protegia e, acima de tudo, o controlava, influenciando suas decisões e, nos últimos tempos, tomando-as sozinha. Já Mumtaz não controlava Shah Jahan. Ela era, em todos os sentidos, sua parceira. As ligações físicas, emocionais e intelectuais que os mantiveram juntos no exílio foram as mesmas que os sustentaram enquanto imperador e imperatriz. Diferentemente de Nur, Mumtaz se mantinha estritamente por trás do véu e seu maior desejo era o contentamento de seu marido. Um curto poema celebra tal fato:

Nenhuma poeira de seu comportamento jamais se assentou
No espelho da mente do imperador.

Ela sempre buscou agradar o rei;
Ela conhecia muito bem o temperamento do rei dos reis.

Mesmo com o poder de consorte do rei
Ela sempre demonstrou conformidade e obediência a ele.[23]

A terceira, e mais secreta camada do governo, eram os encontros do conselho privado na Torre Real, onde, após completar os negócios na sala de audiências privadas e enviar qualquer documento ao harém para que Mumtaz o visse, Shah Jahan reunia apenas "os príncipes afortunados e poucos confidentes confiáveis",[24] incluindo, claro, seu padrasto, Asaf Khan.

Shah Jahan podia, no entanto, discutir todo o negócio oficial do dia com Mumtaz quando, por volta do meio-dia, resguardava-se na segurança do harém para comer com a imperatriz e outras senhoras que ali viviam, incluindo suas filhas Jahanara e Raushanara, de 11 anos. Após se lavar, eles comiam, sentados com as pernas cruzadas no chão suntuosamente acarpetado, que era protegido, na hora das refeições, por peças de pele cobertas de tecidos brancos.

A comida era uma fusão elaborada e requintada. Os mogóis tinham levado consigo para a Índia uma cozinha que ainda continha influências da Pérsia, do Oriente Médio e da Ásia Central. Da Pérsia e do Afeganistão vieram o uso dos frutos secos tais como damascos e sultanas, bem como amêndoas e outras nozes. Do Oriente Médio e da tradição nômade trouxeram a técnica de cozinhar o carneiro no espeto, inteiro ou em *kebabs* (uma palavra urdu). Da Ásia Central derivou-se o uso muito comum de vegetais de raízes, como nabo e cenoura, junto à pimenta, à carne de carneiro e ao arroz amanteigado em *pulaos*, desenvolvidos para dar energia a fim de resistir ao frio do inverno. Os mogóis se satisfaziam com os contrastes entre o doce e o ácido, agora tão associados ao Extremo Oriente. Frequentemente adicionavam açúcar e suco de limão às suas comidas, e o sal muitas vezes funcionava como contraponto aos gostos mais doces.

Os mogóis rapidamente assimilaram os muitos sabores e influências da Índia, particularmente os da tradição vegetariana. O que incluía o uso de iogurtes e muitos legumes diferentes. Um dos pratos favoritos de Shah Jahan era arroz com lentilha e manteiga e especiarias — versão sofisticada de um prato de camponeses da Índia chamado *khichari*.* Outros emprés-

---

* Khichari é a origem popular da comida anglo-indiana chamada *kedgree*, que, com ingredientes como ovos cozidos e peixe defumado, afasta-se significativamente da original.

timos da cozinha indiana incluíam o gosto de tamarindo, tão diferente de outros sabores, e o uso do açafrão-da-terra, tanto para colorir como para dar sabor. Novas conquistas trouxeram novidades ao menu mogol. A absorção da Caxemira intensificou o uso de frutas e vegetais verdes na dieta.

No tempo de Shah Jahan e Mumtaz, os ingredientes do Novo Mundo, tais como batata — agora um produto básico na Índia —, estavam começando a ser levados para aquela região por comerciantes das Américas.* Canela, cravo, pimenta, cardamomo, coentro e sementes de anis, além de gengibre fresco, eram as especiarias mais comuns, mas o *chilli*, outra novidade do Novo Mundo, logo se uniria a tudo isso. As receitas eram complexas e sutis. Um inglês se maravilhou com a habilidade com a qual o arroz era fervido "de forma tão cheia de arte que cada grão permanece separado sem ser adicionada qualquer especiaria e com uma ave cozida no meio".[25] Receitas sofisticadas sobrevivem demonstrando como as galinhas eram esvaziadas e recheadas com outros tipos de carne, ovos, coentro e gengibre. O *Dumpukht* — carne ou frango defumado com amêndoas e depois assado com manteiga e iogurte — era outro prato muito apreciado. O *dum* indiano significa "respiração": os cozinheiros mogóis costumavam deixar a comida "respirar" antes de ser servida, como hoje fazem os *chefs* modernos. Algumas receitas requeriam que os pratos fossem fumegados em um carvão quente posto no meio de uma panela repleta de comida, que era selada por cerca de quinze minutos para que o gosto defumado permanecesse presente.

As cozinhas reais eram um departamento à parte. Nelas, os cozinheiros mantinham a comida semipronta, de forma que cem pratos poderiam ser montados em menos de uma hora, caso o imperador desse a ordem. Para festas, folhas de prata e ouro eram usadas para acompanhar a comida, bem como frutas e ervas. A comida era servida em pratos também de ouro ou prata, e algumas vezes numa espécie de jade que diziam ser um antídoto para veneno. Buwa, a mãe do sultão de Délhi, tentou matar Babur injetando

---

* Um estudo recente de DNA descobriu que todas as batatas cultivadas no mundo derivam de uma única espécie nativa do sul do Peru.

veneno nas novas receitas indianas que estava provando, e desde então o veneno era uma preocupação constante. Os cozinheiros eram avisados que deveriam trabalhar sempre se prevenindo de olhos traiçoeiros. Deveriam usar luvas antes de mexer na comida ou nos fornos e certificar-se de não estar colocando ali nada além dos alimentos. Os próprios cozinheiros provavam a comida que seria servida ao imperador, seguidos de seus supervisores e finalmente pelo chefe das cozinhas.*

Antes que a comida fosse levada ao harém, cada prato era individualmente envolvido em tecidos e o chefe da cozinha escrevia quais eram seus ingredientes. A descrição era colocada junto ao pano para que nenhuma comida fosse adulterada. Depois, os cozinheiros e outros criados carregavam tudo para o harém. Guardas os escoltavam para manter os descontentes afastados. O chefe da cozinha acompanhava a procissão e permanecia na porta, sob os olhares dos guardas, até que o jantar fosse terminado. Uma vez no harém, a comida era novamente testada, dessa vez pelos eunucos e por criadas. Depois organizavam os pratos na frente de Shah Jahan e Mumtaz Mahal.

Como era costume no mundo islâmico e na Índia, tudo era consumido usando os dedos da mão direita (nunca da esquerda). Criados ficavam ao lado para repor a comida ou espantar moscas, que eram onipresentes em algumas épocas do ano, com abanadores feitos de pelos de cavalo. Uma vez terminada a comida, uma fina farinha produzida a partir de legumes era usada para limpar e tirar a gordura dos dedos, que depois eram lavados e enxaguados.

Além das maçãs e peras da Ásia Central, e de romãs, laranjas, figos e tâmaras da Pérsia e do Oriente Médio, os mogóis começaram a consumir frutas da Índia. Até mesmo Babur dissera que "quando uma manga é boa, ela é realmente boa", ainda que reclamasse não haver tantas mangas boas. Seus sucessores pareciam gostar de banana, das frutas-do-conde e, como dizem os relatos, da jaca, que Babur afirmava ser "sem dúvida feia e de gosto

---

* O restaurante Karim, nas lotadas ruas da Velha Délhi, é gerenciado por descendentes dos chefes da corte mogol, que dizem: "Cozinhar comidas reais é a nossa profissão hereditária."

ruim — exatamente igual aos intestinos dos carneiros do lado do avesso, como tripa recheada [e de] enjoativo gosto doce".[26] Jahangir escreveu como seu pai, Akbar, implantou outro produto importado do Novo Mundo, o abacaxi, "encontrado nos [portos] francos. O produto tem ótimo odor e gosto. Muitas toneladas são produzidas a cada ano (...) em Agra".[27]

A cozinha tinha muito trabalho buscando os melhores ingredientes disponíveis. Uma lista comparativa de preços, produzida por Abul Fazl, trinta anos antes de Shah Jahan assumir o trono, poderia custar metade do preço de um carneiro inteiro, enquanto um melão de alta qualidade transportado além do desfiladeiro de Khyber, desde Cabul, custaria muito mais.

Havia um departamento separado para a água e o gelo. Assim como os conhecedores de águas minerais de hoje, cada um dos imperadores tinha um gosto diferente para águas. Akbar preferia a água do Ganges, e seus homens faziam o reabastecimento todos os dias, onde quer que ele estivesse, em jarras seladas para evitar misturas. Jahangir era menos exigente, mas preferia beber água fresca, e não água estocada em tanques por um longo período. Shah Jahan bebia apenas o que ele mesmo chamava "neve liquefeita"[28] do Jumna. No verão, os três gostavam que suas águas e misturas de água com frutas e doces fossem geladas. Barcos, carroças e transportes sobre rodas traziam gelo das montanhas do noroeste, e salitre também era muitas vezes usado como agente para gelar as bebidas. A família imperial bebia em copos de jade verde ou branco, ou de quartzo pálido, rosado.

Depois do ritual do almoço, Shah Jahan descansava, mas, como muitas vezes disse o seu historiador, não pensava em sexo nesse momento do dia de trabalho. "Mesmo no *seraglio* sagrado, Sua Majestade — ao contrário de outros reis negligentes — recusa qualquer contato carnal e prazer sensual, e devota-se aos pedidos dos pobres." Mumtaz confiava em sua amiga persa Satti al-Nisa Khanan, que trouxera à sua presença casos de meninas empobrecidas e necessitadas de ornamentos e roupas, ou mesmo viúvas destituídas e órfãos com necessidade de pensão ou pedaços de terra, para que depois os pudesse levar à presença do marido, que faria com que suas ordens fossem executadas. Satti, de acordo com os historiadores da corte, tinha se transformado na confidente de Mumtaz, "graças à sua confiança, língua eloquente, serviço excelente e nobre etiqueta". Muito bem-versada no Corão, instruiu a filha de Mumtaz, Jahanara, na escrita de versos e da prosa persa, talento também partilhado por Mumtaz.

O imperador devotava o resto de sua tarde e início de noite a negócios excepcionais, aparecendo mais uma vez nas câmaras de audiência e em orações na mesquita do forte. Por volta das oito da noite, retornava ao harém para o jantar e os entretenimentos noturnos — "bonitas canções ou melodias comoventes"[29], algumas vezes uma partida de xadrez com Mumtaz, com peças de marfim, sândalo, prata ou ouro, ou mesmo para um momento de sexo. Mais ou menos a essa hora da noite, a casa imperial estava iluminada pelo brilho suave de milhares de lâmpadas, tochas e velas. Um oficial da corte mantinha o fogo da casa, uma chama sagrada que tremulava em *agingir*, uma pira de fogo. Era renovada uma vez ao ano, ao meio-dia, no dia em que o Sol se movia para o décimo nono grau de áries, num ritual introduzido por Akbar, graças a sua adoração ao fogo e à luz. Criados expunham uma pedra branca brilhante aos raios quentes. Depois colocavam um pedaço de fino algodão próximo à pedra quente até que entrasse em combustão.

Todos os dias, ao cair do sol, os criados imperiais acendiam doze velas aromatizadas e as levavam, em castiçais de prata e ouro, ao imperador. Um cantor da corte levantava sua voz, rezando a Deus pela perpetuação do feliz reinado. Todo o palácio era então iluminado. Alguns castiçais eram enormes. Akbar desenhara um candelabro no qual cinco castiçais, cada um com a forma de um animal, estava preso a uma base com quase 1 metro de altura. Velas brancas de cera, com 3 metros de altura ou mais, queimavam nesses castiçais, e criados tinham de subir em escadas para apagá-las.

A iluminação do palácio variava conforme as fases da Lua. Nas três primeiras noites de cada mês lunar, quando o período luminoso era menor, oito pavios eram postos em *diyas* gigantes de latão, bronze ou cobre, e pires nas suas bases recebiam óleo de mostarda. Os empregados posicionavam os pires nos corredores e passagens. Do terceiro ao quarto dia do mês lunar, eles progressivamente reduziam o número de pavios, um a menos por noite, para que, na oitava noite, quando a Lua estivesse no auge, apenas um pavio queimasse. O ritual seguia assim até a décima sexta noite, quando gradualmente voltavam a aumentar o número de pavios.

A luz suave aumentava a impressão de sensualidade no harém, onde o cansado novo imperador passava o resto de seu dia. Mesmo após dezesseis anos de casamento e doze filhos, Mumtaz ainda exercia uma atração sexual única em Shah Jahan. Naquele momento, estava com 30 e poucos anos, idade na qual a maior parte das esposas e concubinas era considerada muito velha para o sexo, mas que, assim como Nur, para Mumtaz deve ter sido um momento de amadurecimento de sua beleza. Podia também confiar numa formidável quantidade de cosméticos para embelezar e purificar seu corpo para o leito imperial, incluindo misturas de flores, sementes e óleos para dar lustro aos seus cabelos pretos, *kohl* (pó preto) para os olhos, pasta de conchas queimadas e suco de banana para remover pelos indesejados.*

Mumtaz também tinha à sua disposição tecidos sedutores — finas sedas em todas as cores do arco-íris, do mais pálido pêssego ao lilás e vermelho-rubi, ou então musselinas diáfanas que, por conta de sua textura tão fina, recebiam os nomes de "água corrente", "tecido de ar" e "orvalho da noite". Com eles eram feitos justos *pyjama* ou *salwar* — vestimentas adornadas com cachos de pérolas —, firmes *cholis* ou corpetes, que ocultavam pela metade os seios, e o *pesvaj*, um longo casaco transparente aberto dos tornozelos até o fecho na altura do peito, com decote em forma de V. Ainda que as roupas das mulheres mogóis estivessem fortemente ligadas às tradições turcas em estilo, elas se adaptaram à maneira indiana de pentear os cabelos. Em vez de deixá-los escorridos e partidos ao meio, começaram a enrolá-los "num gordo bloco atrás da cabeça, de onde corriam cachos".[30] Mumtaz enfeitava seu rosto com véus dourados ou vestia turbantes de seda brilhosa com plumas de avestruz. Como a esposa preferida de um imperador louco por pedras preciosas, também tinha joias elaboradas e fabulosas. Podemos ter alguma ideia do que costumava usar a partir de um médico europeu que cuidava das mulheres no harém. Ele reclamou ser

---

* Os "produtos" de beleza no mundo mogol eram mais atraentes que os contemporâneos oferecidos na Europa, onde as mulheres usavam uma mistura de estrume de gato com urina para remover pelos indesejados e criavam pestanas falsas com pele de rato.

incapaz de encontrar o pulso de suas pacientes por conta dos "riquíssimos braceletes ou pulseiras de pérolas que normalmente davam entre nove e doze voltas".[31]

A gratificação sexual do imperador era primordial, e Mumtaz conhecia algumas técnicas para fazer com que sua vagina, a *madan-mandir*, ou o templo do amor, mais frouxa após tantas gestações, se contraísse para aumentar o seu prazer. Podia, delicadamente, aplicar pastas com fragrâncias, como cânfora com mel, flores de lótus com leite, ou cascas de romã maceradas nas paredes da vagina. No entanto, a necessidade de prazer sexual feminino também era contemplada, e uma série de poções afrodisíacas estavam à disposição para ajudá-la a atingir o orgasmo. Algumas delas, como gengibre e pimenta preta, misturadas ao mel de uma grande abelha, eram aplicadas no interior da vagina. Outras eram besuntadas no pênis do amante duas horas antes do encontro sexual; estimulando e fazendo crescer o órgão, diziam que tais poções aumentavam as sensações femininas. Havia também métodos de adiar a ejaculação masculina, alguns envolvendo a ingestão de ópio, e diziam que os afrodisíacos eram tão eficientes que davam aos homens a energia sexual de garanhões. Um conjunto de estimulantes chamado "Construção do cavalo" era especialmente popular.

Quaisquer que fossem as técnicas usadas por ele e Mumtaz, após fazer amor Shah Jahan gostava de ser ninado por doces vozes de mulheres que, escondidas por trás de uma tela, liam em voz alta suas obras preferidas, que incluíam as memórias de Babur e os relatos de conquistas de Tamerlão.

No entanto, o chamado do próprio Shah Jahan à batalha veio mais rápido do que ele imaginava. Como um visitante europeu falou sobre o Império Mogol, "[o governante] que, sem relutar, se submete ao poder mogol enquanto o seu acampamento está próximo, imediatamente desfaz o trato quando sabe que está distante, e tais comoções trazem aos mogóis infinitos problemas e despesas".[32] Naquele momento, a fonte dos problemas era, mais uma vez, os ricos e insatisfeitos sultões do Decão. No final de 1629, Shah Jahan se preparava para marchar ao sul com seus exércitos. Mumtaz, já bem avançada na gravidez de seu décimo terceiro filho, como sempre, acompanhou o marido. Nunca mais voltaria a ver Agra, nem seus jardins recém-construídos às margens do Jumna.

VIII
"Construa um mausoléu para mim"

Um exército mogol em marcha era, nas palavras do inglês Peter Mundy, "a visão mais majestosa, guerreira e encantadora", como, claro, deveria estar previsto que fosse. Isso certamente atrairia magnatas do cinema em tempos posteriores.* A primeira a aparecer era a artilharia, com os canhões em carroças de madeira. Alguns, como os canhões da época em que Shah Jahan foi descrito como "Senhor do Mundo", tinham canos que alcançavam 5 metros. O enorme comboio de bagagem era seguido por uma massa de elefantes, "como uma frota de navios" num mar de poeira, além de seus camelos cambaleantes e suas pacientes mulas, seguidos de centenas de carros de bois. Trabalhadores com espadas e picaretas nas costas marchavam ao lado do comboio, preparados para retirar qualquer obstáculo.

Em seguida vinham as filas principais de infantaria, marchando, e "centenas de homens montados a cavalo em perfeita ordem, cada um em sua posição, com suas bandeiras ondulantes com as divisas de seus comandantes". Elefantes de Estado, maravilhosos em veludos e tecidos bordados a ouro, emitindo sons metálicos graças às peças de prata e ouro e às correntes e sinos que carregavam, caminhavam de forma pesada. Animais adorados em especial levavam a insígnia real de um tigre com um sol poente. Depois vinham o imperador, os príncipes e seus guarda-costas, seguidos de perto

---

* O enorme poder, luxo e riqueza dos mogóis foi pela primeira vez usado como epíteto para uma produção de Hollywood sobre imperadores na década de 1920. A palavra "estrela" para descrever atores de destaque aparecera pela primeira vez cem anos antes.

pelos músicos tocando longas flautas, trompetes e tambores e, por fim, a retaguarda montada, "cujas lanças, muito longas, largas e limpas, brilhavam sob o sol"[1]. Milhares de ajudantes e seguidores fechavam a comitiva.

A incrível pompa nasceu de muita prática — imperadores mogóis gastavam ao menos um terço de seus reinados se movendo, indo de acampamento a acampamento, em campanhas militares ou em viagens de inspeção pelo seu império que, de acordo com Abul Fazl, levava um ano para ser percorrido. Os bens do governo acompanhavam o imperador, desde o seu trono e os registros imperiais e relatos — eram tantos que requeriam numerosos comboios para ser transportados — até os sacos de moedas de ouro, as túnicas de honra feitas de seda e as espadas com pedras preciosas que seriam oferecidas como presente. Como um general mogol escreveu, "se o tesouro está com o exército, os mercadores que o seguem [oferecendo suprimentos] também se sentem seguros".[2]

Algumas vezes o imperador parava a marcha para um desjejum, e tudo deveria estar pronto para satisfazer seus desejos. As cozinhas reais se moviam em massa com o imperador, os utensílios de ouro e prata imperiais e as porcelanas eram embrulhados e guardados em cestas, e suprimentos de comida e água para a família imperial eram cuidadosamente guardados por medo de que alguém os envenenasse. Os *tandoor* — fornos quentes de argila usados pelos mogóis em seus dias de nômades, e por eles introduzidos na Índia — eram uma forma eficiente de cozinhar rapidamente, mesmo em movimento, especialmente carne, lentilhas e pão.*

Shah Jahan algumas vezes seguia viagem protegido por um guarda-sol de seda, montado em belos cavalos mantidos em ótimas condições graças a uma dieta especial que incluía manteiga e açúcar. Quando se cansava de cavalgar, montava em seu próprio elefante imperial, "mais ricamente adornado que os demais",[3] e se sentava sob um dossel de tecido bordado a ouro. Para deixar os estrangeiros pasmados, era "de longe a mais impressionante e esplêndida forma de viajar, pois nada pode superar a riqueza e a

---

* O fato de que os mogóis não penetravam no sul da Índia explica por que a cozinha *tandoori* não é muito encontrada nessa região.

magnificência dos arreios e adornos". De forma alternativa, era carregado em um "trono de campo (...), uma espécie de tabernáculo magnífico, com pilares pintados e dourados, e janelas de vidro (...); os quatro mastros dessa liteira eram revestidos de uma cor escarlate ou brocados, e decorados com franjas de seda e ouro. Na ponta de cada mastro, havia dois homens fortes e muito bem-vestidos, ocasionalmente substituídos por outros oito homens mantidos constantemente ao seu lado".[4]

O progresso da corte imperial e seus exércitos era imponente e constante, muitas vezes não ultrapassando 15 quilômetros diários. Oficiais mediam e documentavam o trecho percorrido a cada dia com um pedaço de corda. O veneziano Niccolao Manucci, que observou o processo alguns anos mais tarde, descreveu como "eles começavam na tenda real, enquanto o rei avançava. O homem que estava à frente, com a corda nas mãos, fazia uma marca no chão e, quando o último homem chegava à marca, ele gritava, e o primeiro homem fazia uma nova marca e contava *dois*. Depois seguiam a marcha, contando *três*, *quatro*, e assim por diante. Outro homem a pé segurava uma contagem nas mãos, e mantinha as anotações. Se por acaso o rei perguntasse quanto tinham andado, respondiam no mesmo momento, pois sabiam quantas cordas tinham sido marcadas". Manucci também anotou como a passagem do tempo era calculada: "Havia outro homem a pé, que se ocupava da contagem das horas e da medição do tempo, que regularmente anunciava o número de horas com uma marreta numa travessa de bronze."[5]

Os nobres mogóis muitas vezes seguiam no lombo de cavalos, especialmente em regiões montanhosas, escondidos dos olhos do público por roupas de linho que cobriam da cabeça aos pés, com apenas uma pequena abertura para os olhos. O mais comum era se esconderem por trás de cortinas de seda e brocados, totalmente reclinados em liteiras suspensas por bambus curvados e carregadas nos ombros de seis homens treinados para correr suavemente sobre um terreno traiçoeiro, evitando que o ocupante da liteira sofresse com muitos solavancos. Bambus assim eram especialmente cultivados para tal uso. As mulheres também podiam deitar-se suntuosamente preservadas em carros de bois ou em vastas liteiras carregadas por dois fortes camelos ou dois pequenos elefantes. Peter Mundy descreveu como as laterais dessas liteiras eram cobertas com "certa grama dura e de doce aroma (...), assim como nosso sapê na Inglaterra, com um pouco de areia e cevada, de forma que, jogando água na parte de fora, o interior se conservava muito fresco (...) e, em alguns dias, a cevada florescia, um espetáculo bonito de se ver (...)".[6]

Mumtaz e suas filhas viajavam em luxo ainda maior, fazendo jus à posição que ocupavam. Algumas vezes eram carregadas por homens que sustentavam em seus ombros liteiras douradas e com teto, "forradas com magníficos tecidos de seda de várias cores em redes, enriquecidas com bordados, franjas e bonitos pendões".[7] Muitas vezes seguiam em *howdahs* com rica decoração — pequenos castelos que ondulavam, cobertos com brilhantes dosséis — presos às costas de dóceis elefantas por roldanas e cordas. Por trás de telas de malha dourada, a imperatriz podia olhar o mundo que passava, graças à prática de molhar a terra do caminho com água para assentar a poeira que, de outra forma, subiria em nuvens que a circundariam.

Protocolos rigorosos eram seguidos todo o tempo. Quando Mumtaz queria viajar de elefante, o animal era levado a uma tenda especialmente montada, onde se ajoelhava. O *mahout*, ou condutor de elefante, cobria sua cabeça com uma peça de pano grosso para ter certeza de que não observaria a passagem de Sua Majestade enquanto ela subia no elefante. Muitas vezes viajava com Shah Jahan. O harém imperial caminhava a mais de 1 quilômetro de distância, seguido de perto pelas guardas armadas femininas e por eunucos que espantavam as moscas com abanadores feitos de penas de pavão.

Os eunucos também seguiam o caminho adiante, espantando com suas varas todos os homens que ousassem se aproximar demais. O doutor François Bernier, francês que mais tarde viu a extravagante cavalgada levando uma das filhas de Mumtaz à Caxemira, escreveu: "Coitado do cavaleiro sem sorte, mesmo o de alta patente, que, encontrando a procissão, chega demasiado perto. Nada pode exceder a insolência das tribos de eunucos e homens a pé que encontrará, que avidamente aproveitam qualquer oportunidade para bater em um homem da forma mais impiedosa." No entanto, o espetáculo de conto de fadas do harém imperial, *howdahs* "resplandecendo em azul e ouro", tanto encantou Bernier que ele "deveria estar apto a ser carregado para longe por tais voos da imaginação que inspiraram vários poetas indianos, quando representavam os elefantes transportando tantas deusas escondidas do olhar popular".[8]

Algumas vezes, quando o imperador queria fazer uma viagem para visitar um forte local, por curiosidade ou em peregrinação a um santuário, o harém tomava um caminho mais curto, chegando ao acampamento antes do imperador. Mumtaz estava então pronta para receber Shah Jahan com o costumeiro cumprimento *"mubarak manzil"*, "que a viagem seja feliz", quando ele chegava ao recinto real ao som de tambores e uma fanfarra metálica de trompetes.

A organização desse ritual mudara muito pouco desde os tempos de Tamerlão. O acampamento imperial seguia um plano determinado, com ruas bem-definidas como uma cidade, com o que, em sua grande escala, de fato se parecia. A vida no acampamento refletia a de qualquer povoado. Um nobre mogol escreveu: "Ainda que houvesse muitas orações e privações nos campos, os jogos, a sodomia, a bebida e a fornicação também prevaleciam."[9] Os soldados rasos e os seguidores dos acampamentos habitavam as periferias, cozinhando suas comidas sobre fogueiras de estrume de vaca e camelo. Dentro do acampamento, todos os nobres tinham seu espaço para montar as tendas, que não variavam de um campo para outro, para que as pessoas pudessem facilmente encontrar seus caminhos. Os nobres sempre tomavam cuidado, ao erguer suas moradas provisórias, para que se mantivessem mais baixas que as imperiais, sabendo que, caso contrário, poderiam ser destruídas e eles mesmos arruinados.

Mumtaz e Shah Jahan ocupavam um espaço grande, como uma fortificação, no centro do acampamento, separado por um largo vão das tendas dos nobres e bem protegido pelas artilharias e paliçadas. Os muros externos consistiam em painéis de madeira com tecido drapeado escarlate e cosidos com tiras de couro, com um bonito portal. Uma seleção dos melhores cavalos imperiais era mantida selada e pronta, no portal, para o caso de uma emergência. Dentro da área reservada, estavam todas as facilidades da corte real — salões em forma de tenda para audiências públicas e privadas, que brilhavam com tecidos enfeitados de ouro e prata. No centro de cada sala, havia um palco ricamente decorado onde Shah Jahan realizava audiências sob um baldaquino de veludo ou seda. Havia ainda uma "casa portátil" de madeira, de dois andares, com um balcão *jharokha*, para que Shah Jahan pudesse, como era o costume, exibir-se ao seu povo, para que tivessem a certeza de que seguia vivo. O harém espaçoso, suntuoso e muito bem montado com suas telas estava próximo. Casas de banho e privadas eram acomodadas em tendas especiais — uma ênfase na limpeza que também datava dos tempos de Tamerlão. Seus guerreiros nômades estavam acostumados a limpar-se do suor, da poeira e do sangue das batalhas em casas de banho públicas usando água aquecida em caldeiras.*

Transportar as enormes tendas imperiais com suas proteções de tela encerada era um exercício complicado, especialmente porque tudo era levado em dobro. Abul Fazl registou que, nos tempos de Akbar, a tarefa exigia cem elefantes, quinhentos camelos e quatrocentas carroças. As réplicas serviam para que, enquanto um campo estivesse sendo desmontado, outro jogo de tendas pudesse ser despachado junto ao superintendente da casa real, que escolheria um local adequado para o próximo acampamento e se asseguraria de que tudo estaria pronto para receber o imperador e a imperatriz.

A iluminação, tão elaborada quanto no palácio real, estava desenhada para que o campo mogol brilhasse gloriosa e visivelmente de longe. Criados erguiam um gigantesco mastro de mais de 35 metros de altura, que ancoravam com 16 cordas. No topo, uma *diaya* gigante, uma bacia repleta de sementes de algodão e óleo, que acendiam ao cair do sol, enviando chamas ao céu noturno. Era chamada *Akash-Diya*, a "Luz do Céu". No-

---

* Jahangir viajava com uma banheira de 1,5 metro de altura e 2 metros de largura, com a forma de uma taça de chá gigante, feita de uma única peça de pedra. Quando queria tomar banho, seus empregados enchiam a taça de água de rosas. Degraus fora e dentro da "taça" o ajudavam a subir e sair do banho. Hoje, tal banheira está em um pátio no forte de Agra.

bres, reunidos à espera do imperador, encontravam seus caminhos com tochas. Bernier escreveu que o acampamento "é um espetáculo imenso e imponente numa noite escura, para ser contemplado à distância, com suas longas filas de tochas que iluminavam os tais nobres por uma enorme extensão de tendas (...)".[10]

Ainda que a corte imperial estivesse marchando para a guerra, a vida para Shah Jahan e Mumtaz era tão festiva quanto em Agra. Cantores, dançarinos e músicos entretinham a família imperial, e vários animais exóticos, de leões a rinocerontes, acompanhavam o acampamento para que lutas fossem encenadas. Shah Jahan também saía para caçar. Não há qualquer evidência de que Mumtaz, como sua tia Nur, o acompanhava, mas Shah Jahan certamente se satisfazia com o esporte. Saía em busca de tigres e leões — uma prerrogativa real. Também buscava cervos com a ajuda de leopardos treinados, levados encapuzados à caça, com joias em volta de seus pescoços. O holandês Francisco Pelsaert, que observou os leopardos em ação, via tudo aquilo como "uma incrível forma de esporte", escrevendo: "Essas feras estão tão acostumadas ao homem que são mansas como gatos. São alimentadas com muito cuidado, e cada uma tem dois cuidadores, assim como uma carroça, na qual descansam ou são carregadas diariamente. Quando chegam a um local onde veem cervos, o leopardo é liberado de sua jaula e caminha até encontrar o animal, escondendo-se atrás de árvores, plantas ou matagais até ver que sua corrida e seu salto terão êxito, pois trata-se de sua única chance. Muitos são tão bem-treinados que nunca, ou pouquíssimas vezes, perdem a chance."[11]

No início de 1630, Shah Jahan, Mumtaz e seu séquito passaram pelas montanhas Vindhya e viajaram pelas colinas sombreadas pelos bosques, em direção à cidade de Burhanpur, no rio Tapti, a mais de 700 quilômetros a sudoeste de Agra. Shah Jahan e Mumtaz conheciam bem o Decão — passaram um terço de seus dezessete anos de casados naquele local, um bom tempo sob o período de glória de Shah Jahan como príncipe jovem e vitorioso, boa parte em circunstâncias perigosas. Também conheciam bem a fortaleza palaciana de Burhanpur — lá Mumtaz dera à luz duas de suas filhas, e no mesmo local morrera um de seus filhos. O meio-irmão de Shah Jahan, Khusrau, conhecera seu misterioso fim na mesma fortaleza, enquanto outro meio-irmão, Parvez, ali morreu de alcoolismo. Quando Shah Jahan e Mumtaz entraram em Burhanpur, em março de 1630, devem ter revivido muitas cenas, algumas boas, outras nem tanto.

O problema que os forçou a viajar até aquele local, afastando-se de Agra, fora o inimigo Khan Jahan Lodi, um nobre antes muito benquisto por Jahangir. Khan Jahan protegera Agra de Shah Jahan em suas últimas rebeliões contra seu pai, e Jahangir, subsequentemente, ofereceu-lhe o cargo de governador do Decão. Esse homem orgulhoso, de mente independente, descendia dos sultões Afghan Lodi, que governaram Délhi antes do cerco de Babur. Quando Shah Jahan tornou-se imperador, Khan Jahan falhara em ir até Agra para dar-lhe seus cumprimentos, dizendo-se doente. Após isso, Shah Jahan ordenou que fosse a Agra, ao que relutantemente obedeceu. Após sua chegada à corte, Shah Jahan, ainda cheio de suspeitas, pediu que dispersasse seus apoiadores e confiscou algumas de suas terras.

Isso foi demais para Khan Jahan, que, numa noite de outubro de 1629, partiu para Agra à frente de 2 mil afegãos oriundos do Decão. Shah Jahan imediatamente despachou tropas imperiais para que os perseguissem. Rapidamente se encontraram com Khan Jahan e confrontaram suas forças às margens do rio Chambal, mais ou menos 60 quilômetros ao norte de Agra. Após uma sangrenta e furiosa batalha, quando dois filhos de Khan Jahan, dois de seus irmãos e vários seguidores foram mortos, ele conseguiu fugir através do rio em direção ao reino de Ahmednagar. Seu governante, com quem Khan Jahan já conspirara antes de ir a Agra, ofereceu ajuda e parte de suas forças.

O plano de Shah Jahan, quando entrou em Burhanpur, era não apenas acabar com Ahmednagar, mas subjugar completamente seus outros inimigos no Decão — os reinos de Bijapur e Golconda. Nessa ocasião, Shah Jahan não pensava em entrar no campo de batalha, mas sua presença como comandante-geral no Decão era vital, já que, como escreveu um de seus historiadores, "havia muitos desacordos e tensões entre os chefes e líderes de seus exércitos, e por isso várias vezes um tentava sobrepujar os ganhos de outro".[12]

Taj Mahal e seu reflexo no canal aquífero de mármore.

The Emperor Babur Diverting a Stream, Mahesh, c. 1590.
Na ilustração, o imperador Babur acompanha o desvio de um córrego em um de seus jardins de Istalif.

Jahangir Preferring a Sufi Shaikh to Kings, Bichitr, 1615-18.
A miniatura retrata Jahangir como grande soberano cuja atenção se volta para um santo sufi, em contraponto a Jaime I da Inglaterra e VI da Escócia, relegado à extremidade inferior esquerda.

Retrato de Mumtaz Mahal, aquarela mogol do século XVII.

Shah Jahan Holding a Turban Ornament, c. 1635.
Shah Jahan, apreciador de joias, examina um ornamento para turbante.

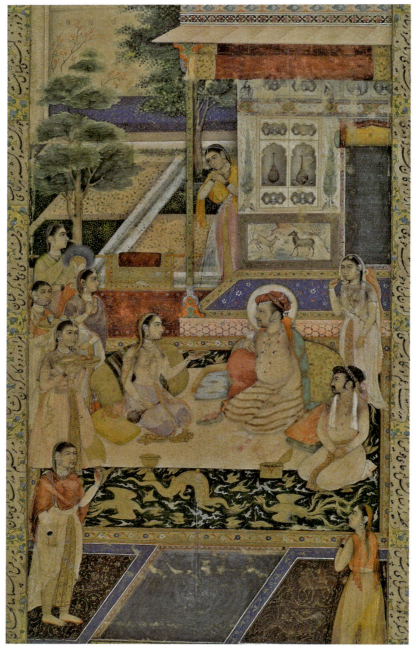

Jahangir and Prince Khurram Feasted by Nur Jahan, c. 1624.
A ilustração retrata a festividade organizada por Nur Jahan para Jahangir e Khurram (Shah Jahan); Mumtaz Mahal talvez seja uma das mulheres que observam a cena.

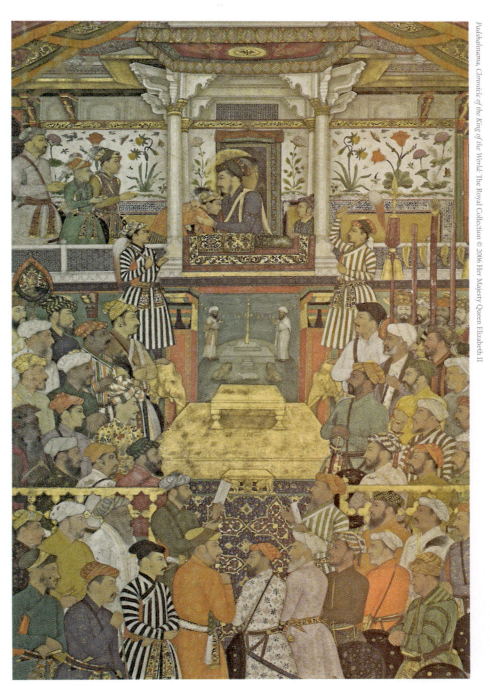

Shah Jahan Receives His Three Eldest Sons and Asaf Khan During His Accession Ceremonies, Ramdas, c. 1640.

A ilustração retrata Shah Jahan reunindo-se com os filhos e Asaf Khan após se tornar imperador.

The Delivery of Presents for Prince Dara-Shukoh's Wedding, Bishandas, c. 1635.
A ilustração retrata a procissão matrimonial de Dara Shukoh em 1633.

Three Women with Fireworks, pintura mogol anônima, c. 1640.
A ilustração retrata mulheres mogóis observando fogos de artifício.

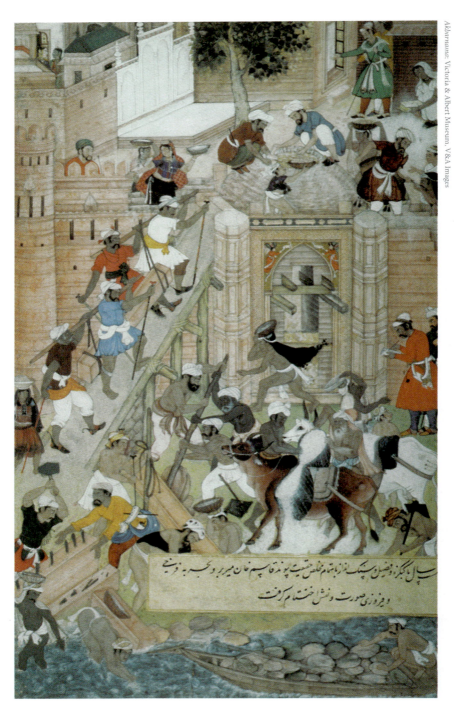

Building the Fort at Agra, de Miskina de Tulsi, c. 1590.
A ilustração retrata a construção do grande portão principal do Forte Vermelho de Agra.

Tumba de Humaium, em Délhi.

Coluna central, câmara de audiência de Akbar, em Fatehpur Sirki.

Portal da tumba de Akbar, em Sikandra.

Alojamentos reais, no forte de Burhanpur.

Taj Mahal visto do Mahtab Bagh.

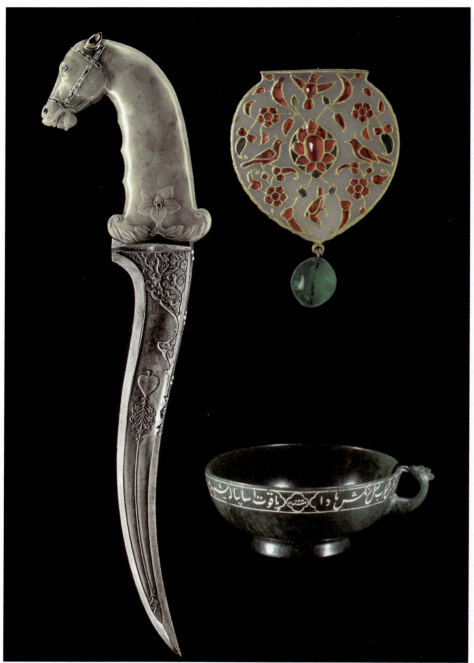

À esquerda: Adaga mogol do final do século XVII com punho de jade. À direita: Pingente-amuleto mogol, do século XVII, feito de jade nefrite branco, enfeitado com rubis e esmeraldas; e taça de vinho de jade, de Jahangir, 1613-14.

Enquanto Shah Jahan consultava seus comandantes e conselheiros, e pensava em suas estratégias, Mumtaz se preparava, nos aposentos reais, para o nascimento de seu décimo terceiro filho. Pouco mais de um mês após terem chegado àquele local, deu à luz uma menina. Os cronistas da corte simplesmente registraram que o bebê morreu pouco tempo depois.

Ahmednagar finalmente rendeu-se no final de 1630. Abandonado por seus antigos aliados, Khan Jahan foi ao Punjab, mas as patrulhas mogóis o interceptaram e mataram. Sua cabeça foi entregue a Shah Jahan em Burhanpur e exibida nos portões da cidade. No entanto, o resto da campanha não foi fácil. Os governantes do Decão se retiraram do campo e a guerra transformou-se em vários cercos. Um cronista escreveu: "As fortalezas eram duras, as guarnições, determinadas (...)."[13] Tudo ficou pior com o castigo da mais severa fome na região em um século. Começara três anos antes e, por volta de 1630, estendeu-se do mar Arábico ao interior. A luta, claro, piorava tudo. Mercadores europeus descreveram "multidões desesperadas, cujas vidas pareciam zeradas, e não se importavam com nada além de conseguir meios de se alimentar". As ruas e estradas eram um "espetáculo que dava pena", repletas de "incontáveis mortos e pessoas à beira da morte".[14]

Peter Mundy, que viajou da costa a Burhanpur nessa mesma época, foi testemunha ocular de pessoas lutando umas contra as outras por excrementos animais dos quais separavam grãos não digeridos. Viu pais desesperados vendendo seus filhos ou mesmo os oferecendo "para qualquer pessoa que tomasse conta (...), para que pudessem se manter vivos, ainda que tivessem certeza de que nunca os veriam novamente".[15] O cheiro da morte pairava no ar. Em certas noites, Mundy era incapaz de encontrar um local para montar sua tenda, pois as pilhas de corpos nus e esqueléticos eram retiradas das cidades e vilas famintas por aqueles que ainda tinham forças, e abandonadas aos chacais.

Shah Jahan entendeu a seriedade da situação, que já atingira as ruas de Burhanpur, ainda que seus habitantes pelo menos tivessem as águas do Tapti. Seu historiador registrou: "No ano passado, não caiu uma gota d'água (...) e a seca foi especialmente severa (...), a carne de cães era vendida como carne de carneiro, e os ossos dos mortos eram misturados com farinha e vendidos [para fabricar pão] (...). A destruição foi tão enorme que os homens começaram a devorar-se uns aos outros, e a carne de um filho era mais importante que o amor." Para ajudar o seu povo assolado, Shah Jahan ordenou a seus oficiais que abrissem pontos de alimentação em Burhanpur e outras cidades, onde pão e caldo eram servidos aos famintos. Também ordenou que 5 mil rupias fossem distribuídas entre os pobres todas as segundas-feiras, "e que esse dia fosse distinguido entre todos os outros como o dia de ascensão do imperador ao trono".[16]

Em meio a tantas mortes e desolação, com vários abutres sobrevoando a paisagem, Shah Jahan e a fértil Mumtaz conceberam outro filho. Mumtaz passou grande parte de sua gravidez planejando o casamento de seu filho mais velho, Dara Shukoh, de 15 anos. A noiva que propôs a Shah Jahan era a prima mais velha de Dara, filha do meio-irmão de Shah Jahan, Parvez. Era uma aliança dinasticamente sensível, e talvez Mumtaz quisesse aparar as arestas com a família imperial. Fosse qual fosse o caso, seu marido e seu filho aceitaram a sugestão, e Shah Jahan enviou mensageiros a Agra com instruções aos oficiais para que preparassem uma cerimônia magnífica.

Enquanto esperava o nascimento de seu filho, Mumtaz aproveitava o conforto do palácio-fortaleza. O prédio de três andares que continha seus aposentos dava para o rio de um lado e para os jardins de outro. Havia a diversão dos elefantes de guerra de seu marido, que eram mantidos no vizinho Hati Mahal, ao lado do rio, de onde podiam ser levados para tomar banho no Tapti. A própria Mumtaz se banhava numa suíte de mármore sob tetos abobadados pintados com intrincadas flores e folhagens. Água aromatizada descia por um dos lados, enquanto uma água morna, aquecida perpetuamente por lâmpadas a óleo, descia por outro.

No forte verão de junho de 1631, Mumtaz entrou em trabalho de parto. Sua filha Jahanara a acompanhava, e Shah Jahan esperava num quarto ao lado. Os astrólogos da corte previam o nascimento de outro príncipe mogol, mas, após agonizar por 34 horas, finalmente nasceu uma menina, Gauharara. Vários relatos desencontrados descrevem o que ocorreu nesses momentos finais dos 38 anos de vida da imperatriz. De acordo com uma lenda que ainda hoje sobrevive, Mumtaz, exausta com os trabalhos de parto, escutou seu bebê chorar dentro do ventre. Alarmada com o som estridente, disse a Jahanara para correr e trazer Shah Jahan. O bebê nasceu no exato momento em que o marido ansioso corria ao seu encontro. Mumtaz quase não teve tempo de pedir que cuidasse de seus filhos antes de murmurar um adeus e cair morta em seus braços. Faltavam três horas para o pôr do sol.

De acordo com uma versão similar, porém mais elaborada, Mumtaz, em seus últimos dias de gestação, estava jogando xadrez com seu marido e os dois ouviram o choro de um bebê. Surpresos, olharam em volta, mas não viram nenhuma criança. Após um tempo, voltaram a ouvir o mesmo choro e ficaram horrorizados ao perceber que vinha do ventre de Mumtaz. Imaginando ser um mau presságio, reuniram doutores, astrólogos e outros homens letrados para interpretar seu significado. Enquanto Shah Jahan distribuía dinheiro aos necessitados em tentativas frenéticas de garantir a ajuda divina, os médicos tentavam salvar a imperatriz, que sofria de dores terríveis. Sem esperança de vida e com lágrimas nos olhos, murmurou as últimas palavras a Shah Jahan: "Hoje é o momento da partida; é hora de aceitar a separação e a dor. Por algum tempo, fui fascinada pela beleza de meu amado, agora derramo sangue, pois é o momento da separação." Enquanto ia enfraquecendo cada vez mais, Mumtaz fez Shah Jahan prometer que não teria filhos com outras. Também disse ao marido, em lágrimas, que, na noite anterior, sonhara com "um bonito palácio, com jardim exuberante, como nunca antes imaginara",[17] e implorou para que construísse uma tumba assim para ela. Outro relato, ainda mais lírico, sugere que Mumtaz, em seu leito de morte, despediu-se dizendo: "Construa um mausoléu para mim que seja único, extremamente bonito, como nenhum outro na Terra."[18]

Os historiadores oficiais da corte de Shah Jahan relatam uma história mais simples, porém não menos tocante. O trabalho de parto longo e duro e o agonizante nascimento de sua filha foram muito pesados para Mumtaz. "A fraqueza a atingiu no mais alto grau" e, sabendo estar à beira da morte, Mumtaz mandou que Jahanara trouxesse Shah Jahan ao seu lado. "Fora de controle", ele correu para ouvir um adeus breve, definitivo.

A murmurante Mumtaz, "com o coração cheio de pesar", implorou que cuidasse de seus filhos e, pela última vez, despediu-se dele. Pouco depois, "quando três testemunhas da triste noite ainda permaneciam por ali (...), ela passou à piedade de Deus".[19]

De acordo com o costume islâmico, Mumtaz foi enterrada rapidamente. O método tradicional de preparação do corpo feminino para um enterro era que uma mulher o lavasse em água fria e depois o envolvesse numa mortalha de cinco peças de algodão branco. Depois, por um grande temor de assombrações, o corpo era carregado com a cabeça à frente por uma parede aberta especialmente para o evento, nos muros do palácio. Esse procedimento era feito para que o espírito não encontrasse o caminho de volta, onde a morte acontecera. O corpo de Mumtaz foi então posto em um féretro enterrado num jardim cercado por muros, originalmente construído pelo tio de Shah Jahan, Daniyal, como campo de caça, na margem oposta do rio Tapti. Ali ficou numa tumba temporária, com sua cabeça apontando para o norte e sua face voltada para Meca.

IX
"Poeira de angústia"

A morte súbita de Mumtaz deixou Shah Jahan arrasado. Por dezenove anos, ela foi a "luz de sua câmara noturna", de quem nunca poderia estar separado, ainda que sua paixão transcendental e sua incrível fecundidade pudessem ter sido sua ruína. Como escreveu um dos historiadores de Shah Jahan, Mumtaz foi "a ostra do oceano da boa sorte, que na maior parte dos anos estava grávida", então:

Ela trouxe da virilha do exaltado rei
Quatorze sucessores ao mundo.

Destes, sete agora adornam o Paraíso,
Os sete restantes são as luzes do governo.

Tendo embelezado o mundo com essas crianças,
Minguou como a Lua após o décimo quarto.

Quando trouxe ao mundo a última pérola,
Esvaziou seu corpo como uma ostra.

Em outras palavras, quatorze filhos em dezenove anos de perigos e muita itinerância foram demais para Mumtaz.

Os historiadores da corte também capturaram o desespero de Shah Jahan frente à natureza efêmera da felicidade humana, mesmo para imperadores: "Ai de mim! Este mundo transitório não é nada estável, e o desabrochar de seus confortos está envolto em um campo de espinhos. Na lata de lixo do mundo não sopra nenhuma brisa, o que não faz levantar a poeira da angústia; e na assembleia do mundo, ninguém ocupa felizmente uma cadeira sem ao final deixá-la cheia de pesar." De acordo com os seus relatos, Shah Jahan lamentou a futilidade de sua existência privilegiada sem Mumtaz: "Ainda que o Senhor Incomparável tenha nos oferecido tanta fartura (...), a pessoa com a qual gostaria de aproveitar tudo isso se foi." Nos primeiros momentos de dor, ele chegou a cogitar a renúncia ao trono, dizendo aos seus cortesãos: "Se o Deus Criador do Mundo não nos tivesse oferecido (...) a custódia do mundo e a proteção de toda a humanidade (...), teríamos abandonado o reinado e deixado a soberania por um mundo de reclusão".[1]

Shah Jahan lamentou profundamente, trocando suas "pedras que se iluminavam à noite e suas caras roupas"[2] por "trajes brancos, como o amanhecer",[3] que usaria nos dois anos seguintes, e depois todas as quartas-feiras — dia da morte de Mumtaz. O mais célebre poeta do reino de Shah Jahan escreveu:

lágrimas correntes deixaram suas roupas brancas
No hinduísmo, a cor do luto.[4]

Preto e azul tinham sido a cor do luto entre os antigos mogóis, mas na época de Shah Jahan tinham adotado o símbolo de austeridade e luto dos hindus, o branco. O resto da corte — "todos os príncipes afortunados, ilustres *amirs*, pilares do governo, grandes do reino"[5] — seguiam a nova etiqueta, usando roupas brancas em vez dos brilhos costumeiros. O imperador também renunciou a "todos os tipos de prazeres e entretenimentos, especialmente escutar música e canções".[6] Lutou para controlar suas emoções, mas "constantemente apareciam involuntários sintomas de dor, angústia e pesar"[7] em seu rosto, e "de tanto chorar foi obrigado a usar óculos".[8]

A morte de Mumtaz marcou visivelmente o fim da juventude de Shah Jahan. Seus historiadores registraram que "sua barba farta, que antes do terrível acontecimento não tinha mais que dez ou doze fios brancos, que costumava cortar, em poucos dias ficou mais de um terço cinzenta; também abandonou a prática de cortar os cabelos brancos. Costumava dizer que o fato de, na sua idade, a barba ter se tornado branca tão rapidamente era graças ao excesso de aflição e dor que se seguiram a um evento tão doloroso".[9]

Por uma semana inteira, o imperador não fez suas aparições costumeiras no balcão *jharokba*, nem nas salas de audiência privada e pública. No final daquela semana, no dia 25 de junho de 1631, fez um passeio de barco pelo rio Tapti até os jardins onde o corpo de Mumtaz fora enterrado, onde "deixou cair oceanos de lustrosas pérolas de lágrimas"[10] sobre a tumba da esposa. Poucos dias depois, em 4 de julho, o normalmente alegre Festival da Água de Rosas aconteceu, mas ainda que ofertasse os frascos de água de rosas, essência de jacinto e de flores de laranja adornados com joias aos seus filhos, e ao pai de Mumtaz, Asaf Khan, as celebrações foram abreviadas, de forma sombria.

Mumtaz morreu muito rica. Seus bens pessoais estavam avaliados em mais de 10 milhões de rupias em ouro, prata, pedras preciosas e ornamentos. Shah Jahan ofereceu metade de sua fortuna à filha mais velha, Jahanara, de 17 anos, e distribuiu o restante entre os outros seis filhos vivos. (O filho mais novo, Daulat, morreu alguns meses depois.) Apesar de sua juventude, o dinheiro foi para a bela e inteligente Jahanara, não para uma das outras duas esposas negligenciadas. Ela assumiria o papel de Mumtaz como primeira-dama do Império Mogol com o título "Begum Sahib". Vários meses depois, Shah Jahan ordenou que Jahanara tomasse conta, como fizera sua mãe, do selo imperial, e que "daquela data em diante, o dever de afixar o grande selo aos editos imperiais seria levado a cabo por ela".[11] Como sua mãe também fizera, logo começou a editar ordens suas.

Shah Jahan nunca pensou em deixar o corpo de Mumtaz permanentemente em Burhanpur. Seu corpo foi desenterrado e, em dezembro de 1631, uma melancólica procissão o levou de volta a Agra. Jahanara não acompanhou a procissão, mas permaneceu em casa oferecendo conforto ao seu condoído pai, que ficaria no Decão organizando suas campanhas militares. A tarefa de escoltar o caixão dourado onde jazia o corpo de Mumtaz recaiu sobre Shah Shuja, seu filho de 15 anos, e a amiga de Mumtaz e chefe das damas de companhia, Satti al-Nisa.

Enquanto viajavam lentamente rumo ao norte, religiosos recitavam versos do Corão e, ao longo do percurso, criados imperiais distribuíam comida, bebida e moedas de ouro e prata aos pobres. Quando o cortejo chegou a Agra, um poeta da corte descreveu o grande lamento dos presentes:

O mundo se tornou escuro e negro aos olhos de seu povo.
Homens e mulheres da cidade, entre os súditos e criados,
Aplicaram o índigo da dor em seus rostos.[12]

Mumtaz foi rapidamente enterrada em um "pequeno edifício abobadado"[13] às margens do Jumna. Mas essa segunda sepultura não seria a sua definitiva. Ainda em Burhanpur, Shah Jahan tinha planejado "uma tumba iluminada",[14] um monumento condizente com a "Rainha de seu Tempo".

Pelo menos três motivos inspiraram os planos de Shah Jahan para o edifício que quase imediatamente começaria a ser chamado de Taj Mahal, inspirado no nome da própria Mumtaz Mahal. Foi motivado, sobretudo, por seu amor incondicional por Mumtaz e seu desejo de celebrá-la, mas sua percepção de edifícios como símbolos do poder e prestígio imperial, além de seu amor pela arquitetura, também foram fatores importantes.

Alguns historiadores, recentemente, tentaram diminuir o amor de Shah Jahan por Mumtaz, mas isso vai contra tudo o que sabemos sobre o casal de amantes e amigos. Shah Jahan, muito consciente de sua imagem imperial, era cuidadoso ao perceber que o que seus historiadores da corte escreviam refletia suas ideias, e por isso aprovava cada palavra, fazendo alterações quando necessário. Teria então explicitamente sancionado comentários sobre sua profunda dor, sobre os "constantes" sinais que apareciam "involuntariamente" em seu rosto, e sua despreocupação com a aparência. Também teria endossado depoimentos dizendo que, com suas outras mulheres, "não tinha nada mais que o título de esposa e marido", e que "a intimidade e a afeição profunda" que sentia por Mumtaz, ele não teve por "nenhuma outra", como consta no exuberante elogio fúnebre feito a Mumtaz, que culminava no parágrafo final: "Ela sempre teve a glória da distinção e a honra da preeminência da feliz e constante companhia e do companheirismo, e a felicidade da proximidade e intimidade com Sua Majestade. A amizade e concórdia entre eles chegou a um ponto nunca antes conhecido entre maridos e esposas da classe de soberanos, ou mesmo pelo resto da população, e não se tratava meramente de desejo carnal, mas de altas virtudes e hábitos agradáveis, bondade interna e externa, e compatibilidade física e espiritual dos dois lados, que fora a causa de grande amor e afeição, além de abundante afinidade e familiaridade."[15]

Tais sentimentos são particularmente interessantes, dado que Shah Jahan vinha de uma sociedade na qual os homens dominavam completamente, onde a poligamia era comum e a admissão do amor por uma única esposa e de tanta dor poderia ser vista como um sinal de fraqueza, não de virtude, em um soberano. Claro, outros governantes, tanto do Oriente quanto do Ocidente, investiram muito de seus maiores e mais caros esforços arquitetônicos em homenagens à morte — por exemplo, as pirâmides do Egito, o exército de terracota de Xian, ou as tumbas Ming próximas a Beijing, na China, além das elaboradas tumbas em comemoração aos xoguns mortos construídas em Nikko, no Japão, de 1616 a 1636. No entanto, tais memoriais normalmente eram dedicados a governantes, não a suas consortes.

Talvez o único governante que anteriormente tenha marcado a morte de sua esposa com devoção similar tenha sido Eduardo I, da Inglaterra, que, no final do século XII, perdeu sua esposa Eleanor enquanto o acompanhava em campanha real. O casamento dos dois, apesar de originalmente ter sido arranjado, claramente havia se transformado, ao final, numa união amorosa. Em 36 anos, nasceram dezesseis filhos, dois a mais que Mumtaz e Shah Jahan. Eduardo marcava o local onde o cortejo fúnebre parava a cada noite na viagem de volta à Abadia de Westminster ao erguer cruzes ornamentadas.*

---

* A maior parte das cruzes de Eduardo I desapareceu, mas a que existe em Charing Cross foi reconstruída e é utilizada como ponto para calcular distâncias a partir de Londres.

No caso de Eduardo I, demonstrar seu poder real e sua riqueza (gastou cerca de 19 milhões de libras, em valores atuais) foi provavelmente um fator importante para as suas ações. Os mogóis, e Shah Jahan em particular, também conheciam muito bem o poder de construir para impressionar o público e demonstrar a insignificância dos súditos, assim como a futilidade da resistência ao poder imperial. Abu Fazl escreveu: "Poderosas fortalezas foram erguidas para proteger os tímidos, assustar os rebeldes e agradar aos obedientes (...); torres imponentes também foram construídas (...) sempre pensando na dignidade tão necessária ao poder terreno."[16] O cronista de Shah Jahan, Lahori, escreveu sobre os projetos arquitetônicos do imperador: "(...) a construção desses edifícios altos e substanciais — 'nossas relíquias falam por nós', de acordo com o dito árabe — [falará] com eloquência muda sobre a aspiração divina e sublime fortuna de Sua Majestade".[17] Ele descreveu o Taj Mahal como "memorial à ambição que chegava aos céus"[18] de Shah Jahan. Ainda que a paixão de Shah Jahan por lindos edifícios e seu apreço pela imagem que eles construíam tenham sido formidavelmente reunidos no enorme projeto em que estava a ponto de embarcar, eram fatores secundários ante a necessidade de celebrar seu amor incomparável. De outra forma, não teria posto Mumtaz no centro de sua criação.

Ao planejar o mausoléu de Mumtaz Mahal, Shah Jahan trabalhava com base em uma longa tradição de construção de tumbas entre seus ancestrais, na Ásia Central e na Índia. Ainda que Gengis Khan tenha ordenado que qualquer pessoa que presenciasse seu funeral deveria morrer para não contar a história, e, de fato, não existe qualquer relato de onde possa estar enterrado, seus descendentes deixaram ampla evidência de seu vigor e sofisticação em tumbas, como a tumba octogonal de quase 50 metros de altura, com um domo em forma de ovo e ladeada por oito minaretes, que o príncipe mogol Uljaytu construiu para si mesmo na sua capital imperial de Sultaniya, na Pérsia, no início do século XIV.* Em suas ca-

---

* A tradição segue viva até hoje. Um vasto complexo de tumbas para o aiatolá Khomeini, o maior do islã, está sendo construída nos arredores de Teerã. No entanto, não conta com a opulência de algumas de suas precedentes. Por decreto do aiatolá, apenas materiais utilitários estão sendo usados na construção, e seu grande domo é de concreto.

racterísticas, estão muitos dos elementos que apareceriam, mais polidos, na arquitetura mogol.

Uma das limitações técnicas superadas na época de Shah Jahan foi a da inserção de um domo num edifício cujo interior excedia os limites do próprio domo. O problema foi resolvido antes do século III d.C. por construtores da dinastia persa sassânida, pioneiros no uso de uma estrutura curva simples no ângulo de duas paredes — a trompa de ângulo — para apoiar o domo. Isso transformava um quadrado numa estrutura octogonal. Se necessário, outros pequenos arcos poderiam ser adicionados nos cantos do octógono, produzindo então uma estrutura de dezesseis lados, praticamente aproximando-se do círculo do domo. A invenção desse arco coincidiu com o desenvolvimento, na Síria, do pendículo — uma estrutura abobadada em forma de pipa apoiada por uma pilastra sob o ângulo do quadrado. Desenhos de arcos e pendículos se desenvolveram rapidamente, enquanto seus construtores experimentavam técnicas de construção e possibilidades artísticas, e aprendiam sobre como colocar um domo em edifícios de qualquer forma e tamanho. As técnicas se espalharam para leste e oeste, sendo peças fundamentais de Santa Sofia, em Constantinopla, Santa Maria del Fiore, em Florença, e São Pedro, em Roma, ainda que coruchéus e torres, e não domos, continuassem sendo os mais comuns pináculos das igrejas na Europa Ocidental.

Tamerlão, o ancestral escolhido pelos mogóis, fora um grande construtor e levou a cabo uma série de mausoléus reais dos quais o seu, em Samarcanda, é de longe o mais impressionante. Ainda está de pé no centro do que um dia foi uma madraça, complexo escolar islâmico, e tem o que é conhecido pela arquitetura como "cúpula dupla". Usando uma concha dupla com um vão entre os revestimentos interno e externo, em vez de uma concha única e sólida, os arquitetos conseguiram alcançar uma grande diferença entre a altura externa e interna do domo. Isso aumentou as proporções do edifício e também reduziu consideravelmente o peso das estruturas sobre o restante da construção. A própria tumba de Tamerlão tem um domo grande, alto, bojudo e revestido com ladrilhos azul-turquesa no exterior, e um domo interno mais baixo e hemisférico, que emerge da mesma base em forma de tambor. A concha externa garante a visibilidade e magnificência de um monumento imperial, enquanto a interna mantém as proporções do edifício em harmonia.*

Os governantes islâmicos lutavam contra a prescrição do Corão de que as tumbas deveriam ser abertas ao céu. Alguns parecem ter usado uma espécie de domo interno mais baixo, como o mausoléu de Tamerlão, como metáfora para o céu, já que muitas dessas cúpulas estavam decoradas com estrelas. Outros deixaram um vão entre o topo das portas de entrada e a verga, para permitir que ar puro circulasse pela tumba. Babur preferiu deixar sua própria tumba verdadeiramente aberta. Akbar construiu um enorme domo duplo para seu pai, Humaium. Em sua própria tumba, que ele mesmo desenhou, mas foi alterada por Jahangir, seu túmulo está posto em um pavilhão aberto, ainda que hoje o exato local onde foi enterrado esteja bem abaixo, na mesma tumba. A tumba, grande, larga e ornamentada com minaretes de Jahangir, construída em um de seus jardins preferidos (e também de Nur) em Lahore, originalmente também continha seu túmulo aberto ao céu, mas seu corpo jazia mais abaixo, dentro da tumba. (O túmulo continua desaparecido.)

Logo que decidiu que gostaria de celebrar Mumtaz Mahal e a maravilhosa natureza de seu amor por ela, bem como o poder e prestígio de seu reino imperial, o primeiro ato de Shah Jahan foi encontrar um local disponível para o complexo que imaginava construir. Ele parecia buscar um local calmo e longe da confusa cidade de Agra. Deveria ser visível à distância e próximo ao rio Jumna, para que houvesse abastecimento de água para irrigação dos jardins e fontes, bem como para prover um ambiente mais agradável no verão. Se o local seria no Jumna, deveria estar em área livre do perigo de inundações ou erosões, mas deveria permitir aos seus arquitetos que fizessem uso do rio, cujo nível era consideravelmente mais alto do que é hoje, como espelho para um reflexo sempre constante do seu design.

---

* Versões de domos duplos também podem ser vistas na Europa. Filippo Brunelleschi, por exemplo, construiu com o mesmo ideal a cúpula da Catedral de Santa Maria del Fiore, em Florença, e Christopher Wren usou os mesmos princípios em seu domo para a Catedral de St. Paul, em Londres.

O imperador também deve ter buscado um espaço no qual pudesse, futuramente, construir sua própria tumba. Por fim, Shah Jahan gostaria de poder ver o mausoléu de seus aposentos, no Forte Vermelho de Agra. Os jardins onde Mumtaz Mahal fora provisoriamente enterrada estavam alinhados com sua janela no palácio-fortaleza de Burhanpur.

O local escolhido por Shah Jahan, a pouco mais de 3 quilômetros do forte de Agra e situado no final de uma série de jardins de nobres, diretamente oposto aos jardins de Babur, satisfazia tais critérios. Estava, por exemplo, logo após uma curva angulosa para a direita feita pelo rio, próximo ao forte de Agra, que reduzia a correnteza do Jumna na área do Taj. A terra em questão pertencia ao rajá de Amber (Jaipur), que a ofereceu ao imperador sem resistência. No entanto, a tradição islâmica considera que mulheres que morreram dando à luz, como Mumtaz Mahal, são mártires e que seus locais de enterro devem se transformar em sítios de peregrinação. A tradição também pedia que não deveria ser visto qualquer traço de coerção no momento de aquisição de tais locais sagrados. Por isso, Shah Jahan ofereceu ao rajá não apenas uma, mas quatro propriedades separadas, numa generosa compensação. Agira rapidamente e já tinha a possessão das terras em janeiro de 1632, quando o corpo de Mumtaz voltou a Agra. Por isso, foi ali, no local do futuro Taj Mahal, que ela temporariamente esperou para ser enterrada em definitivo.

Shah Jahan em seguida desenvolveu um conceito e depois um plano detalhado para o complexo. Ao fazer isso, deve naturalmente ter chamado uma equipe de especialistas em arquitetura, que já havia sido reunida para trabalhar nos projetos de seu pai e nos seus próprios. O relato do edifício do Taj Mahal por Lahori, historiador da corte, registra os nomes de Mir Abul Karim e Mukamat Khan como superintendentes da construção que, como indicam seus títulos, foram os responsáveis pela organização e manutenção do trabalho. Mir Abul Karim já tinha por volta de 60 anos no momento em que Shah Jahan o chamou, e trabalhara em vários outros projetos anteriores para Jahangir, em Lahore. Mukamat Khan fora para a Índia partindo de Shiraz, no sul da Pérsia, durante o reinado de Jahangir. Shah Jahan nomeou Mukamat Khan como seu assessor de trabalhos logo após sua ascensão ao trono, e parece ter sido mais um administrador que engenheiro ou arquiteto. Shah Jahan continuou promovendo-o com frequência. Em 1641, o indicaria governador de Délhi, onde foi superintendente na construção do Forte Vermelho na nova cidade de Shahjahanabad.

Lahori não revela o nome do arquiteto do Taj. Nem lhe faz qualquer outra referência contemporânea. Não nomear o arquiteto, apenas o superintendente da construção de um edifício, não era nada incomum, em parte porque os arquitetos muitas vezes trabalhavam em equipe, e também porque parecia ser considerado um status inferior ao dos superintendentes de construção. Assim como no Ocidente, não havia local para que os aspirantes a arquitetos pudessem estudar. Aprendiam fazendo, junto aos grandes artesãos.* No entanto, como Lahori não nomeou qualquer arquiteto para o Taj Mahal, sua identidade foi objeto de muita especulação. O padre português Sebastião Manrique, que visitou Agra em 1640, mais tarde disse que o arquiteto fora "um veneziano de nome Geronimo Veroneo, que chegara àquelas terras num navio português e morrera na cidade de Lahore, pouco antes de eu a alcançar".[19] Os europeus, de forma chauvinista, deram muita credibilidade a essa história por séculos. Seu chauvinismo derivava em parte de uma necessidade de clamar para si mesmos uma nesga daquela maravilha do mundo, e em parte por conta de um sentimento racista de que um não europeu não seria capaz de projetar um edifício tão belo.

O que foi dito por Manrique tem pouca substância. A influência europeia na arquitetura mogol foi muito limitada. Se um europeu tivesse sido o arquiteto, provavelmente incorporaria ao edifício pelo menos algo dos traços arquitetônicos de seu continente, o que não há.

Além disso, Manrique foi a única pessoa a nomear Veroneo como arquiteto, ainda que existam muitos outros relatos europeus da mesma época. Em especial, o relato do inglês Peter Mundy, que estava em Agra no momento em que começou a construção do Taj Mahal. Ao contrário de

---

* Sir Christopher Wren foi um caso à parte, já que originalmente era da área de ciências, única disciplina em que recebeu educação formal, e partiu para a arquitetura.

Manrique, Mundy conhecia Veroneo pessoalmente, mas não menciona seu nome como arquiteto em sua descrição do início da construção do edifício.

O corpo de Veroneo parece ter sido levado a Agra de Lahore, pois foi enterrado no cemitério cristão de Agra. A bem-preservada inscrição em latim na sua tumba diz, simplesmente: "Aqui jaz Geronimo Veroneo, morto em Lahore no dia 2 de agosto de 1640." Caso tivesse projetado o Taj Mahal, estaria registrado em sua lápide. Além do mais, como confirma seu local de enterro, Veroneo era cristão, e Shah Jahan dificilmente teria empregado um não muçulmano para planejar um complexo sagrado no qual apenas muçulmanos eram admitidos.

Ainda mais significativo, Veroneo era joalheiro, não arquiteto. Peter Mundy o menciona como ourives que trabalhava para Shah Jahan, e outros viajantes europeus também o registram como joalheiro de grande habilidade. Se a história de Manrique, que só poderia ter chegado até ele por terceiros, tem algo de verdadeira, talvez seja porque Shah Jahan tenha consultado Veroneo sobre o painel e o friso esmaltado e encrustado de joias contendo 40 mil *tolas* de ouro (mais ou menos mil libras), que originalmente fez para cercar o túmulo de Mumtaz, e que mais tarde foi substituído por uma tela de mármore branco. Não existe qualquer pintura ou descrição detalhada do friso de ouro, então a extensão de uma possível influência europeia não pode ser determinada.

Na metade do século XIX, o coronel William Sleeman, que ganhara celebridade suprimindo o terrível culto mortal dos tugues (*thuggee*), na Índia, alegou em seu popular livro sobre o país que um francês, Augustin, ou Austin de Bordeaux, fora o arquiteto do Taj.* No entanto, a única referência a Augustin na Índia aparece 150 anos antes, em um livro de seu seguidor francês, o joalheiro Jean-Baptiste Tavernier, que diz sem titubear que Shah Jahan queria empregar Augustin para cobrir parte de seus aposentos privados de prata, mas que Augustin morrera antes de poder levar

---

* Os tugues eram uma seita de assassinos de estrada que se infiltravam em grupos de viajantes e, após um dia ou dois, ritualmente estrangulavam seus companheiros com um lenço amarelo de seda, mutilavam seus corpos e roubavam suas posses. Em inglês, a palavra *"thug"* logo passou a ser usada para definir qualquer desordeiro brutal.

a tarefa a cabo. Essa história pode ter dado asas ao relato de Sleeman. De forma mais conclusiva, em uma carta hoje na Biblioteca Nacional de Paris, Augustin de Bordeaux descreve a si mesmo "um não desenhista", nada interessado em assuntos arquitetônicos.

Até o final do século XIX, uma série de manuscritos percorreram Agra e outros locais alegadamente como cópias dos documentos originais do século XVII, na linguagem da corte da Pérsia, relatando as construções do Taj Mahal. Muitos historiadores consideram tais manuscritos completamente espúrios, produzidos para satisfazer a fome dos britânicos e de um estudioso britânico que vivia em Agra, em particular. Esses documentos nomeavam um homem chamado Ustad Isa como arquiteto do Taj Mahal, e deram como seu local de nascimento tanto a cidade de Agra como a Pérsia e a Turquia. As dúvidas sobre os manuscritos são tantas que até mesmo a existência de Ustad poderia ser questionada se um historiador indiano não houvesse encontrado evidências a respeito de uma família que pleiteava sua descendência, possuindo membros desenhistas, e que vivera em Agra até 1947. Naquele ano, sendo muçulmanos, migraram para o Paquistão seguindo a partição da Índia. A família também disse possuir um projeto do século XVII do Taj Mahal, que nunca foi localizado. O mesmo historiador, no entanto, aponta que a palavra usada nos manuscritos para descrever a posição de Ustad Isa significa "desenhista", não "arquiteto", e que embora a existência de Ustad seja provável, ele pode ter sido, no máximo, responsável por colocar no papel os projetos dos construtores, com base nos pensamentos de outras pessoas.

O nome mais incrível entre os apontados como arquitetos do Taj Mahal é o de Ustad Ahmad Lahori, que morreu em 1649. Durante a década de 1930, um pesquisador descobriu um manuscrito do início do século XVIII, um poema de um dos filhos de Ustad Ahmad Lahori, no qual diz que seu pai foi arquiteto do Taj Mahal e do Forte Vermelho de Délhi. Há outra evidência contemporânea, incluindo a de um cronista da corte, de que ele fora, na verdade, o arquiteto do Forte Vermelho, mas nenhuma relativa ao Taj Mahal. Parece incongruente que, se Ustad tivesse sido arquiteto dos dois edifícios, e não apenas do Forte Vermelho, Shah Jahan não tivesse ordenado ao seu cronista que registrasse tal fato. Talvez o filho de Ustad apenas estivesse querendo, e de forma compreensível, adicionar algo de prestígio à sua família, reivindicando ao pai, que provavelmente tinha alguma parte no projeto, uma gorda fatia da glória do que foi imediatamente reconhecido como uma obra de arte por seu filho, bem como pelos europeus que "fabricaram" um arquiteto *europeu*.

Os românticos talvez preferissem acreditar na história contada em um dos disputados manuscritos do século XVIII, segundo o qual Shah Jahan, infeliz com os projetos que lhe foram apresentados, valeu-se da visão de um místico sufi em um sonho, em que vislumbrara a tumba completa. O sufi teria oferecido o desenho a Shah Jahan para que pudesse cumprir o desejo de Mumtaz, "um mausoléu que seja único, extremamente belo, como nenhum outro na face da terra".[20]

No entanto, outras pessoas buscaram a solução no que seu historiador da corte chamou de "envolvimento pessoal" de Shah Jahan em como os edifícios eram projetados: "A mente real, que é tão ilustrada quanto o Sol, presta total atenção ao planejamento e à construção desses edifícios enormes e substanciais, que (...) por eras a fio servirão como memorial de sua paixão pelas construções, ornamentações e beleza. A maior parte dos edifícios que constrói, ele projetou sozinho, e sobre os planos preparados por exímios arquitetos, após longas considerações, faz alterações e ressalvas apropriadas."[21] Como há menção a tantas obras arquitetônicas, tais palavras devem refletir uma visão exagerada de seu próprio papel nos projetos. No entanto, Shah Jahan realmente apreciava arquitetura. Mesmo em sua juventude, Jahangir elogiava seus conhecimentos e habilidades. De luto, Shah Jahan provavelmente gastou muito mais forças no projeto da tumba de sua esposa que em qualquer outro edifício. Ele deve ter oferecido também importante contribuição ao conceito inicial ou feito tantas alterações nos projetos submetidos por outras pessoas que talvez não tenha aceitado dar crédito a qualquer indivíduo da equipe de arquitetos que tenha consultado.

No verão de 1632, Shah Jahan retornou a Agra, onde poderia ver seu grande projeto pessoalmente. Como escreveu um de seus historiadores oficiais da corte, Burhanpur tinha se tornado "desgostosa para a mente real de Sua Majestade", após a cena da "lamentável morte de Sua Majestade, a rainha".[22] Na verdade, nos seus últimos anos, ele evitaria a cidade sempre que pudesse. Além do mais, sua campanha no Decão não prosperou. Após mais de dois anos de infrutíferos combates, durante os quais perdeu muitos homens para a fome e a doença, bem como por consequência das batalhas, ganhara pouco mais que alguns fortes, e seus exércitos estavam exaustos. Por isso, decidiu deixar a campanha nas mãos de outros. No entanto, um fator particular no momento da partida de Shah Jahan deve ter sido o seu desejo de estar presente no *urs* — cerimônia tradicional e anual dos mortos — que marcaria o primeiro ano da morte de Mumtaz.

Peter Mundy testemunhou a volta da corte imperial, agora sem sua imperatriz: "Toda a terra que podíamos ver estava coberta por homens, tropas de cavalos, elefantes com inúmeras bandeiras, pequenas e grandes, que faziam uma apresentação bastante galante."[23] Shah Jahan estava sobre um cavalo cinza-escuro, ao lado de seu filho Dara Shukoh. No dia 11 de junho, seis dias antes do aniversário de morte de sua esposa, Shah Jahan foi apresentado em um palanque no forte de Agra. Era meia-noite — a hora mais propícia, segundo seus astrólogos.

O *urs* foi sombrio, mas majestoso. "Os criados da casa imperial ergueram maravilhosos pavilhões nos jardins em volta da tumba sagrada, espalharam magníficos tapetes e uma generosa quantidade de comida, bebida, condimentos, doces e essências — mais do que pode ser imaginado. Todos os estudiosos e pios xeiques e religiosos se reuniram em uma assembleia gloriosa." Shah Jahan, em sua roupa branca de luto, ouviu um recital de orações, depois partiu. A história oficial diz que "Sua Majestade se retirou aos aposentos privados para evitar a multidão".[24] Não havia dúvida que gostaria de ficar sozinho com sua dor, e estava começando a encontrar uma forma permanente de expressá-la em sua grandiosa edificação, cujas fundações já vinham sendo escavadas às margens do Jumna.

X
"O construtor não deve ser deste mundo"

A "tumba iluminada" de Mumtaz era, segundo Shah Jahan e seus arquitetos, o coração de um complexo muito maior. O próprio mausoléu, no centro do local onde seria enterrada — que, seguindo a tradição islâmica, estava na direção norte-sul, com sua face voltada para Meca —, estaria num terraço sobre uma plataforma ao lado do rio, dentro de um jardim murado. Um canal de água, também correndo de norte a sul, na mesma linha do corpo de Mumtaz, formaria o eixo central, e em seus dois lados seriam construídos edifícios subsidiários e outras facilidades, sempre simetricamente.

Diretamente ao lado oeste do mausoléu, colocaram uma mesquita com três domos, onde os peregrinos poderiam rezar. O Corão não estipula que um muçulmano deve visitar uma mesquita para rezar; ele ou ela pode rezar em qualquer lugar, mas sempre com o rosto voltado para Meca. Uma alcova na parede traseira, conhecida como *mihrab*, marca a direção de reza em uma mesquita. Para contrabalançar a mesquita oposta, ou, como os mogóis diziam, para servir como *jabab*, ou eco, os desenhadores incluíram um edifício idêntico, no lado leste do mausoléu. Como sua parede traseira não estava voltada para Meca, este prédio não poderia ser usado como mesquita — e provavelmente servia como estalagem para peregrinos —, mas seu propósito principal seria estético.

Na outra ponta do jardim murado, de frente para o mausoléu, os desenhadores planejaram um portal ornamentado. Do lado de fora deste portal, em direção ao sul, estaria uma área de reunião conhecida como *jilau khana*, com acomodações para criados e vendedores. Finalmente, além dessa construção, estariam alojamentos para visitantes, e mais bazares, mais uma vez tudo simetricamente centrado dos dois lados do eixo norte-sul marcado pelo canal de água. Toda a área além do portal formaria um contraponto secular ao mausoléu, atendendo às necessidades físicas dos trabalhadores e visitantes de comida e acomodação, enquanto o mausoléu alimentaria os espíritos. A área murada em volta do mausoléu e o jardim mediam algo em torno de 350 por 550 mil metros e estava pensada para, nas palavras de Lahori, "evocar uma visão dos jardins do Paraíso (...) e resumir o que seria uma casa no céu".[1]

Ao transformar o conceito em um projeto detalhado, os arquitetos mogóis não tinham à mão qualquer manual de arquitetura que os ajudasse. Como outros arquitetos do mundo islâmico, eram guiados por testes, não por preceitos, baseados na tradição mogol de construir tumbas seguindo a forte tradição persa e asiática. Além disso, assimilaram muito da arquitetura muçulmana introduzida na Índia pelos sultões de Délhi durante seus trezentos anos de governo, e por outros governantes muçulmanos, como os de Guzerate e Mandu. Também se basearam na tradição arquitetônica hindu, de onde vieram muitas das pessoas que trabalharam na construção do prédio, e dela usaram traços como o quiosque com cúpula, ou *chattri*, os desenhos nos topos das colunas e o uso de intrincados desenhos nas pedras.

Por outro lado, os construtores indianos tinham à sua disposição tratados sobre coberturas de edifícios, sobre assuntos como tipos de solo e sua identificação pela cor, cheiro e perfume, sobre técnicas de construção de tijolos, sobre configuração de edifícios e sobre as melhores épocas para levar a cabo as várias fases da construção de um edifício. Tais manuais não estavam entre os vários trabalhos hindus já traduzidos, por ordem de Akbar e seus sucessores, para o persa, e não há qualquer evidência de que tenham sido usados por arquitetos mogóis. No entanto, os hindus entre os construtores certamente os consultaram para interpretar e implementar os planos projetados pelos arquitetos.

Buscando exemplos que poderiam influenciar seu design, os arquitetos mogóis deveriam saber que seus predecessores, na Pérsia e na Ásia Central, e também no sultanato de Délhi, usaram planos octogonais em vários edifícios, incluindo palácios e tumbas, como aquela de Sultaniya. Um mercador italiano que visitou Tabriz, na Pérsia, no início do século XVI, descreveu um palácio — hoje desaparecido — chamado "Astibisti, que em nossa língua significa oito partes, pois tinha oito divisões".[2] Historiadores da arquitetura também apontam o Domo da Rocha, em Jerusalém, as casas de banho de Damasco e os palácios de Constantinopla, que poderiam ter servido de base ao plano do solo. Acreditam que o projeto tem suas origens nos tempos pré-islâmicos, ainda que para os mogóis e seus ancestrais muçulmanos o octógono que resulta de um quadrado posto dentro de um círculo tinha se transformado em uma metáfora para a reconciliação do lado material do homem, representando pelo quadrado, com o círculo da eternidade.

Abul Fazl descreve como Humaium empregou o design octogonal em um palácio flutuante no Jumna. Seus construtores uniram dois pavilhões de dois andares, cada um deles flutuando em uma barcaça, com arcos que formavam uma piscina central octogonal. (Humaium tinha outras barcaças com plantações de flores e árvores para prover um jardim ao seu palácio flutuante.) O mais antigo vestígio do uso do design octogonal na Índia mogol são duas tumbas construídas em Délhi, provavelmente entre os anos 1530 e 1550. Como não se sabe quem foi enterrado dentro delas, são chamadas simplesmente de Sabz Burj, "Torre Verde", e Nila Gumbad, "Domo Azul", por suas cores originais. (A última é particularmente importante na genealogia do Taj Mahal e está revestida de azulejos azuis desconcertantes. Também está situada no meio de uma rotunda confusa.) As duas estruturas têm oito pequenas câmaras que envolvem uma tumba central octogonal, sob a cúpula. As oito câmaras dizem representar as oito divisões do Corão.

Variações e derivados de tais designs octogonais — ao contrário do confuso e algumas vezes conhecido "plano de nove dobras", do número de câmaras, incluída a central — serviram como base para muitos prédios mogóis, incluídos palácios e tumbas, como a de Humaium, em Délhi, construída na década de 1560. Quanto ao Taj Mahal, os arquitetos escolheram como conceito para o mausoléu um cubo com as esquinas verticais sextavadas para produzir um octógono, com o túmulo num espaço central, também octogonal, rodeado de oito espaços internos interconectados em cada um dos dois andares. Para cada uma das oito fachadas exteriores do mausoléu, os arquitetos planejaram dois andares de vãos em forma de arcos. Nos quatro lados principais, tais vãos abririam espaço a arcos grandes de entrada, ou *iwans*, similares aos da tumba de Humaium, cujo topo se ergue mais alto que o resto da fachada.

O Sabz Burj também é a mais antiga sobrevivente entre todas as construções mogóis na Índia a incorporar o domo duplo usado no mausoléu de Tamerlão, em Samarcanda, ainda que o design, originário da Pérsia, tenha sido empregado na tumba de um dos sultões de Délhi, poucos anos antes. Na tumba de domo duplo de Humaium, a cúpula externa em forma de meia toranja e a interna, na parte inferior, ficam em um cilindro relativamente baixo. No Taj Mahal, um dos grandes feitos arquitetônicos foi produzir um domo duplo elegante. O domo interior, que se ergue a 2,5 metros do chão, está em harmonia com a escala do resto do interior e produz um eco ressoante. O domo externo, maior, está sobre uma base alta, e em perfeita proporção com o resto do perfil exterior do complexo. Os cronistas de Shah Jahan descreveram o domo exterior como "à medida do céu" quando completo e "com forma de goiaba"[3] — fruta recém-introduzida na Índia, vinda do Novo Mundo. Outros ligaram o domo a um bulbo de flor, uma pera madura, um figo, um conta-gotas ou mesmo o seio de uma mulher.

Os arquitetos envolveram o domo principal com quatro quiosques com cúpulas. Ainda que tais *chattris* tivessem sido usados na tumba de Humaium, ali pareciam muito distintos do domo principal. No Taj Mahal, os arquitetos colocaram os tais quiosques em volta do domo, parecendo, a olho nu, ligados a ele, e assim suavizam a linha da base. Sabendo o gosto de Shah Jahan pelas joias, alguns os viram como pedras menores de um anel no qual o domo é a pedra principal.

Os arquitetos também adicionaram ao projeto um pedestal para fazer com que o mausoléu se elevasse sobre sua plataforma ao lado do rio, e posicionaram quatro minaretes circulares de mármore branco, um em cada lado do pedestal. Construído sobre bases octogonais, os minaretes teriam uma escadaria interior e três andares, em cada um deles um balcão sobre apoiadores que lançaria sombras aos minaretes sob o sol. Os minaretes chegariam à altura de mais de 42 metros e cada um seria adornado no topo com um *chattri* octogonal. Ainda que, em uma mesquita, o minarete tenha a função principal de prover um local para a chamada à reza, não são essenciais e não são encontrados em antigas construções religiosas islâmicas, como o Domo da Rocha, por exemplo. Seu primeiro uso em uma mesquita de Damasco, no início do século VIII, provavelmente resultou de uma incorporação de torres laterais de um templo romano que previamente existia no mesmo local.

No século XVII, pelo menos um minarete era comum em mesquitas, mas não em mausoléus ou outros edifícios religiosos. Entre os desenhos nos quais os arquitetos devem ter se inspirado estavam as quatro torres na entrada da tumba de Akbar, em Sikandra, as torres das joias, na tumba em Agra do avô de Mumtaz, Itimad-ud-daula, e nas torres presentes em cada lado do mausoléu de Jahangir, em Lahore. Quando foram construídos, um dos cronistas de Shah Jahan descreveu os minaretes do Taj Mahal como "escadas que levavam aos céus"[4] e outro como "rezas aceitas a uma pessoa santa que ascendeu aos céus".[5]

Dizem que a arquitetura é o casamento entre arte e engenharia, e um dos aspectos mais apreciados dos minaretes e do domo é sua simetria e proporção em relação a outras partes do complexo. Tais fatores, e não invenções técnicas, fizeram com que o Taj Mahal estivesse além de todas as outras construções mogóis. Os arquitetos deveriam ter um bom conhecimento de matemática e geometria. Abul Fazl os descreveu como "matemáticos de mente ampla", cujos desenhos só poderiam ser entendidos por pessoas inclinadas à ciência. As miniaturas mogóis e as evidências ainda hoje preservadas em Samarcanda mostram que eles fizeram uso de tais habilidades matemáticas para calcular as relações entre os diferentes objetos e para fazer seus desenhos em grandes folhas de papel quadriculado. Num estágio mais avançado, muitas vezes faziam modelos em madeira para demonstrar como os edifícios ficariam quando prontos. (Alguns relatos duvidosos mencionam o uso de tais modelos para o Taj Mahal, mas, ainda que tivesse sido possível, não há referência em fontes da época.) Por isso não há qualquer acidente no fato de os arquitetos terem planejado a primeira galeria dos minaretes à altura do primeiro andar do mausoléu, a terceira à altura da base do domo e a cúpula dos minaretes seguindo a área mais gorda do domo principal.

O perfeito balanço e proporção do complexo do Taj Mahal foi objeto de muito cálculo detalhado e retrospectivas computadorizadas nos últimos tempos. Um escritor sugeriu que as linhas de visão convergem em um máximo de 1,5 metro sobre o ponto central do portão de entrada. Exatamente a altura a que poderiam chegar os olhos de Shah Jahan, se as deduções do escritor sobre sua altura e roupas são acuradas. Outros deduziram que a medida-chave, da qual quase todas as outras derivam, é o diâmetro do *hall* octogonal do mausoléu, algo em torno de 18 metros. O octógono, ou a reconciliação simbólica do homem com a eternidade, é certamente a chave para entender o desenho geométrico do complexo, aparecendo, por exemplo, nos planos da mesquita, da casa de hóspedes, do portal e das bases dos minaretes.

Os que fizeram o desenho do Taj Mahal também aumentaram a harmonia do complexo usando motivos arquitetônicos uniformes em toda a área. Por exemplo, empregaram apenas um desenho básico de coluna, ainda que variando proporções e graus de detalhes decorativos de acordo com a significância de cada localização. Uma variante do que é conhecido como "coluna Shahjahani", com vários lados, e uma base formada de painéis em arco e um ornamento delicado no topo, o que se conhece como estilo *maqarnas*. Da mesma forma, os arcos *piecrust* apoiados nos pilares e os painéis insertados em todo o complexo seguem um único desenho padrão.*

---

* Enquanto circundávamos o monumento em uma tarde quente, o curador do Taj nos apontou uma relativamente pequena, porém curiosa, falta de uniformidade dentro da cuidadosa hierarquia de formas e detalhes. Na esquina noroeste do mausoléu, uma das meias colunas cravadas no mármore difere inteiramente das outras, que são uniformemente iguais em volta de todo o edifício. Ao contrário delas, não está facetada e não tem o mesmo capitel. Para nós e para ele, parece um erro deliberado introduzido pelos cons-

Logo que Shah Jahan concordou com os projetos, a construção começou. De acordo com o historiador Lahori, foi em janeiro de 1623, quando Shah Jahan ainda estava em Burhanpur. Primeiro o local foi limpo e, como Peter Mundy viu na época em que o visitou, colinas nas imediações foram "destruídas para que a perspectiva não fosse escondida". Depois, dezenas de trabalhadores escavaram as profundas fundações que seriam a chave da estabilidade da estrutura monumental que seria construída acima. Tais fundações tinham de resistir à erosão das águas do Jumna e levar para fora as inundações das chuvas da monção, que chegava a Agra de junho a setembro, e chuvas de cerca de 280 milímetros em um único dia chegaram a ser registradas.

Miniaturas da época revelam que, assim como na Índia de hoje, os trabalhadores, suando em temperaturas que em maio e junho podem chegar a mais de 43 graus, incluíam mulheres e homens, com apenas ferramentas manuais para fazer seus trabalhos. Ainda que os chineses tenham inventado o carrinho de mão séculos antes e que os europeus o usassem por mais de trezentos anos, tal objeto era desconhecido na Índia. Homens e mulheres trabalhadores carregavam material escavado em cestos na cabeça. Além de montarem canos de drenagem, espalharam uma camada de cascalho no local limpo e nivelado para facilitar o escorrimento da água.

Para suportar o peso principal da construção na ponta norte, os trabalhadores escavaram profundos poços. Revestiram-nos com tijolos e cimento de cal e areia ou pó de tijolos, depois preencheram o espaço com entulho e mais cimento. Para aumentar a força e a aderência, adicionaram materiais como juta e melado ao cimento. Conectaram tais poços — cuja profundidade variava para compensar a inclinação das margens do Jumna — com numerosos pilares, no topo dos quais construíram abóbadas arqueadas para apoiar a estrutura principal. Nas margens do próprio rio, enterraram grandes caixas feitas de ébano no subsolo, cheias de cimento, para prover

---

trutores. Talvez tenham feito isso para deixar ao Taj algo de imperfeito, pois para o islã é uma blasfêmia tentar repetir a perfeição do trabalho divino. Essa também é a razão de uso do *abrash*, a descontinuidade deliberada na cor ou ondas dos mais finos tapetes persas.

reforço contra os movimentos de maré do Jumna. Finalmente, terminaram as fundações com mais cimento e pedras. Um cronista mogol exultou: "E quando os homens com as ferramentas, com braços fortes e mãos fortes como aço, usando esforço inquebrantável, escavaram até encontrar água, os engenhosos pedreiros e os arquitetos que conseguiam grandes proezas firmemente construíram a fundação com pedras e argamassa até o limite do chão."

O passo seguinte foi a construção, ao longo das reforçadas margens do rio, de uma vasta plataforma revestida de arenito, de 297 metros de extensão e 110 de largura, na qual a mesquita, a casa de hóspedes e o mausoléu seriam construídos. Naquela época, 5 mil pessoas por dia (algumas fontes dizem 20 mil) estavam trabalhando no local: trabalhadores não qualificados e pedreiros, bem como outros artesãos. Alguns eram locais, mas outros, nas palavras de um dos cronistas de Shah Jahan, vieram de "todas as partes do império". Todos eles se congregaram na área em volta da acomodação secular que Shah Jahan mandara construir ao sul do complexo, área que parece ter tomado forma rapidamente e ficou popularmente conhecida como "Mumtazabad". Bem como as acomodações escassas dos trabalhadores, as quatro casas de hóspedes construídas ao redor dos canteiros de obra logo ganharam vida com mercadores e carregadores que traziam material para o local pela estrada ou através de barcos que cruzavam o rio Jumna.

Para permitir que o granito fosse transportado por carroças puxadas por bois, os trabalhadores construíram uma estrada de 16 quilômetros de extensão de terra batida. Uma vez que a pedra estava no local, pedreiros cortaram os blocos usando uma série de pequenas cunhas em forma de unha, que enfiavam na pedra para cortá-la. As pedras foram então colocadas nos seus lugares e presas com cimento e grampos de ferro. Os pedreiros tomaram tanto cuidado com as pedras que o cronista registrou que estavam "tão bem cortadas e reunidas por artesãos capacitados que mesmo uma inspeção bem próxima seria incapaz de apontar falhas entre elas". A precisão foi alcançada medindo as pedras, marcando qualquer tipo de corte e voltando a martelar para que fosse alcançada uma forma mais perfeita. Depois, os pedreiros alisavam as pedras com um instrumento afiado e as mediam com uma larga colher de pedreiro. Alguns deles ficavam tão orgulhosos de seu trabalho que faziam marcas nas pedras. As 250 marcas até hoje encontradas no Taj Mahal variam muito. Algumas são formas de estrelas ou suásticas hindus (representando o cosmo se expandindo nas quatro direções). Outros, desenhos geométricos como triângulos ou quadrados. Também existem arcos e representações parecidas com flores de lótus.[6]

No topo da plataforma de granito, os pedreiros construíram um enorme quadrado para assentar o mausoléu, medindo mais de 90 metros de cada lado e quase 6 metros de altura. Para enfatizar sua posição no eixo central, como foco de todo o complexo, Shah Jahan e seus arquitetos concordaram que o mausoléu, com seus minaretes, seria a única estrutura inteiramente revestida de mármore branco. O resto seria revestido de arenito com — no caso de edifícios importantes como a mesquita e a casa de hóspedes — elementos-chave, como domos em mármore branco ou decorados com incrustações de mármore.

O mármore vinha de pedreiras a mais de 300 quilômetros de distância, em Makrana, ao sudoeste de Amber (Jaipur). Uma instrução real de 20 de setembro de 1632, de Shah Jahan ao rajá de Amber, que tinha terras por ali, diz: "Por este meio ordenamos que, seja qual for o número de cortadores de pedra e carroças (...) pedido pelo supracitado [oficial mogol], o rajá deverá disponibilizá-los a ele; e o salário dos cortadores de pedra e o dinheiro para o aluguel de carroças ele proverá com os fundos do tesouro real. É imperativo que os iguais e contemporâneos estejam sempre prontos a ajudá-lo em todas as formas; e devem considerar que se trata de um assunto de suma importância, e não devem desviar-se de sua ordem."[7]

Peter Mundy estava certamente impressionado tanto com a proporção de trabalho quanto com a ignorância de seus custos, escrevendo: "Esse edifício (...) é construído com excessivo trabalho e custo, processado com diligência extraordinária, usando ouro, prata, mármore e outros metais preciosos, mas nada de pedras ordinárias."[8] Outro viajante europeu encontrou algo do mármore em sua viagem de Agra a Makrana. E escreveu: "Alguns desses blocos eram tão grandes e compridos que consumiam o suor de vários e fortes bois, e também de búfalos com grandes cornos e olhar desafiador, que carregavam enormes vagões, também pesados, em times de vinte ou trinta animais."[9]

Como o mármore é muito frágil, pouco disponível e caro, cuidados enormes eram tomados para evitar quebras quando cinzelado, e entre as camadas de pedra eram colocadas outras de areia para alcançar o alto polimento e a meticulosidade final característica do Taj Mahal. O poeta da corte de Shah Jahan engrandeceu a precisão com a qual os blocos de mármore foram tratados:

Como leite e açúcar estavam tão bem misturados
Que nem mesmo a rachadura do tamanho de um fio de cabelo era encontrada[10]

Os construtores fizeram com que a base fosse instalada de maneira convexa em relação ao centro, evitando que ficassem à vista os efeitos de distorção da perspectiva que, de outra forma, fariam com que o mausoléu parecesse assentado em um buraco. Uma vez terminada a base, começaram a trabalhar no mausoléu. Contrariamente à crença popular, ele não é feito de mármore branco sólido, mas de tijolos revestidos de placas de mármore de mais ou menos meio metro de largura. Os pequenos tijolos — com mais ou menos 17 centímetros de comprimento por 10 centímetros de largura, e finíssima espessura — que foram usados eram levados a um forno próximo ao local para minimizar os problemas de transporte. Também próximos estavam os fornos para derreter pedaços de pedra calcária ou *kankar*, terra cheia de cascalhos que era usada para produzir cal para a argamassa.

Andaimes feitos de bambu ou madeira ainda são muito usados em toda a Ásia, e eram a norma quando foi construído o Taj Mahal. No entanto, por alguma razão não clara, mas talvez relacionada à escassez de material no local, ou ao enorme peso que o envolvia, os construtores parecem ter usado andaimes de tijolos na obra. Quando o trabalho terminou, relatam que foi dito a Shah Jahan que os andaimes de tijolos tardariam cinco anos para serem desmantelados, mas ele teve a grande ideia de ordenar que as pessoas envolvidas no trabalho de remoção poderiam ficar com os tijolos, que foram então retirados em apenas uma noite. Um mito sugere que os andaimes de tijolos foram usados para preservar o Taj da visão alheia antes que estivesse terminado, e uma variante diz também que qualquer homem que ultrapassasse o muro deveria ser cegado para punir sua curiosidade.

Enquanto o prédio do mausoléu progredia, o mármore e outros materiais tinham de ser escalados para além dos andaimes. Como na construção das pirâmides, rampas devem ter sido parte da solução encontrada. Mas em certo momento as pedras tiveram de ser içadas. Um sistema de cordas e roldanas puxadas por homens, bois e mesmo elefantes deve ter sido desenvolvido. Para garantir a segurança das pedras enquanto eram içadas, três cordas eram usadas ou, no caso de blocos mais pesados, garras de metal eram embutidas em orifícios abertos nas placas de mármore. Uma vez na altura desejada, os pedreiros empregavam pés-de-cabra de metal para colocá-las em seus devidos lugares antes que algum problema acontecesse.

Os blocos eram colocados alternadamente, horizontal e verticalmente em relação à parede de tijolos, com apenas uma mínima parcela de abertura à mostra. Essa técnica, aliada ao uso de grampos de ferro, ofereceu enorme força e adesão. (Os grampos de ferro provaram ser um problema com o passar dos anos. A ferrugem e a expansão termal produziram rachaduras na pedra e deixaram que água entrasse na estrutura.)

O fato de que a cúpula deve pesar, aproximadamente, mais de 12 mil toneladas dá alguma ideia do trabalho e das dificuldades envolvidas na construção. O peso sobre as paredes, que se sustentam com uma série de arcos, é de mais ou menos 750 toneladas por metro quadrado. Um cronista descreveu como os construtores adornaram o topo do "domo que tocava o céu" com um artefato de ouro "brilhante como o Sol"[11] e mais de 9 metros de altura, em forma de folha de lótus, símbolo comum da fertilidade na Índia e em vários outros lugares.

Os trabalhadores revestiram o interior do mausoléu, até quase 1 metro de altura, com mármore. Além dessa altura, rebocaram o tijolo, assim como tinham feito em outros interiores do complexo. Os principais ingredientes do reboco, com mais de 10 centímetros de espessura, e algumas vezes aplicados sobre uma camada inicial de lama e palha, eram cal branca e pó de mármore. Mas incluíam também outros ingredientes, como claras de ovos, goma e açúcar, dependendo do nível de finalização e adesão requerida, e para construir camadas mais finas e mais grossas, que poliam para produzir um brilho mais branco, como se fosse mármore. Chegaram mesmo a utilizar uma técnica similar em algumas partes do exterior de outros edifícios. O que parece ser mármore em algumas partes inferiores do portal sul é, na verdade, cal branca polida. Os curadores recentemente notaram que a parte de trás dos *iwans*, onde eles se projetam abaixo da fachada principal do mausoléu, também estão revestidas com arenito vermelho e reboco branco.

Uma vez terminado o trabalho na estrutura dos edifícios, o próximo passo era sua decoração e ornamentação. Ainda que o mausoléu, à distância, pareça completamente branco, o mármore está, na verdade, muito decorado com caligrafias, esculturas em pedra e incrustações por dentro e por fora. A caligrafia — escrita decorativa — é considerada uma forma de arte no mundo islâmico, assim como na China e no Japão. Os caracteres persas e árabes usados na caligrafia do Taj Mahal são, com suas linhas fluidas e pontuação frequente, inerentemente decorativos. A fina caligrafia era mais valorizada que a pintura. Um dos poetas da corte de Shah Jahan descreveu como "cada linha" da linda caligrafia era "tão profundamente encantadora como a província da Caxemira".[12] De acordo com as tradições islâmicas, as palavras do Corão — o primeiro livro conhecido em árabe — são divinas na forma e no conteúdo. Dadas as proibições, no século XVIII, de imagens de animais e humanas — pintadas ou esculpidas, mesmo com motivos religiosos — por medo da idolatria ou da assunção do homem à função criativa de Deus, as inscrições do Corão são um ornamento-chave em muitos edifícios e particularmente nas mesquitas.* No Taj Mahal, a caligrafia foi desenhada não apenas para instruir os visitantes e para condicionar sua resposta, mas também como elemento decorativo.

Os calígrafos persas eram célebres por produzir versões imaginativas de seus próprios escritos árabes, e Shah Jahan apontou um persa, Amanat

---

* A Alhambra, em Granada, no sul da Espanha, é um exemplo bem conhecido.

Khan, como calígrafo para o Taj Mahal. Era um estudioso de Shiraz, um conhecido centro de aprendizado islâmico, e chegara à corte mogol no início do século XVII, junto a seu irmão, Afzal Khan, que se transformou em um dos principais oficiais de Shah Jahan. Amanat era suficientemente bem conhecido como calígrafo por volta de 1610 para ser apontado por Jahangir para levar adiante a caligrafia da tumba de Akbar, que, de acordo com sua inscrição assinada, data do ano 1002 do calendário mulçumano (1612 ou 1613, no calendário ocidental). Amanat também foi o responsável por tarefas oficiais, como escolta oficial para embaixadores. Seu selo de inspeção é encontrado em vários manuscritos da biblioteca imperial, onde provavelmente também desempenhou algumas responsabilidades.

Amanat Kahn, a única pessoa que Shah Jahan permitia assinar o nome no trabalho no Taj Mahal, assinou e datou sua caligrafia em dois lugares. Uma inscrição acima do arco sul, no interior do mausoléu, data de 1045 (1635 ou 1636), e outra, mais próxima à base do mesmo arco interior, de 1048 (1638 ou 1639). Há também uma inscrição sem assinatura, recordando apenas a data do trabalho, na borda inferior esquerda do arco, na parte exterior ocidental da tumba, de 1406 (1636 ou 1637). As três inscrições são importantes, pois além de demonstrar que Amanat Khan era o calígrafo, mostram que a estrutura do mausoléu estava suficientemente terminada para que fossem iniciados os trabalhos de decoração interior em não mais de, no máximo, quatro anos após a construção ter sido iniciada, e que a decoração externa estava em estágio avançado apenas um ano depois. Além disso, o posicionamento das duas datas internas demonstra que Amanat Khan e seu time começaram os trabalhos no topo do prédio, e depois desceram.

Amanat Kahn primeiro deve ter decidido o tamanho, as margens e a localização da caligrafia com o time de arquitetos e construtores. Além de algumas inscrições nos túmulos imperiais e da data nas assinaturas do calígrafo, que estão em persa, todo o resto consiste em escritos do Corão em seu original árabe. Há mais de 25 passagens, número maior que em qualquer outro edifício, incluindo as mesquitas construídas sob as ordens de Shah Jahan. Normalmente, um líder religioso deveria escolher um texto do Corão, mas Amanat, como estudioso e respeitado membro da corte mogol, bem como experiente calígrafo, deve ter escolhido, sozinho, os trechos, talvez após algum debate com Shah Jahan.

Uma vez decidido o conteúdo e a localização, Amanat Khan deve ter desenhado a caligrafia em seu escritório, escrevendo em tamanho real, em enormes folhas de papel. Fazendo isso, deve ter tentado mesclar forma e conteúdo em uma única e singular beleza intelectual. O desenho resultante seria traçado no mármore, e os cortadores de pedra cavariam os sulcos nos quais seriam inseridas pedras negras formando as escrituras. Particularmente interessante, especialmente para as pessoas que não conseguem ler as escrituras, é a caligrafia em volta do arco de entrada do mausoléu, e do portão sul de entrada do complexo. Em ambos os locais, Amanat Khan varia o tamanho e a grossura das letras, e o espaço entre elas, para anular o efeito de distorção causado pela altura e, assim, garantir que a leitura fluida seja possível, levando-se em conta a altura do olho humano.

Como entrada principal do complexo do Taj Mahal, o portão sul foi desenhado pelos arquitetos para preparar o visitante para o que está além. Trata-se, na verdade, de um grande edifício. Sua planta octogonal deriva, como a do mausoléu, do chanframento de uma forma quadrada. Nos cantos estão as torres octogonais e, no topo de cada uma delas, cúpulas brancas octogonais chamadas *chattri*. O edifício está revestido de arenito vermelho, mas, como se trata de uma das principais construções do complexo, está suntuosamente revestido com placas de mármore branco, especialmente em volta das entradas norte e sul, que estão abertas em grandes *iwans*. No topo da moldura de cada *iwan*, existe uma linha com onze pequenos *chattris* brancos octogonais feitos de mármore branco e com cúpulas. A porta de entrada bloqueia a visão do Taj Mahal até que o visitante seja admitido. Seus olhos são levados às caligrafias postas na moldura do *iwan* sul. Há muitas linhas poderosas, mas a seguinte em particular deixa claro ao visitante que está sendo convidado a entrar em um espaço espiritual — um equivalente terreno do Paraíso dos céus:

Mas ó alma em paz,
Volta-te para o teu Senhor, satisfeita e agradecida a Ele,

*Sê um dos meus servos,
E entra em Meu Paraíso.*[13]

O trabalho de Amanat Khan reuniu espectadores. Um dos historiadores da corte de Shah Jahan descreveu como "as inscrições, tanto no interior quanto no exterior — com capítulos do Corão e versos referindo-se à Piedade Divina —, tinham sido incrustadas com o maior luxo e trabalho artesanal, com a marca de um gênio (...), e a ponta do cinzel que marcava as pedras demonstrou tamanha delicadeza, a cor ultrapassou as habilidades artísticas do céu, e marcou a invalidação e o signo da anulação do trabalho de calígrafo [de outros]".[14]

Em 1632, logo após o início dos trabalhos no Taj Mahal, Shah Jahan favoreceu ainda mais a posição de Amanat, que passou a receber uma boa soma, e um ano depois voltou a promovê-lo, desta vez a comandante de mil pessoas. As duas promoções pareciam honrar sua posição como calígrafo do Taj Mahal. Em dezembro de 1637, quando o trabalho na caligrafia do mausoléu principal estava muito próximo do fim, Shah Jahan deu a Amanat um elefante como recompensa pela beleza de sua inscrição dentro da tumba. Amanat Khan morreu em algum momento do décimo oitavo ano do reinado de Shah Jahan (1644 ou 1645). Quanto tempo trabalhou na tumba não se sabe, mas, como há uma inscrição sem assinatura na porta do complexo do Taj Mahal datada de 1057 (1647), outro calígrafo deve ter sido empregado em algum momento.

"Por todo o interior e exterior do mausoléu, especialmente na plataforma que, da base ao túmulo iluminado, havia trabalhos de rara precisão, com delicados desenhos, que receberam uma série de pedras coloridas e preciosas — as joias contidas nessa inscrição não podem ser descritas por palavras, nem mesmo a mais ordinária versão pode ser alcançada pelas possibilidades do discurso ou da palavra. E, comparada à sua bela execução, as obras-primas de Azrang e as galerias de pinturas da China e da Europa não contêm substância ou realidade, e parecem meros reflexos na água."[15] Isso escreveu o historiador de Shah Jahan, Salih, sobre a incrível decoração do Taj Mahal.

Quando visitou o Taj Mahal, em 1663, François Bernier descreveu como "em toda parte eram vistos jaspes e jades, bem como outras pedras similares às que enriquecem a parede da grande capela dos duques de Florença, além de várias outras de grande valor e raridade, montadas de várias formas, misturadas nos pedaços de mármore que cobrem a parede. Mesmo os quadrados de mármore branco e preto que compõem o pavimento estão enfeitados com tais pedras preciosas das formas mais inimagináveis e bonitas possíveis".[16]

Hoje, a decoração do Taj Mahal atrai o visitante não apenas por seu bom gosto singelo, mas também pela habilidade e delicadeza sensual de sua execução. Além da caligrafia, os construtores do Taj Mahal usaram três tipos principais de ornamentação: intrincadas incrustações em pedra, relevos e, na mesquita e na casa de hóspedes, pinturas decorativas. Em todos os casos, os temas florais dominam. Os artistas mogóis trabalhavam com cinzéis para representar flores como íris, lírios, lótus e tulipas.

Na Ásia e na Europa, havia, no século XVII, um entendimento muito maior do uso de plantas e árvores como símbolos que no Ocidente atual, em que rosas vermelhas associadas ao amor talvez sejam o único caso em que uma flor tenha um significado tão largamente reconhecido. As flores eram muitas vezes usadas em artes e desenhos islâmicos e, especialmente, persas, como símbolos do Paraíso. Os poetas persas as descreviam como águas do Paraíso. Seu uso na decoração do Taj Mahal reforçou a mensagem de que o design do complexo buscava evocar um paraíso terrestre.

No entanto, além do simbolismo, de Babur em diante, os mogóis em geral nutriam um amor especial pela beleza natural das flores em suas manifestações terrenas nos jardins. Motivados parcialmente por esse interesse em ciência natural, bem como em jardins, Jahangir estudou "as flores de odores doces" da Índia, que para ele excediam a todas em beleza. Sua paixão pela pintura fez com que recebesse muitos pintores do Ocidente para retratar plantas e botões, incluindo ilustrações detalhadas que apareciam na Europa. Tais desenhos levaram à introdução de uma representação mais naturalista das flores em todas as artes decorativas dos mogóis. Pela primeira vez, por exemplo, as plantas eram mostradas em vasos ou crescendo na terra, ou em jarros, como na tumba de Itimad-ud-daula. Outro sinal da renovada influência europeia foi a repentina reaparição da folhagem *acanthus*, que desaparecera após os primeiros contatos da Índia com o mundo greco-romano.

Shah Jahan incluiu outro elemento na mistura — seu amor e conhecimento das joias. De acordo com um joalheiro francês, Jean-Baptiste Tavernier, "em todo o Império Mogol, não havia maior entendedor de joias que Shah Jahan".[17] Sua paixão pelas joias pode ser vista na natureza e no valor das pedras incrustadas no Taj Mahal, e na atenção ao detalhe da decoração e acabamento. Na verdade, o trabalho extraordinário levou o bispo Heber de Calcutá, no século XIX, a dizer sua tão conhecida frase: de que o Taj Mahal fora construído por gigantes e finalizado por joalheiros. Outros enxergaram o Taj Mahal como uma joia de mármore branco inserida num invólucro de pedra formado pelo resto do complexo.

Como foi exemplificado pelos comentários de Bernier e Salih, as influências sobre as incrustações (e suas origens) foram objeto de uma controvérsia estéril e chauvinista ao longo dos anos. Alguns disseram que a técnica deriva unicamente da técnica italiana de incrustação em pedras, conhecida como *pietra dura*, praticada especialmente em Florença sob o domínio dos Médici, e que viajantes a tinham levado para a Índia. Outros apontaram que, muito antes da chegada dos europeus, os indianos tinham desenvolvido uma técnica de incrustação em pedras conhecida como *panchi kura*, que significa "trabalho em progresso", utilizada tanto na decoração quanto na caligrafia. Ainda que o último dito seja certamente verdade, pedras semipreciosas de dureza muito maior que as incrustações antes verificadas na Índia não eram vistas antes da chegada dos europeus. Assim, bem como a pintura europeia teve influência na pintura mogol, parece certo que os europeus e os objetos que levaram para a corte imperial como presentes influenciaram Shah Jahan e seus artesãos a desenvolver a *panchi kura*, incorporando as pedras tão amadas pelo imperador.

Tal debate é muito menos importante que a beleza estupenda das incrustações, que levou um dos poetas da corte a escrever:

> *Eles colocaram flores de pedra no mármore*
> *Que, por sua cor, e não por seu perfume,*
> *Excedem às flores reais.*[18]

No século XIX, uma viajante russa disse que algumas das flores "pareciam tão perfeitamente naturais, o artista copiou tão maravilhosamente bem a natureza, que as nossas mãos involuntariamente se estendem para nos assegurar de que, na verdade, não são reais. Punhados de jasmim branco feitos de pérola estão em volta de flores vermelhas de romã (...), enquanto delicados arranjos se sobressaem sobre ricas folhagens verdes (...); cada folha, cada pétala, é uma esmeralda separada, uma pérola ou um topázio".[19]*

Mais de quarenta tipos de pedras foram empregados no Taj Mahal. Shah Jahan fez com que fossem transportadas de todas as partes da Ásia. Caravanas traziam jade ao longo da rota da seda de Kashgar, na China; belos lápis-lazúli azul-escuros salpicados de ouro eram encontrados nas altas montanhas do noroeste do Afeganistão; iaques levavam turquesas na primeira parte de sua jornada a partir do alto Tibet; corais vinham da Arábia e do mar Vermelho; âmbar amarelo vinha de Burma; malaquitas profundamente verdes da Rússia; e rubis vinham do outro lado do mar, do Sri Lanka. Lahsunia, a pedra dos olhos de gatos, dizem ter sido trazida do vale do Nilo, no Egito. A escolha de cada pedra em particular para uma aplicação ou locação não era influenciada apenas por sua cor ou transparência, mas também por suas associações astrológicas. Safiras, por exemplo, tinham conotação pouco auspiciosa para muitos propósitos, e por isso raramente eram empregadas.

Quando as pedras chegavam a Agra, com seu "maravilhoso trabalho (...), artesãos mágicos"[20] as poliam e cortavam em tamanhos menores, com um pequeno cortador com cinco fios de distâncias variadas, para permitir que os pedaços de pedra ganhassem grossuras distintas. Alguns cortadores de pedra, provavelmente usando padrões preparados por ar-

---

* A visitante foi Madame Blavatsky (1831-1891), mulher pouco convencional que, em 1875, fundou a teosofia, talvez a primeira espécie de ensino "new age". A teosofia era, de várias formas, similar à nova religião de Akbar. Enxergava verdade em todas as religiões e incorporava elementos hinduístas e budistas numa filosofia que enfatizava as necessidades individuais de entender seu próprio *karma* e uma comunhão direta e intuitiva com o divino em transes místicos.

tistas que os guiavam, cinzelaram sulcos no mármore branco, nos quais inseriram pedras, e as fixaram em seus lugares com uma mistura feita de óleo, óxido de chumbo e cera. Lapidários contaram mais de sessenta pedaços de pedra, cada um deles cortado com precisão, para formar uma única flor de parcos centímetros. Em todas as partes, os artesãos demonstravam grande habilidade utilizando as variações de cores de uma única pedra para sugerir a variação de cor em uma pétala. Não confinaram a arte da *panchi kura* aos principais edifícios. Ao contrário, usaram-na em vários locais do complexo, dando unidade ao conjunto. Reservaram seus melhores trabalhos para o cenotáfio de Mumtaz Mahal, no coração do mausoléu, e ao mausoléu propriamente dito, mas também decoraram o topo das muralhas do complexo, revestidas de arenito, com incrustações em mármore branco com um padrão de flores ao qual adicionaram um centro de mármore preto.

Uma série de painéis segue o contorno dos muros do lado de dentro e de fora do mausoléu. Os painéis retratam ramos de flores como tulipas e íris, que saltam em relevo dos mármores brancos.* Cada painel tem um friso de mármore preto seguido de uma borda de pedra com incrustações com desenhos de flores estilizadas. Quando a luz do Sol recai sobre os muros, as flores ganham ainda mais relevo, aumentando o efeito tridimensional. Para fazer os relevos, conhecidos na Índia como *manabbat kari*, os artistas desenharam no mármore branco com hena. Depois, os artesãos usaram uma série de cinzéis para remover as sucessivas camadas do mármore, permitindo que as flores e plantas emergissem em toda a sua beleza.

O toque final da decoração, a pintura encontrada especialmente na mesquita e na casa de hóspedes, provou durar menos que as incrustações

---

* A tulipa é nativa da Ásia Central. O nome "tulipa" deriva da palavra persa *dulband*, que significa "turbante ou com forma de turbante". No Irã moderno, a flor é um símbolo de martírio e aparece nas tumbas dos mortos da guerra Irã-Iraque. No mesmo momento em que eram feitos os desenhos das tulipas no Taj Mahal, a popularidade dessas flores aumentava na Europa. Chegou à Holanda em 1637, quando um mercador local pagou 6.650 florins (25 vezes mais que os ganhos anuais de um carpinteiro) por uma dúzia de bulbos, não para plantar, mas como investimento. Poucos dias depois, o investimento veio abaixo: os preços caíram para menos de um décimo do que ele pagara.

na pedra. No entanto, a beleza de seus desenhos geométricos e florais ainda pode ser vista nas paredes e nos tetos. O método de produzir a pintura era simples, patente na arte folclórica em várias partes da Índia. Primeiro, passavam uma camada de terra vermelha sobre o reboco branco. Em seguida, criavam os desenhos na parede. Por fim, raspavam com delicadeza a sobreposição vermelha de dentro das imagens para revelar a parte branca novamente e fazer com que as flores e os padrões geométricos pareçam se destacar do fundo vermelho.

O complexo do Taj Mahal, tão profusamente ornamentado com joias e incrustações, além de flores e plantas pintadas, esculpidas e elaboradas pelas mãos dos homens, não seria considerado completo caso não estivesse no centro de um cenário natural correspondente, um Jardim do Paraíso.

XI
"O Jardim do Paraíso"

A palavra *paradise*, em inglês — que apareceu pela primeira vez em um texto escrito em Inglês médio (*Middle English*) e datado do ano de 1175 —, é uma simples transliteração da antiga palavra persa *pairidaeza*, que significa "jardim cercado de muros". Mas a ligação dos jardins com um idílio eterno é muito mais antiga e comum tanto ao islamismo quanto ao cristianismo, com suas raízes compartilhadas no Velho Testamento e no árido Oriente Médio. O Paraíso é muitas vezes associado ao Jardim do Éden, perdido por Adão e Eva. No épico poema *Paraíso perdido*, escrito no final da vida de Shah Jahan, John Milton descreve como, no Jardim do Éden:

> *Surge uma fonte fresca, e um córrego*
> *Rega o jardim; então juntos caem*
> *Descendo a íngreme clareira...*
> *E agora, divididos em quatro riachos principais,*
> *Correm em caminhos diversos...*[1]

A água sempre foi sinônimo de vida para os habitantes do deserto. Os oásis no deserto arábico foram talvez os precursores dos jardins, e o brilho e o forte verde de sua vegetação transformaram-se em cores sagradas para os árabes, e consequentemente para o islamismo. Quando o profeta Maomé proclamou o islã, o Corão disse que a eterna residência do islã, ou Paraíso, era uma série de terraços, cada um contendo jardins mais e mais esplêndidos, irrigados por quatro cursos de água que representam os rios da vida. Parte da descrição do Corão diz:

Com inúmeras árvores em cada:
Em cada um dos dois mananciais fluindo·
Em cada um dos dois todos os tipos de frutas:
Em sofás com forros brocados devem se reclinar.
E os frutos dos dois jardins devem ser de fácil acesso:
Aí estarão os damsels com olhares descansados,
Que nem o homem nem o djinn tinham tocado antes deles:
Como jacintos e pérolas:
Deve a recompensa do bem ser algo além do bem?
A além desses devem existir outros dois jardins:
De um verde-escuro:
Com fontes vivas em cada um:
Em cada um frutas, palmas e romãs.[2]

Quando os árabes invadiram a Pérsia, levando consigo o Corão, encontraram outra incrível tradição de jardins praticada havia mais de duzentos anos. Xenofonte escreveu sobre como o grande governante persa, Ciro, no século VI a.C., plantou um jardim com as próprias mãos. Um dos sucessores de Ciro, Xerxes, ficou tão petrificado com a beleza de um plátano que adornou seus galhos com amuletos de ouro. Essa mistura de culturas persa e árabe, com seu amor em comum pela horticultura, produziu jardins que seus criadores diziam ser uma contrapartida terrena ao Paraíso dos céus.

Os projetistas usavam um plano simples e básico. Os jardins paradisíacos são invariavelmente murados, oferecendo privacidade e proteção para a ordem pacífica de seu interior, afastando-os do caos empoeirado e dos redemoinhos da discórdia. Caminhos de água se entrecruzam no centro dos jardins e representam os quatro rios da vida, e talvez também simbolizem a irrigação essencial à vida no deserto. Alguns diziam que o cruzamento das águas representa o encontro do homem com o divino, mas além de qualquer significado simbólico, os persas usavam a água pelo mero objetivo prático de irrigar as quatro seções dos jardins, que enchiam de árvores e flores. Os jardins então começaram a ser conhecidos como *char baghs*, "jardins fechados de quatro lados". (*Bagh* é outra palavra persa para "jardim".)

Quando Tamerlão invadiu a Pérsia, levou à Ásia Central muito da reserva cultural que o país e seus habitantes ofereciam. Bem como artesãos, ele tomou emprestadas ideias dos "jardins paradisíacos" e as incorporou em jardins que cercavam a cidade de Samarcanda. Como seus reinos eram cheios de montanhas, e muitas vezes mais bem providos de água, Tamerlão e seus nobres usaram ainda mais a água corrente em fontes e cascatas que escorriam por jardins em forma de terraços. Com base no limitado material pictórico e descritivo que temos, talvez tenham plantado em seus jardins árvores frutíferas como romãs, pessegueiros, marmeleiros e cerejeiras, junto a outras árvores, como plátanos e álamos. Enchiam os canteiros com flores como íris, rosas, violetas e narcisos. Graças às condições locais, aparentemente usavam trevos, e não grama, para cobrir o chão. Tamerlão deu aos seus vastos jardins ao redor de Samarcanda nomes românticos como "Retrato do Mundo" e "Prado de um Lago Profundo". Quando se mudava com seu acampamento de jardim a jardim, Tamerlão, que era alto e forte, com uma longa barba branca, tinha seu trono colocado em uma plataforma posta em cima do local onde os caminhos de água que representavam os quatro rios da vida se entrecruzavam, enfatizando sua dominação dos quatro cantos do mundo.

Quando Babur conquistou a Índia, levou consigo a tradição dos jardins. Um de seus primeiros atos foi construir jardins frescos em sua nova e tépida capital, Agra. Esses jardins eram essencialmente de passeio — a maior inovação de seus sucessores era fazer de seus jardins o local para a construção de suas tumbas. O imperador e seus nobres criaram *char baghs* onde aproveitariam a vida e onde seriam enterrados quando mortos. Os mogóis introduziram outras novidades, incluindo canais de água mais largos, além de maior uso de espelhos d'água para refletir tumbas e pavilhões construídos nas interseções dos canais. Shah Jahan normalmente construía pavilhões de mármore branco, algumas vezes com pavilhões pretos em contraponto, como o pavilhão que, em 1630, ordenou que fosse construído nos jardins de Shalimar, na Caxemira.

Os mogóis usaram ainda mais água corrente em seus jardins que seus antepassados. Incorporaram fontes que produziam jorros de água num ambiente místico e romântico, que criava arco-íris quando recebia os raios de sol. Além disso, embelezaram os cursos d'água, deixando que rolassem em canais de mármore com desenhos cuidadosos de peixes para reproduzir ondulações e reflexos. Ao cair da tarde, quando os morcegos iam beber água, os criados penduravam lamparinas a óleo, mantidas secas por trás da água que caía, para realçar a beleza de veludo da noite.

Tal era a importância dos jardins para os mogóis que eles frequentemente os usavam como metáfora para o Estado. Abul Fazl descreveu a motivação de Akbar em punir as pessoas que faziam algo errado como sendo uma ação para melhorar o mundo em geral: "Como os jardineiros adornam jardins com árvores e as levam de um lado para outro, rejeitando muitas e irrigando outras, levando-as para locais mais adequados, extirpando as árvores ruins e arrancando raízes ruins, removendo árvores muito grandes (...), colhendo seus vários frutos e flores, aproveitando suas sombras quando necessário e fazendo outras coisas que estão estabelecidas na ciência da horticultura, o mesmo fazem os justos e grandes reis, acendendo a luz da sabedoria pela regulação, bem como pela instrução de seus servos, e assim se forma a qualidade de sua liderança."[3]

Seja qual for o simbolismo que aplicavam em seus desenhos de jardins, e não importando a inteligência com a qual os manipulavam como metáfora, Babur e seus sucessores admiravam seus jardins profundamente por sua beleza natural, assim como os jardineiros de hoje em dia. Planejavam tais recintos para que fossem prazerosos aos cinco sentidos: visão, olfato, audição (como a água, e os pássaros e insetos atraídos pelas frutas e pólen), tato (a textura das folhas, a lisura do mármore e o frescor da água) e paladar (com a consumição das frutas).

Como Tamerlão, os mogóis muitas vezes conduziam seus trabalhos ao ar livre. Em uma pintura em miniatura, Babur está sentado em seu jardim, entronado, sob um baldaquino, cercado de flores e árvores, recebendo embaixadores. Outras pinturas mostram imperadores e nobres se divertindo com concubinas em seus jardins, entre flores de cores vivas, árvores férteis, com frutas prontas para serem colhidas, e fontes fálicas jorrando água para cima.

Em um dos mais conhecidos retratos de Shah Jahan, ele está cercado por flores, entre elas íris, tulipas, narcisos-dos-prados, malvas-rosa e campânulas. Para ele, o planejamento dos jardins do Taj Mahal seria algo tão importante quando o desenho dos edifícios — que se combinariam entre si para a criação de um ambiente coerente, primoroso por inteiro. Um poeta da corte escreveu sobre o desejo do imperador de criar no complexo do Taj Mahal uma perfeição que seria permanente

> *Enquanto as palavras flores e jardim existirem,*
> *Enquanto existir o resíduo de nuvens e chuva.*[4]

Shah Jahan e seus planejadores desenharam o jardim do Taj Mahal como um clássico jardim murado sob um plano em quatro partes, um *char bagh*. Dois canais de água feitos de mármore — um dos quais é o canal norte-sul, que forma o eixo central de todo o complexo — se cruzam em um ângulo reto no meio do jardim e no meio do caminho entre a tumba e o portão de entrada, e dividem o recinto em quatro quadrados. Os canais de água foram pensados, como na maior parte dos jardins mogóis, para serem usados na irrigação das plantas que os envolvem. Para reafirmar a beleza de simetria bilateral, os arquitetos desenharam pavilhões idênticos em arenito vermelho, que seriam construídos junto aos muros, nas duas pontas do canal leste-oeste. No topo de cada pavilhão, onde dizem ter tocado músicos, instalaram um *chattri* octogonal. Na interseção dos dois canais, há um grande quadrado de mármore branco para formar um lago perfeitamente posicionado a fim de refletir o Taj Mahal em suas águas. Tais lagos, que eram comuns nos jardins mogóis, aparentemente tiveram sua origem nos tanques de abluções das mesquitas, visto que a fé islâmica se vale de um ritual de limpeza antes da oração.* O lago está sobre uma plataforma quadrada de quase 20 metros, decorada com padrões de lótus.

---

* Alguns historiadores da arquitetura dizem que o posicionamento dos tanques de ablução nas mesquitas pode, por sua vez, ter sido originado no local da pira nos templos zoroastrianos, que depois foram em sua maioria convertidos em mesquitas, na Pérsia.

Em certos momentos do dia, cinco fontes dentro do lago jorram água em direção ao céu. Em volta das margens, foram postas 24 fontes, e mais 24 em cada lado do canal central, que corre entre o portal de entrada e o mausoléu. Os jardineiros encheram o lago com representações de flores de lótus, símbolo da fertilidade, e com peixes dourados. (Os guias dizem hoje, de forma não muito convincente, que alguns dos peixes presentes no lago são descendentes dos originais.)

Os planejadores do jardim também o subdividiram, já partido em quatro pelos canais, em mais quatro partes iguais, produzindo dezesseis quadrados no total. O que os mogóis plantaram nos jardins do Taj Mahal não é perfeitamente claro. O que vemos hoje teve muita influência inglesa. Por exemplo, ainda que os mogóis tenham introduzido o cipreste na Índia — que originalmente veio da Pérsia e da Ásia Menor — como símbolo de eternidade, incluindo a eternidade a que os mortos estavam destinados, a avenida de ciprestes que hoje leva à tumba desde o portão de entrada não deve ser a original. Os ciprestes, no entanto, deveriam estar entre "as ervas aromáticas românticas e raras"[5] que Salih, um historiador da corte, menciona terem sido plantadas. Talvez, como muitas vezes acontece em seus jardins, os mogóis tenham alternado ciprestes com árvores frutíferas; estas últimas produzindo sombra e simbolizando a renovação da vida na terra a cada primavera, em contraste com as mais sóbrias associações feitas com os ciprestes. Alguns historiadores de jardins pensam que os jardins do Taj Mahal foram originalmente muito mais baixos do que são hoje, de forma que as pessoas que andavam sobre os canais de água, tão mais altos que os jardins, poderiam facilmente colher os frutos das árvores.

Quando o doutor francês François Bernier visitou o Taj Mahal, encontrou os jardins "cheios de flores".[6] Infelizmente, não indica seus nomes, que, no entanto, provavelmente incluiriam rosas (essencial para o óleo inventado pela mãe de Mumtaz), bem como íris, coroas imperiais e outros bulbos que hoje podem ser vistos incrustados na tumba. Quanto às outras plantas, Jahangir menciona como suas favoritas os arbustos, o jasmim — outra fonte de perfume — e as flores da figueira-dos-pagodes. Entre as árvores frutíferas deveriam estar a mangueira e a laranjeira. Os mogóis também adoravam as maçãs e as peras. Ainda que mais fáceis para o cultivo no clima mais temperado da Caxemira, elas cresciam em Agra, se mantidas com cuidado, nos três quartos mais secos do ano.*

Como qualquer pessoa que já tenha visitado um canteiro de obras sabe, a preparação do jardim do Taj Mahal provavelmente só ocorreu após a finalização dos trabalhos no complexo e a remoção de andaimes e outras parafernálias de construção. No entanto, os arquitetos devem ter desenhado planos detalhados para os jardins ao mesmo tempo que para as outras áreas do complexo — não apenas porque o jardim era parte integrante de todo o conceito, mas também para permitir aos construtores o planejamento das estruturas do jardim, como plataformas e caminhos, e, especialmente, o sistema de suprimento de água aos lagos do Taj Mahal e às suas fontes, a partir do rio Jumna.

A escala e sofisticação desses trabalhos com água, construídos a oeste do complexo e agora escavados e restaurados, mostram mais uma vez que o Taj Mahal foi um grande acontecimento da engenharia, bem como artístico. A oeste do Taj Mahal, onde a terra desce em direção ao rio Jumna, os construtores mudaram a direção das águas do rio, levando-as a um tanque, onde os sedimentos e outros dejetos ficavam alojados no fundo. Depois, a água escorria por canais paralelos ao muro oeste do Taj Mahal, flanqueando-o ao longo de uns 76 metros. Junto aos canais, foi construído um alto aqueduto em arcos. Desenharam o topo do aqueduto largo o suficiente para conter não apenas outro canal de água, mas também um sistema de treze *purs* para levar a água para cima.

Cada *pur* consistia de uma roldana instalada na margem do aqueduto, de frente para os canais mais abaixo. Um balde de couro era preso a uma corda ligada à roldana, e a água subia com a ajuda de um criado que coordenava um par de bois que desciam uma colina suave. (Os baldes eram feitos de peles de boi unidas nas quatro extremidades — uma triste indicação aos

---

* Entre toda a sua opulência e prodigalidade, os mogóis demonstravam alguma prudência econômica quando vendiam o excesso de frutas e flores de seus jardins imperiais, incluindo o Taj Mahal, para melhorar suas finanças.

bois de seu eventual destino.) Os mogóis continuaram a usar o sistema de *purs*, originário da Índia, mesmo com a condenação de Babur de que era "trabalhoso e sujo (...), é necessário que uma pessoa guie o boi e que outra receba o balde para esvaziá-lo, e então enviá-lo de volta por uma corda que se arrasta pelo caminho sujo de estrume e urina dos bois".[7] Provavelmente, os criados lavavam o balde regularmente, quando voltava para a parte de baixo.

Uma vez que os *purs* a tinham levado para cima do aqueduto, a água seguia por um canal em direção a um tanque de reserva, e depois para outro. Junto à ponta sul desse mesmo tanque, foi construído um aqueduto final, de uns 9 metros de altura, em ângulo reto com o anterior e em relação aos muros da parte oeste do complexo do Taj Mahal. Quando uma segunda série de *purs* tinha levado água a esse nível, um canal conduzia a água para uma série de três tanques conectados — construídos no final do aqueduto, próximos à parede oeste do complexo — ao pavilhão oeste, na boca do canal leste-oeste que corria lá dentro. O primeiro tanque — o mais afastado do muro do Taj Mahal — tinha quase 1,5 metro de profundidade; o seguinte, quase 2 metros; e o mais próximo ao muro, pouco mais de 2,5 metros. Essa profundidade progressiva produzia um peso na água necessário à pressão requerida para alimentar os jardins do complexo. Canos levavam a água por baixo do solo para dentro do recinto do Taj Mahal. Os construtores os esconderam sob o pavimento, usando alvenaria.

Para assegurar que as fontes seriam alimentadas uniformemente, e não cada uma em um momento, sem importar a distância do provedor de água, e independente da inconsistência do fluxo da água, os engenheiros desenvolveram um sistema engenhoso de potes de cobre instalados sob as fontes. Conectaram o suprimento de água aos potes, e não diretamente às fontes, para que a água primeiro enchesse os potes e depois saísse, simultaneamente, pelos bicos dos chafarizes.

Por volta de 1643, ano em que a tumba principal do complexo foi terminada, os jardins do Taj Mahal ainda esperavam para atingir sua total maturidade, mas já continham flores brilhantes e cheirosas, bem como árvores luxuriantes. Era, nas palavras do historiador de Shah Jahan, Salih, "o mais excepcional dos lugares de prazer neste mundo, e cada um de seus canteiros de flores fartos é tão prazeroso e cativante quanto os canteiros dos jardins do guardião do Paraíso. Suas árvores verdes e atraentes são perenemente alimentadas com a água da vida, e a estatura de todas (...) ultrapassa a da celestial árvore de lótus (...), fontes que borrifavam brilhantes pérolas de água (...). Em resumo, as maravilhas desse jardim paradisíaco, como seus caminhos revestidos inteiramente de pedras vermelhas, seus caminhos de água e seu tanque de desenho moderno, que se materializavam da pureza do cristal do mundo da iluminação, atingiram um nível além da imaginação, e a menor partícula de sua descrição não pode ser acomodada na faculdade dos discursos".[8]

XII
A tumba iluminada

Na noite de 6 de fevereiro de 1643, Shah Jahan enterrou o corpo de sua falecida esposa na tumba iluminada que criou para ela. Estava quase completa, ainda que os processos de embelezamento fossem continuar até 1648 e partes subsequentes do complexo não fossem estar prontas até por volta de 1653. A ocasião foi o décimo segundo *urs*, ou "aniversário de morte" — e pela primeira vez as festividades cerimoniais aconteceram no próprio Taj Mahal.*

Os convidados que se aproximavam, caminhando pelos jardins perfumados de flores, devem ter ficado impressionados com o tamanho do mausoléu encimado por um domo que se erguia em direção ao céu. Como um dos poetas de Shah Jahan escreveu:

As costas do touro que carrega a terra balançam,
Reduzido a uma pegada por carregar tal fardo.

Apesar de seu enorme tamanho ter um aspecto etéreo, mesmo espectral, e, de acordo com o poeta, "os olhos podem confundi-lo com uma nuvem", seu brilho também foi captado:

Luzes espocam do interior de suas pedras puras,
Como vinho dentro de uma taça de cristal.

---

* O *urs* era, claro, celebrado no aniversário da morte de Mumtaz, de acordo com o calendário lunar muçulmano, não com o calendário solar ocidental.

*Quando os reflexos das estrelas caem sobre o seu mármore,
Todo o edifício se transforma em um festival de luzes.*[1]

Os amigos e parentes de Mumtaz passaram sob o grande portal no lado sul do mausoléu, com as inscrições de Amanat Khan, e sua fluida caligrafia, e também sob uma porta gradeada, entrando em uma câmara central octogonal. O piso de mármore estava coberto de ricos tapetes coloridos de desenhos intrincados, e as paredes enfeitadas com caros veludos e sedas que brilhavam sob a luz suave que emanava dos lustres dourados — durante as cerimônias do *ur*, as tumbas eram especialmente iluminadas como emblema das "excelências e perfeições"[2] de quem partiu. Mulás cantavam rezas "pelo repouso da alma de Mumtaz, que reside nos jardins do Paraíso",[3] e o som subia e ecoava no vazio abaixo da cúpula.

No centro da câmara foi posto um painel de mármore octogonal cortado em treliça de quase 2 metros de altura, "altamente polido e puro (...) com uma entrada enfeitada com jasmim, seguindo a moda turca, com fechos de ouro",[4] como relata o cronista da corte, Lahori. A tela, ou *jali*, era uma alternativa à sólida grade de ouro com pedras que Shah Jahan originalmente encomendara, mas que ordenou que fosse removida com medo de ladrões e vândalos. Construída com uma única peça de mármore para parecer filigrana, a tela velava o interior de mármore branco do túmulo, incrustado com flores de pedras brilhantes, com suas curvas frondosas sugerindo vitalidade e renovação, como se estivessem realmente crescendo sobre o mármore, diretamente abaixo do domo. O topo e as laterais estavam graciosamente desenhados com escrituras do Corão, e um epitáfio com inscrições em mármore preto na extremidade sul diz ao visitante: "Tumba iluminada de Arjumand Banu Begam, intitulada Mumtaz Mahal, que morreu no ano 1040."

Os presentes naquela noite provavelmente viram a fabulosa "lâmina de pérolas" que, de acordo com um de seus historiadores, "Shah Jahan fez para a tumba de Mumtaz Mahal, posta sobre ela no aniversário de morte e às sextas-feiras à noite".[5] Diretamente abaixo, na cripta, um segundo túmulo de mármore contendo o corpo de Mumtaz repousava sobre uma plataforma de mármore. Estava ricamente incrustado e continha o mesmo epitáfio a Arjumand Banu, mas suas inscrições também incluíam os 99 nomes islâmicos para Deus.

O principal convidado, Shah Jahan, provavelmente chegou ao Taj Mahal de barco, desde o forte de Agra. No entanto, passou a noite ali, pois a primeira celebração da presença do corpo de Mumtaz no Taj Mahal deve ter sido altamente carregada de significado. Além de reavivar memórias, marcou um estágio crucial em sua ambição — a criação de uma tumba perfeita, um reflexo do Paraíso, para o local definitivo de enterro de Mumtaz Mahal.

A realização desse sonho não custou pouco. Não há relatos nem contas que possam afiançar os valores envolvidos sem questionamentos. O historiador de Shah Jahan, Lahori, registrou que o custo de construção do Taj Mahal foi de "50 lakhs" de rupias, ou 5 milhões de rupias. No entanto, tal número deve ter coberto apenas os custos com trabalhos diretos, excluindo muitos itens, como os materiais empregados. Usando informações de um dos últimos manuscritos, alguns historiadores dizem ter ultrapassado os 40 milhões de rupias. A construção, por si, foi patrocinada pelos fundos imperiais e pelo tesouro da província de Agra. Shah Jahan também ordenou a criação de títulos de doações, incluindo os ganhos de trinta vilarejos, para que seu amado Taj Mahal fosse mantido e guardado pelos anos futuros. Queria garantir o futuro de sua criação. Como um poeta da corte eloquentemente expressou:

Quando a mão da perpetuação caiu sobre essa fundação,
A inconstância correu timidamente para esconder-se no deserto.[6]

O maior consolo de Shah Jahan nos doze anos desde a morte de Mumtaz residia em Jahanara, sua mais velha filha viva, das quatorze crianças que lhe dera Mumtaz. Além de preencher o papel de Mumtaz como primeira-dama do Império Mogol, Jahanara também cuidou dos irmãos mais novos, cuja saúde e segurança preocupavam Mumtaz em seu leito de morte. Como sua mãe, Jahanara era muito bem-educada, com interesses que iam da música à arquitetura e da religião à literatura. Sabia o Corão de cor, e era também versada nas línguas persa e árabe, tornando-se uma escritora de bons recursos.

Assim como sua linda mãe, não existe um relato formal de seus atributos, ainda que um retrato, presente em um álbum preparado para ela por seu irmão Dara Shukoh, por volta de 1635, deva ser sua representação. Uma graciosa jovem descansa uma das mãos em um tronco de árvore, enquanto a outra mão segura um ramo de flores. Narcisos e lírios estão aos seus pés.

Dara Shukoh, apenas um ano mais novo, era o irmão preferido de Jahanara. Compartilhavam o amor pelo sufismo, e os dois se tornaram devotos do mulá sufi Shah. Jahanara escreveu que "de todos os descendentes de Tamerlão, apenas nós dois, irmão e irmã, tivemos a fortuna de alcançar tal felicidade. Nenhum de nossos antepassados seguiu o caminho em direção a Deus e em busca da verdade. Minha felicidade não conhece limites, minha veneração pelo mulá Shah aumenta, e fiz dele meu guia e mentor espiritual (...)".[7] Jahanara preparou, com gosto, o casamento de Dara Shukoh com sua prima — originalmente planejado por Mumtaz e adiado por conta de sua morte — e gastou quantias consideráveis nos festejos. O viajante inglês Peter Mundy foi testemunha ocular de algumas pirotecnias incríveis: "Grandes elefantes cujas barrigas estavam repletas de busca-pés e outros artefatos; gigantes com rodas nas mãos, depois vários monstros, e pequenas torres, árvores artificiais [e outras] invenções, sempre envoltas em fogos de artifício (...)".[8] Pela primeira vez desde a morte de Mumtaz, Shah Jahan permitiu canto e dança na corte.

A afeição de Shah Jahan por Jahanara "excedia o que sentia por qualquer uma de suas outras crianças". Em 1644, ano após o décimo segundo *urs* de morte de Mumtaz, de acordo com seu historiador, a princesa de 31 anos quase morreu. Na noite de 4 de abril, ela "estava se dirigindo ao seu quarto de dormir quando a borda de sua casta roupa roçou sobre uma lâmpada deixada acesa no chão, no meio do vestíbulo. Como os vestidos usados pelas senhoras do palácio eram feitos de tecidos delicados e perfumados com óleos, a roupa pegou fogo e foi instantaneamente envolvida pelas chamas. Quatro de suas ajudantes pessoais estavam ao lado e imediatamente tentaram extinguir o fogo; mas ele se espalhava, e seus esforços pareciam em vão. Como tudo aconteceu muito rápido, antes que um alarme pudesse ter sido acionado ou que pudessem ter ido buscar água, as costas, as mãos e os dois lados do corpo dessa fonte de excelência estavam perigosamente queimados."[9]

O fogo era um risco perene. Os tecidos usados pelas mulheres imperiais eram leves e translúcidos, quase transparentes, e muito inflamáveis. Jean-Baptiste Tavernier descreveu um muçulmano muito orgulhoso: "Os mercadores estão proibidos de exportar tais tecidos, e o governador envia todos eles ao *seraglio* dos grão-mogóis e aos principais cortesãos. E com tais fazendas as sultanas e as esposas dos grandes nobres fazem suas próprias roupas para o verão, e o rei e outros nobres gostam de ver suas mulheres usando tais tecidos finos que dançam em volta de seus corpos".[10]

Shah Jahan, angustiado, em "profunda tristeza", não apareceu no dia seguinte e permaneceu no harém. Ordenou aos homens religiosos, nas mesquitas, que recitassem preces para a recuperação de sua filha, libertou prisioneiros de seus cativeiros e fez doações de altas somas aos pobres. Reuniu dezenas de doutores e cirurgiões, mesmo estrangeiros, e cuidou ele mesmo de Jahanara, "administrando sua medicação e cuidando de sua dieta, aplicando e removendo suas ataduras com suas próprias mãos". Relegou seus deveres "porque Sua Majestade estava constantemente ocupado cuidando da inválida, chegando às audiências públicas e conferências privadas muito tarde e delas se retirando cedo".

Duas das criadas que tentaram socorrer Jahanara morreram por conta de suas queimaduras — uma após sete dias, outra após oito. Já a princesa, lentamente, passou a responder ao tratamento de um doutor persa e, por um momento, sua condição melhorou. No entanto, começou a deteriorar-se outra vez, levando Shah Jahan ao desespero, até que um pajem real desenvolveu um curativo que, após dois meses, "conseguiu fechar as feridas". Em gratidão, Shah Jahan ordenou que os tambores imperiais soassem e que Jahanara fosse pesada em comparação ao ouro — "observância limitada apenas à pessoa do imperador". No entanto, só no final de 1644 Shah Jahan se sentiu suficientemente confiante para celebrar a recuperação de Jahanara com um festival de agradecimento de oito dias, durante o qual ofereceu à filha convalescente "pedras raras e ornamentos", dentre eles "130 pérolas virgens das águas mais puras" e "uma tiara formada por um imenso diamante". Também ofereceu a ela os ganhos do porto de Surat, antes posse de sua tia-avó, a imperatriz Nur. Surat era, naquela época, o principal porto no qual as nações mercantis europeias conduziam muito de seus negócios, e os ganhos eram altos. As celebrações terminaram com magníficos fogos de artifício às margens do rio, "para grande deleite dos maravilhados espectadores". "Na verdade", disse o historiador de Shah Jahan, "desde a subida do imperador ao trono, nunca mais tinha sido vista uma celebração como aquela (...)".[11]

Tais eventos revelavam o intenso e mesmo obsessivo amor de Shah Jahan por sua filha. Estrangeiros, observando de soslaio, viram algo mais sinistro nessa relação: incesto. Apontaram como, ao contrário das outras princesas, Jahanara vivia independente em seu próprio palácio, fora do forte de Agra. Também relembraram o costume introduzido por Akbar que proibia o casamento de princesas imperiais. Teria Jahanara, como especularam, ocupado o lugar de Mumtaz em todos os sentidos, encontrando em Shah Jahan um marido, e ele próprio encontrado uma reencarnação de sua imperatriz morta?

O holandês Joannes de Laet, escrevendo no mesmo ano da morte de Mumtaz, mesmo não tendo viajado à Índia, coletou reportagens de outros e afirmou que "às tantas mortes de seus parentes, ele [Shah Jahan] incluiu também o incesto; pois, quando sua querida esposa morreu (...), tomou sua própria filha como esposa, colocando-a no lugar da mulher morta".[12] Apenas alguns meses mais tarde, Peter Mundy tocou no mesmo tema: "As filhas dos grão-mogóis ou dos reis nunca se casaram (pelo que sei); trata-se de um antigo costume. Shah Jahan, entre os demais, desposou uma mulher chamada Chiminy Begum [Jahanara], uma criatura muito bela, pelo que dizem, com quem (como era aberta e brutalmente dito em Agra) cometeu incesto, sendo muito familiar com ela em vários momentos".[13]

As histórias persistiram, chegando a sérias cartas enviadas à Inglaterra por homens que viviam em Agra e Surat. François Bernier, que chegara ao Império Mogol no final do reinado de Shah Jahan, fez os comentários mais explícitos. Jahanara era, como ele escreveu, "muito bonita, vivaz", e tinha sido "apaixonadamente amada por seu pai. Dizem os rumores que sua ligação chegou a um ponto difícil de acreditar, cuja justificativa ele deixou sob as decisões dos mulás (...). De acordo com eles, seria injusto negar ao rei o privilégio de colher frutos na árvore que ele mesmo plantara".

Também acusou Jahanara de ter outros amantes. "Espero não ser suspeito de arranjar assuntos para romance", declarou, piamente. "O que estou escrevendo é assunto de história, e meu objetivo é oferecer um relato fiel das condutas desse povo. Aventuras de amor não são vistas da mesma maneira na Europa e na Ásia. Na França, suscitam apenas alegrias, criam algum riso e depois são esquecidos; mas, em outras partes do mundo, são poucas as vezes que não são seguidas por alguma catástrofe terrível e trágica." Seguiu descrevendo um incidente que está entre a farsa e uma tragédia de vingança. Jahanara, sugeriu ele, tivera um caso com um jovem "de estatura social não muito agraciada", mas bonito. O ciumento Shah Jahan, alertado sobre a ligação de sua filha, entrou em seus aposentos "numa hora inusitada e inesperada", fazendo com que seu amante tivesse de se esconder em um grande caldeirão usado para esquentar água para o banho. Após falar com sua nervosa filha sobre "assuntos ordinários", ele observou que "o estado de sua pele indicava que negligenciara suas costumeiras abluções, e seria bom que tomasse um banho. Depois disse aos eunucos que acendessem o fogo sobre a caldeira, e não saiu de lá até perceber que sua vítima já não existia". Bernier também registrou que Shah Jahan, sorridente, se livrou de outro amante de sua filha oferecendo ao jovem desafortunado frutos secos envenenados.[14]

Nem todos os europeus estavam convencidos. O veneziano Niccolao Manucci desmentiu a história de amantes queimados ou envenenados de Bernier como "fundamentadas exclusivamente no falatório do povo". Atribuiu a acusação de incesto ao fato de que Jahanara servia ao pai "com grande amor e diligência para que Shah Jahan aceitasse seus pedidos. Por isso o povo imaginou que houvesse alguma ligação entre ela e seu pai (...)". Manucci diz ter tido acesso em primeira mão aos acontecimentos na casa de Jahanara. Ele descreveu como "a princesa foi vista tomando vinho, importado especialmente para ela da Pérsia, de Cabul e da Caxemira. Mas o melhor licor era o destilado em sua própria casa. Era uma bebida deliciosa, feita de vinho e água de rosas, misturada a muitas especiarias caras e drogas aromáticas. Muitas vezes ela fez o favor de oferecer algumas garrafas dessa bebida à minha casa, em sinal de sua gratidão pelas pessoas que eu curava em seu harém (...). A senhora tomava sua bebida à noite, quando várias peças divertidas, músicas, danças e dramas eram encenados à sua volta. A situação chegava a limites que certas vezes a impediam de ficar de pé, e era preciso carregá-la para a cama". Como se estivesse imaginando possíveis perguntas, ele completou: "Digo isso porque fui admitido em termos familiares na casa, e estava em posição de profunda confiança junto às principais senhoras e aos eunucos ao seu serviço."[15]*

As fontes oficiais dos mogóis silenciam quanto a qualquer comportamento incestuoso, colocando Jahanara como uma filha adorada, nada mais. Como Shah Jahan aprovava cada palavra dos historiadores da corte, isso não é surpresa. Com tal distanciamento de tempo, as alegações de incesto são difíceis de serem provadas ou desmentidas. Os laços profundos entre Shah Jahan e Jahanara claramente provocaram comentários. É possível que um imperador, desorientado por uma dor imensa, possa ter encontrado refúgio numa filha muito parecida com a jovem Mumtaz. Também é possível que uma princesa jovem tenha, apaixonadamente, devotado sua vida ao pai, talvez por medo de que ele perdesse a razão. No entanto, parece mais lógico que, mesmo que Shah Jahan nutrisse sentimentos eróticos, conscientes ou não, eles não tenham sido consumados. Em seus últimos anos, filhos rebeldes o acusariam de muitas coisas, mas não de relacionamentos incestuosos com sua irmã.

Além disso, a obsessão de Shah Jahan por Jahanara apresentava um padrão que não era necessariamente sexual. Seus sentimentos mais profundos pareciam mesmo reservados à única mulher de sua vida. Sofrera muito após a morte de sua mãe, e seu amor infinito e exclusivo por Mumtaz tinha tanto a ver com companheirismo e empatia quanto com sexo.

Seja qual for a realidade de seu relacionamento, a influência de Jahanara sobre Shah Jahan era inquestionável. Manucci foi apenas um dos muitos que observaram que "ela obtinha do pai tudo o que pedisse".[16] Em 1644, ano de sua recuperação da queimadura, Jahanara intercedeu em favor de seu irmão Aurangzeb, que logo após seu acidente entrara em conflito com Shah Jahan.

Até aquele momento, Aurangzeb tinha sido o perfeito modelo de um príncipe mogol. Em 1635, Shah Jahan mandou o filho de 16 anos à guerra. O inimigo era o rico rajá de Orchha, Jhujhar Singh, cujo território concentrava uma rica área de floresta cerca de 160 quilômetros ao sul de Agra.

---

* A fraqueza familiar em relação ao álcool fora claramente herdada por Jahanara e sua irmã mais nova, Raushanara, e como princesas imperiais estavam livres para quebrar tais regras em seus aposentos particulares.

O rajá se rebelara no início do reino de Shah Jahan, mas logo foi acalmado após uma campanha que levou Shah Jahan e Mumtaz ao Decão, em 1629. No entanto, o rajá outras vezes voltou a mostrar sinais de independência, levando Shah Jahan à ação. As forças de Aurangzeb se sobrepujaram às do rajá, que correu, em pânico, em direção às florestas, onde foi morto pelo povo da tribo gond. Aurangzeb perseguiu os remanescentes de sua família e os capturou antes que as mulheres tivessem tido tempo de preparar o ritual do *jauhur*, prática de suicídio em piras funerárias, o que, como um historiador da corte observou, em desaprovação, "é uma das práticas ignorantes do Hindustão".[17]

Dizem que Shah Jahan ordenou que o templo hindu construído pelo pai de Jhujhar Singh — homem que tinha matado Abul Fazl, amigo de Akbar e seu cronista, a pedido de Jahangir — fosse destruído e substituído por uma mesquita. Foi um sinal do afastamento de Shah Jahan da tolerância religiosa praticada por seu pai e seu avô. O equilibrado pragmatismo de sua juventude estava pendendo para um comportamento mais rígido. Os primeiros sinais vieram imediatamente após a morte de Mumtaz. No início de 1632, ordenou a destruição de todos os recém-construídos templos hindus. Foi especialmente claro sobre suas ordens em relação à cidade sagrada dos hindus, Benares: deveriam ser mais estritamente observadas nesse local, que considerava de "grande força de infidelidade".[18] Também baniu a construção de templos futuros. Suas ações podem ter sido impulsionadas pela dor e pela sensação de que a morte de Mumtaz fora uma punição por sua fraqueza frente aos infiéis. Podem ter sido também uma resposta à pressão dos mulás ortodoxos. Ainda que fosse um muçulmano sunita, Shah Jahan chegou a demitir alguns clérigos sunitas linhas-duras em seus primeiros anos como imperador, e talvez tivesse sentido a necessidade de recompensá-los de alguma forma.

Também em 1632, Shah Jahan ordenou o primeiro ataque em grande escala aos cristãos no Império Mogol. Seu alvo eram os portugueses e seu antigo assentamento comercial no rio Hugli, em Bengala, noroeste da região da atual Calcutá. Shah Jahan sempre suspeitou de estrangeiros mais que seu pai Jahangir, como o embaixador inglês Sir Thomas Roe dissera, lamentando. Os portugueses, além de "infiéis", tinham, de acordo com o historiador de Shah Jahan, aumentado seus pecados ao fortificar sua cidade "usando canhões e fuzis, e outros instrumentos de guerra",[19] e atacavam os vilarejos vizinhos, forçando a conversão do povo ao cristianismo ou vendendo outros como escravizados.

Se isso não fosse suficiente, Shah Jahan tinha ainda motivos pessoais para atacar esses "hereges"[20] em particular. Durante sua rebelião contra o pai, os portugueses se recusaram a oferecer-lhe ajuda; na verdade, auxiliaram as tropas imperiais. Quando Shah Jahan assumiu o trono, não ofereceram qualquer presente ou congratulação. Alguns relatos sugerem que existia uma ligação entre a luta de Shah Jahan com os portugueses e Mumtaz. Eles descrevem como, quando Shah Jahan e Mumtaz estavam viajando por Bengala, os portugueses tiraram vantagem de sua posição ao passarem perto do rio Hugli. De acordo com Niccolao Manucci, "alguns portugueses se aproximaram e roubaram as duas escravizadas mais queridas de [Mumtaz Mahal]. Essa mulher mandou dizer-lhes que seria melhor manterem-se fiéis a um príncipe que busca refúgio do que tentar roubá-lo. Depois, com urgência, pediu que enviassem de volta as duas escravizadas. Mas os portugueses não levaram seu pedido em consideração, e isso lhes custaria caro (...)".[21]

O ajuste de contas de fato saiu caro. Seguindo as ordens de Shah Jahan, o governador de Bengala cercou o local com uma série de barcos no rio, para impedir uma possível fuga dos portugueses através de barcos, e mais tarde detonou uma grande mina abaixo das fortificações. No pânico que se seguiu, "guerreiros do islã"[22] invadiram o local, capturando mais de 4 mil pessoas, a maior parte delas crianças e mulheres, que foram despachadas para Agra, em uma marcha que durou onze meses. François Bernier descreveu seu destino: "As bonitas mulheres, casadas e solteiras, se transformaram em prisioneiras do *seraglio*; as de idade mais avançada, ou de beleza inferior, foram distribuídas entre os Omrahs [nobres]; crianças pequenas passaram pelo ritual da circuncisão e foram transformadas em pajens; os homens em idade adulta, iludidos, em sua maior parte, por falsas promessas, ou aterrorizados pelo eterno perigo de serem postos sob a pata de um elefante, renunciaram à fé cristã."[23] De acordo com Lahori, os que recusaram a conversão foram "mantidos em confinamento contínuo" e "alguns de seus ídolos e representações de profetas eram jogados no rio

Jumna, outros partidos em pedaços".[24] Shah Jahan também ordenou a demolição de igrejas em Agra e Lahore, construídas durante o reinado de seu pai. O alto soar do relógio no topo da igreja de Agra era ouvido em todas as partes da cidade. Talvez Shah Jahan não quisesse que o som infiel penetrasse a tumba de Mumtaz.

As ações punitivas de Shah Jahan contra as comunidades cristãs na verdade não seguiram em frente. Os jesuítas em Agra, molestados já nos primeiros anos de reinado de Shah Jahan, conseguiram se reabilitar e mesmo interceder por alguns padres encarcerados, vindos do Hugli. No entanto, os gestos de Shah Jahan contra o fundamentalismo foram considerados bem-vindos pelo jovem Aurangzeb, cuja visão religiosa de mundo era mais austera que a de qualquer outro mogol.

Nessa fase inicial de sua vida, Aurangzeb estava em alta. No ano após sua campanha de êxito contra o rajá de Orchha, Shah Jahan apontou-o como governador do Decão, posto que manteria por oito anos. A presença de Aurangzeb com um enorme exército na região ainda problemática foi suficientemente ameaçadora para fazer com que o governante do Bijapur assinasse um tratado com os mogóis e induzisse o governador de Golconda à submissão. Nos anos seguintes, Shah Jahan promoveu mais duas vezes o filho, aumentando sua posição e seus ganhos.

Em maio de 1644, sabendo do acidente de Jahanara, Aurangzeb partiu do Decão em direção a Agra. No entanto, algum ocorrido durante sua visita fez deteriorar seu relacionamento com o pai, o que lhe custou sua posição e governança. O historiador Lahori diz que o príncipe estava "sob a influência de companheiros com ideias perigosas e de visão estreita" e "determinado a fugir de suas ocupações mundanas".[25] No entanto, razões mais específicas são oferecidas em uma árdua carta escrita por Aurangzeb dez anos depois para Jahanara, que começa assim: "Sei que minha vida foi um alvo [para os rivais]..."[26]

O rival que Aurangzeb mais temia, mas que não nomeava, era seu carismático irmão mais velho, o seguidor dos sufi, Dara Shukoh. Ele estava frequentemente ao lado do pai e era objeto constante de sinais de seu amor e afeição. Em 1633, Shah Jahan deu todas as dicas de que seria seu sucessor, conferindo a ele o título de Hissar Firoza, tradicionalmente oferecido ao herdeiro do trono, junto ao direito de levantar uma tenda escarlate. Aurangzeb se ressentia de tais sinais em favor de Dara. Enquanto crescia, também desaprovava os interesses religiosos de seu irmão, pois voltavam-se à tolerância e estavam próximos à curiosidade de Jahangir e Akbar. Dara, por sua vez, enxergava Aurangzeb como um fundamentalista de mente estreita.

De acordo com um cortesão, as tensões entre os dois irmãos eram dramáticas e foram publicamente expostas durante a convalescência de Jahanara, quando Aurangzeb acompanhou o pai para inspecionar a nova mansão ao lado do rio, em Agra. Enquanto passeavam pela construção, Dara convidou Aurangzeb para entrar em uma câmara subterrânea; ele se recusou, convencido de que o irmão tentaria matá-lo. Permaneceu próximo à porta, desafiando até mesmo a ordem de seu pai para que entrasse.

A história parece muito melodramática para ser verdadeira, mas a sugestão de algum tipo de embate é provavelmente válida. Certamente, Aurangzeb estava com ciúmes de Dara e se sentia negligenciado pelo pai. Incapaz de conter seus sentimentos por mais tempo, deve ter reclamado; mas, em vez de ganhar a compaixão de Shah Jahan, só fez aumentar sua raiva. Shah Jahan retirou sua posição e seu cargo ou, como sugerem alguns relatos, o próprio Aurangzeb afastou-se de sua posição por ressentimento.

Seja qual for o caso, Aurangzeb logo se arrependeu, mas demorou sete meses até que pudesse receber novamente os favores de Shah Jahan. Mesmo então, como relata um historiador da corte, isso aconteceu apenas "a pedidos de sua irmã real".[27] Jahanara escolheu as celebrações por sua recuperação como o momento para marcar seu pedido a Shah Jahan, que o aceitou, restabelecendo Aurangzeb ao seu antigo posto e, alguns meses mais tarde, em fevereiro de 1645, apontando-o como governador do rico Guzerate. Tudo parecia bem outra vez, mas o episódio ecoava ressentimentos passados na família imperial, especialmente aquele entre Shah Jahan e Khusrau. Os dois tinham sido, obviamente, apenas meios-irmãos, e Dara Shukoh e Aurangzeb eram irmãos de mãe e de pai; mas, nos anos que se seguiriam, isso não impediria outros acontecimentos.

XIII
"O trono sublime"

No final de 1645, chegaram notícias de Lahore a Shah Jahan sobre a morte de sua antiga aliada, depois adversária, Nur Jahan, de 68 anos. Os bazares estavam fervilhando com rumores de assassinato, mas parece mais provável que, como registram os historiadores oficiais, ela tenha morrido de causas naturais. Desde a morte do marido, vivia a rotina de uma viúva recolhida, com pouco tempo para intrigas, e Shah Jahan não tinha motivos para ordenar sua morte. Sua política frente a Nur fora a de ignorá-la pessoal e sistematicamente para, assim, apagar sua antiga influência, tirando de circulação todas as moedas com o seu nome estampado e purgando de sua corte os oficiais antes leais a ela. Os historiadores mogóis se dividiram, dependendo, claro, de suas lealdades políticas. Muitos deploravam seu poder sobre Jahangir, mas nenhum poderia se esquecer de sua incrível carreira, que se devia tanto às suas habilidades quanto à fraqueza de Jahangir.*

Diferentemente dos elaborados cerimoniais marcando a morte de Mumtaz, o funeral de Nur foi modesto. Seu corpo foi posto em um sarcófago de mármore, na tumba que construíra para si, próxima à de seu marido, Jahangir. Nur começou a construir sua tumba em 1641, ano em que morreu

---

* A influência das mulheres na política do sul da Ásia é frequentemente subestimada. Mesmo que alguns comentaristas digam que se trata de culturas que restringem mais o papel das mulheres que as culturas ocidentais, países muçulmanos como Paquistão e Bangladesh, bem como a Índia e o Sri Lanka, tiveram primeiras-ministras — no caso de Bangladesh, duas. Que todas elas tenham chegado ao poder por casamento ou nascimento em dinastias políticas não diz nada mais que George W. Bush ser filho de George Bush.

seu irmão e rival político Asaf Khan. Como ministro-chefe de Shah Jahan e sogro, Asaf Khan também soube ignorar Nur. Mesmo com a morte de sua filha Mumtaz, os laços entre ele e seu genro continuaram firmes. O frade português Sebastião Manrique disse ter presenciado um banquete no qual Asaf Khan entreteve Shah Jahan num aposento adornado com "ricos tapetes de seda, brocado em ouro e prata" e "grandes vasos com perfumes e braseiros de prata, de magnífico trabalho artesanal, espalhados por todo o local, onde os perfumes mais doces eram queimados (...)". Água perfumada jorrava de uma fonte com sete bicas. "Eunucos ricamente adornados ao estilo do Hindustão, com calças de seda de diversas cores e casacos brancos da musselina mais transparente", serviam o jantar. Durante a refeição, Shah Jahan dirigiu-se à esposa de Asaf Khan, mãe de Mumtaz, como sua "mãe" e a convidou para se sentar à sua direita, uma posição de honra.[1]

Ainda que o Taj Mahal estivesse quase completo, Shah Jahan entrou de cabeça em outros elaborados, caros e ambiciosos projetos de construção. Em 1647, começou a construção da linda Moti Masjid — a Mesquita Pérola — no Forte Vermelho de Agra. No entanto, reservou seu grande plano para Délhi, construindo inteiramente uma nova metrópole — Shahjahanabad (hoje conhecida como Velha Délhi) — na margem esquerda do Jumna. Seu historiador Inayat Khan descreveu seu pedido por um "local agradável, distinguido por seu clima cordial, onde poderia encontrar um esplêndido forte e edifícios encantadores (...) por entre os quais corresse água, e cujos terraços oferecessem vista para o rio".[2] Desejoso de fundar uma cidade para expressar seu poder, Shah Jahan, que via o coração do Hindustão tão opressivo quanto seus predecessores, também queria escapar do calor de Agra, dos ventos cáusticos e talvez também das lembranças de Mumtaz.

Shah Jahan começou os trabalhos em Shahjahanabad em 1639 e, como aconteceu no Taj, os progressos foram rápidos. Um exército de trabalhadores, cortadores de pedra, escultores ornamentais, pedreiros e carpinteiros, construiu uma grande cidadela, o Forte Vermelho, envolto por altos muros de granito com 27 torres e 11 grandes portões. Essa nova cidade-fortaleza era duas vezes maior que o forte de Agra. Grandes avenidas conectavam os diferentes setores — os bazares, os edifícios administrativos, as residências dos cortesãos, os aposentos imperiais e de Estado, e o harém, com seus pavilhões decorados com ouro e incrustações de joias.

Fontes e caminhos de água estavam por todos os lados. François Bernier ficou maravilhado com os planos urbanísticos: "Quase todos os quartos têm sua reserva de água corrente na porta; de todos os lados há jardins, caminhos agradáveis, refúgios com sombra, riachos, grutas, fundas escavações que oferecem abrigo do sol durante o dia, espaçosos divãs e terraços, onde se pode dormir suavemente à noite. Dentro das muralhas desse local encantador, nenhum calor opressivo ou inconveniente é sentido."[3] Um canal de água, o "rio do Paraíso", passava pelos aposentos imperiais. Como em quase todos os caminhos de água mogóis, o declive era o menor possível — apenas o justo para manter a água em movimento, mas imperceptível ao olho humano. O principal edifício do harém, o Rang Mahal, era um palacete de brilhante mármore branco com, em seus quatro cantos, pequenas câmaras cujas superfícies eram revestidas com pequenos espelhos. Mas a sala mais elegante de todas era a de audiência privada de Shah Jahan — um pavilhão de mármore aberto recoberto com pedras preciosas em desenhos florais, criando um jardim de joias sob um teto de prata e ouro.

Dez dias de maravilhosas cerimônias marcaram a inauguração de Shahjahanabad. Cerca de 3 mil homens trabalharam por um mês, com poderosos guinchos e manivelas, para erguer, no pátio do novo forte, um dossel gigante de veludo, com brocados em ouro e grande o suficiente para abrigar 10 mil pessoas. No dia 18 de abril de 1648, visto como favorável pelos astrólogos da corte e sob batidas de tambores, Shah Jahan chegou na barcaça real e se sentou em seu Trono do Pavão.

O trono, repleto de pedras preciosas e finalizado com suas aves de olhos brilhantes, maravilhava os visitantes europeus que tinham a sorte de poder vê-lo. O frei Manrique ficou comovido com seus diamantes brilhantes, com suas esmeraldas e safiras "celestiais": "Então, se o que é mais perfeito enlouquece nossos sentidos, assim como os brilhantes raios do Sol, que quando nos confrontam obscurecem nossa visão; como o rugir das águas se chocando e correndo por um caminho de pedra aturde e deixa nossos ouvidos surdos; como o aroma doce das drogas e das especiarias orientais confunde nosso olfato; como a doçura do mel de Hybla vicia nosso paladar; como o efeito da geada adormece e destrói o nosso tato — não é de se estranhar que, quando os meus sentidos foram desviados pela visão de um objeto tão incrível e surpreendente como esse trono, eu não pudesse compreender bem a natureza dos materiais que o constituem?"[4]

O trono era um símbolo apropriado para o Grão-Mogol, provavelmente a monarquia mais rica do século XVII. Seus ganhos anuais eram de 220 milhões de rupias, e a tesouraria real guardava inúmeras joias raras e metais preciosos que valiam mais alguns milhões. Sim, o trono também era emblemático da robustez financeira do império.

Ainda que os ganhos imperiais fossem três vezes maiores que os do tempo de Akbar, não foram adquiridos por anexações de territórios ou pelo aumento da produtividade das terras mogóis através da melhoria das técnicas de agricultura ou do comércio de alimentos. Em vez disso, Shah Jahan tinha permitido aos coletores imperiais de taxas que cobrassem somas opressivas, cada vez maiores. Consequentemente, muitos dos súditos de Shah Jahan estavam colocando sua riqueza em joias e pedras preciosas, e oferecendo-as aos coletores de taxas — receita de estagnação financeira, não de dinamismo. Ao mesmo tempo que os ganhos triplicaram, os gastos imperiais quadruplicaram desde o reinado de Akbar.

Shah Jahan tinha, como Jahangir, seguido o sistema de administração de Akbar, oferecendo postos e salários aos seus nobres e oficiais em relação à quantidade de soldados que precisavam manter. Conveniência e pressão política para satisfazer facções poderosas o levaram a oferecer postos mais altos e, consequentemente, ganhos maiores. Tais pressões também o forçaram a ignorar o fato de que seus apoiadores raramente mantinham o número de tropas que seu posto exigia. Algumas vezes, mantinham uma mera fração, pedindo emprestados cavalos e homens de outros quando chegava o momento de uma inspeção imperial. Outras vezes, subornavam oficiais corruptos para mascarar sua negligência.

Sabendo que estava gastando muito mais do que recolhendo, Shah Jahan tentou paralisar essa constante inflação de postos e salários. No entanto, uma economia muito severa teria alienado seus apoiadores e, por isso, suas limitadas medidas tinham pouco efeito sobre os fundos. Shah Jahan continuou jorrando sua paixão e os cada vez mais escassos recursos de seu tesouro em seus grandiosos projetos arquitetônicos. Em 1650, ordenou a construção do Jami Masjid, em Shahjahanabad, a maior mesquita do império, que nos seis anos seguintes cresceu para dominar a cidade, com seus três domos de granito e mármore e seus dois altos minaretes. Seria seu último grande projeto.

Conta-se que o profeta Maomé certa vez disse que a arquitetura é "a menos lucrativa de todas as coisas que engolem a riqueza do crente".[5] Os custos totais dos projetos de construção de Shah Jahan durante todo o seu reinado são difíceis de ser quantificados, pois as crônicas muitas vezes omitem os custos de itens como os materiais usados, como parece ser o caso dos 5 milhões de rupias somados por Lahori para o Taj Mahal. No entanto, cálculos conservadores indicam que uma média de 10% a 20% dos gastos anuais do tesouro dos mogóis (outro dado difícil de ser acurado) foi despendida na construção de prédios. Tais gastos foram dirigidos à melhora da imagem da corte do Império Mogol e à sua beleza, não à melhoria das defesas militares ou das rotas de comunicação e suprimentos. Por isso, os projetos abusaram dos recursos do tesouro, bem como serviram para distrair o imperador e seus oficiais do trabalho de governar o império, isto é, aumentar sua prosperidade e fortalecê-lo contra problemas internos e agressões externas. As consequências de tal distração ficariam evidentes nos anos seguintes — para o imperador, pessoalmente; e para seu império, nas décadas vindouras.

Privado de Mumtaz, sua companheira por mais de vinte anos, Shah Jahan também buscou distração envolvendo-se em cópulas frenéticas, sem amor, numa tentativa inútil de compensar sua perda. Terríveis dores — das quais, segundo seu historiador, padeceu por três semanas — nasceram de seu entusiástico uso de afrodisíacos. Ainda que não tenha voltado a se casar, visitantes europeus foram céleres ao reportar suas muitas parceiras sexuais. Ainda que os vários relatos talvez sejam exagerados e baseados em boatos, sua frequência e seus detalhes sugerem um fundo de verdade — e, igualmente, que os rumores sobre a obsessão sexual de Shah Jahan por Jahanara não deveriam ser reais. Se tivesse se transformado em uma sucessora física de Mumtaz, Shah Jahan não teria sido tão promíscuo.

O veneziano Manucci descreveu tudo o que foi comprado por Shah Jahan no Bazar Real Meena, quando dizem ter visto pela primeira vez a jovem Mumtaz: "Naqueles oito dias, o rei visitou os postos duas vezes ao dia, sentando em um trono carregado por várias tártaras, rodeadas por diversas matronas, que andavam com suas varas de ouro nas mãos, e muitos eunucos, todos prontos para a barganha; havia também uma série de mulheres musicistas. Shah Jahan seguia com sua atenção fixa e, vendo qualquer vendedor que o atraía, seguia até o posto de venda. Falando polidamente, escolhia algumas coisas e pagava por tudo o que Mumtaz vira e de que gostara. O rei dava um sinal e, seguindo em frente, as matronas, bem versadas nesses assuntos, asseguravam-se de que tudo chegaria às suas mãos; no momento certo, Mumtaz era levada à presença real. Muitas das mulheres saíam do palácio ricas e satisfeitas, enquanto outras seguiam ali, com a dignidade das concubinas."

Manucci também pintou um retrato espalhafatoso das ligações de Shah Jahan com as esposas de alguns de seus cortesãos. Quando tais mulheres passavam nas ruas, com grande pompa, as pessoas gritavam: "Ah, café da manhã de Shah Jahan! Lembre-se de nós! Lanche de Shah Jahan! Ajude-nos!"* Manucci também disse que "para grande satisfação de suas luxúrias, Shah Jahan ordenou a construção de uma grande sala de vinte cúbitos de extensão e oito de largura, adornada com grandes espelhos. Apenas o ouro custou 15 milhões de rupias, sem incluir o trabalho de esmaltes e as pedras preciosas, das quais não existe relato. No teto, entre um espelho e outro, havia linhas de ouro ricamente ornamentadas com pérolas. Nas arestas dos espelhos pendiam grandes fios de pérolas, e as paredes estavam cobertas com pedra jaspe. E todo esse gasto para que ele pudesse, obscenamente, observar a si mesmo com suas mulheres favoritas.

---

* Há ecos aqui de cenas de apenas poucos anos mais tarde, na Londres da Restauração, onde as muitas amantes de Carlos III eram igualmente bem conhecidas do público. Nell Gwyn, atriz e ex-vendedora de laranjas, foi cercada em sua carruagem por uma multidão nervosa que, erroneamente, acreditava que a odiada amante de Carlos, a francesa Louise de Kéroualle, estivesse ali dentro. Nell parou a carruagem e disse quem era: "Por favor, sejam civilizados. Não se trata da francesa, mas da puta inglesa!" A multidão a aplaudiu.

Parecia que tudo o que preocupava Shah Jahan era a busca de mulheres que pudessem servir ao seu prazer".[6]

Bernier escreveu sobre como a trupe de dançarinas o divertia "com suas artimanhas e loucuras", que "transgrediam os limites da decência".[7] Algumas vezes, Shah Jahan ficava tão perdido com uma dessas moças nascidas em classes baixas que ordenava sua admissão ao harém, justificando suas paixões com a desculpa de que "um bom artigo pode ser encontrado em qualquer loja".[8]

Não havia, no entanto, qualquer criança capaz de rivalizar as que tivera com Mumtaz, e os europeus especularam se alguma forma de aborto estava sendo praticada no harém. Shah Jahan certamente não encontrou nenhum relacionamento que preenchesse tudo o que existia entre ele e Mumtaz, aquela mistura de compatibilidade sexual sublime aliada à amizade e confiança. Talvez sua busca incessante por sexo sem amor represente uma necessidade fervorosa de provar que Mumtaz Mahal fora única, digna de um amor único.

Preocupado com seus projetos de construção, suas atividades sexuais e o complexo ritual diário da vida na corte, Shah Jahan deixou cada vez mais a condução das campanhas militares nas mãos de seus quatro filhos. Anteriormente, muitas vezes esteve presente próximo à ação, ainda que não lutando; mas depois passou a preferir enviar suas ordens de longe. Por volta de 1648, quando fixou residência em Shahjahanabad, todos os seus filhos já eram homens feitos: Dara Shukoh tinha 33 anos; Shah Shuja, 31; Aurangzeb, 29; e Murad Bakhsh, 23. Dara, de mente aberta, esteta e liberal, era mais estudioso que guerreiro, com curiosidade intelectual pelas religiões de alguns de seus antecessores mogóis, especialmente Akbar. Em seus escritos, compara elementos da doutrina hindu com o sufismo, o braço místico do islã do qual ele, assim como Jahanara, era um seguidor fervoroso. Além disso, traduziu para o persa os *Upanishads*, maior expressão filosófica dos hindus, e conseguiu fazer com que seu pai doasse um balaústre de pedra a um templo hindu. Dara compunha poesia elegante e era um talentoso calígrafo. No entanto, era também muito vaidoso. Bernier julgava que, mesmo educado e de cabeça aberta, "tinha uma opinião muito exaltada de si mesmo; imaginava ser capaz de alcançar qualquer coisa com os poderes de sua própria mente".

Shah Shuja, de acordo com Bernier, parecia-se com Dara, mas era mais astuto politicamente. Enquanto Dara desdenhava dos conselhos e não se importava em cultivar a amizade de nobres importantes, Shah Shuja era versado em intrigas e sabia manter amizades úteis. Ao mesmo tempo, era "um escravo de seus prazeres; e uma vez cercado de suas mulheres, que eram muito numerosas, passaria dias e noites inteiras dançando, cantando e bebendo vinho".[9]

Aurangzeb não tinha a urbanidade cortesã de seus irmãos. Relatos contemporâneos dizem ter sido um homem focado e capaz, algumas vezes melancólico, e, de acordo com Bernier, "reservado e sutil, um completo mestre na arte da dissimulação".[10] Ainda que certamente astuto e ambicioso, era também inseguro e paranoico — daí seu extraordinário embate com Dara quando o acusou de planejar seu assassinato. Como Dara, era religioso, mas em vez da cabeça aberta do irmão, de seu misticismo que a tudo abarcava, e que ele considerava desanimador, Aurangzeb era um fiel seguidor da austera ortodoxia do islã sunita. Enquanto governador de Guzerate, tentou tomar posse do local pertencente a um templo jainista, até ser impedido por Dara.

De todos os irmãos, Aurangzeb tinha o pior relacionamento com Shah Jahan, a quem sempre tentava agradar, mas por quem era frequentemente repelido. Suas cartas a Jahanara revelam o despeito que tinha pelo pai o considerar "não merecedor [de] confidência e confiança". "Ai! Ai! Infelizes, desgraçadas e sem sorte são as minhas estrelas",[11] lamentou-se. O veneziano Manucci apontou o problema da alienação de Aurangzeb quando observou que o príncipe sabia que seu pai "não o amava".[12] A posição de Aurangzeb ecoava problemas prévios de relacionamento entre pais e filhos mogóis. Jahangir se sentia pouco amado e apreciado por seu pai, Akbar, enquanto Shah Jahan crescera ressentido e sem a confiança de Jahangir.

Murad Bakhsh, o filho mais novo de Shah Jahan e Mumtaz, entre os que ainda viviam, era um simpático playboy de capa e espada cuja "ideia mais constante", mais uma vez de acordo com Bernier, "era sobre o que poderia fazer para aproveitar melhor a vida". Adorava caçar, desprezava as intrigas políticas e dizia que "confiava apenas em sua espada e na força de seu braço".[13] Foi contra Murad Bakhsh que Shah Jahan se voltou em 1646. Como seus predecessores, Shah Jahan queria retomar a cidade da cúpula azul-pavão, Samarcanda — "casa e capital de seu grande ancestral, Tamerlão"[14] —, dos uzbeques. Perversos embates entre os uzbeques ofereceram a ele uma chance, e Shah Jahan despachou Murad com uma força de 50 mil homens a cavalo e 10 mil mosqueteiros, lançadores e artilheiros para perseguir seu sonho. Governadores locais se dispersaram ao ver a frota que se aproximava, deixando aberto o caminho pelo rio Oxus. Murad cercou a antiga cidade de Balkh, mas ali parou, ainda que Samarcanda estivesse a apenas 300 quilômetros ao norte.

Um exasperado Shah Jahan ordenava que seu filho seguisse, prometendo o governo de Samarcanda, mas Murad, amante do prazer, deixou para trás o sonho romântico do pai pelas terras áridas e selvagens de seus antepassados e retornou a Lahore. Seu pai, possesso, retirou todos os seus privilégios e o baniu da corte imperial. No entanto, outros no exército mogol compartilhavam da falta de gosto de Murad pela aventura na Ásia Central — uma força rajput avançou ao Indo, para depois ser obrigada a refazer seu caminho. Como escreveu Lahori, a região parecia muito selvagem: "O amor natural por sua casa, a preferência por formas e costumes do Hindustão, uma antipatia com as pessoas (...) e o rigor do clima"[15] enfraqueceram sua determinação.

Aurangzeb não esmoreceu. Shah Jahan chamou-o em Guzerate e ofereceu o comando da expedição, mas nem ele foi capaz de se sair melhor. Incomodado pelos uzbeques e turcomanos, não faria qualquer progresso efetivo, mas ganhou a admiração de suas tropas por sua bravura e piedade quando, no auge da batalha, desenrolou sua esteira e prostrou-se para a oração da tarde. No final do verão de 1647, estava voltando a Cabul antes que as neves do inverno interrompessem o caminho, mas mesmo assim perdeu centenas de homens nas geladas montanhas. A campanha custou 20 milhões de rupias, e nem 1 centímetro de território foi anexado ao Império Mogol. Fora a primeira séria perda militar de Shah Jahan, bem como uma desagradável perda para um tesouro já bastante dilapidado pelos projetos arquitetônicos do imperador.

Outras perdas ainda mais sérias e custosas se seguiram, diminuindo ainda mais os recursos de Shah Jahan. Uma década antes, tinha reconquistado Kandahar dos persas, na fronteira oeste do império. No entanto, o xá da Pérsia aproveitou a campanha mogol em Samarcanda para recapturar Kandahar. Em fevereiro de 1649, após um cerco de apenas 57 dias, a guarnição mogol de 7 mil homens se entregou aos persas para salvar suas vidas — como dizem os cronistas, "por falta de espírito".[16]

Sem saber que tal guarnição capitularia tão facilmente e já ciente sobre o ataque à cidade, Shah Jahan enviara Aurangzeb à frente de 50 mil homens para defender Kandahar. Incapaz de atravessar as montanhas rapidamente por conta de um duro inverno, ele chegou a Kandahar no meio de maio, três meses após a ocupação da cidade pelos persas. Aurangzeb cercou Kandahar, mas, por falta de artilharia pesada, não conseguiu ultrapassar seus muros e, no início de setembro, desistiu. Três anos mais tarde, em 1652, tentou outra vez — e mais uma vez falhou, recuando após apenas dois meses, sob as ordens de Shah Jahan. Escrevendo com ressentimento ao filho, Shah Jahan pôs a culpa em Aurangzeb: "Com tais recursos era incrível que o forte não tivesse sido destruído." Quando Aurangzeb pediu para tentar outra vez, seu pai disse que via o filho como capaz de tomar Kandahar, mas que "as tropas não deveriam ser reunidas novamente".[17]

Em dezembro daquele ano, passando por Agra, Aurangzeb foi à tumba de Mumtaz para receber "as bênçãos de sua visita" e talvez para lembrar-se da mãe da qual recebera amor incondicional. Ficou consternado ao ver que o Taj Mahal estava inundado e escreveu imediatamente a Shah Jahan: "Os edifícios deste sagrado recinto permanecem tão estáveis como quando foram terminados, em presença imperial. No entanto, o domo sobre a tumba abençoada inclina-se para o norte durante a estação das chuvas, e os quatro portais, a maior parte das alcovas do segundo andar, os quatro domos menores e os quatro vestíbulos voltados para o norte (...) estão mergulhados na fossa. O teto coberto de mármore do grande domo rachou em dois ou três trechos durante esta temporada. Foi reparado, mas será preciso esperar para ver o que acontecerá na próxima estação de chuvas." Desconsolado, disse também que os construtores "admitiram sua falta de habilidade para encontrar um plano de salvação para o grande domo. Santo abençoado, estenda a sua mão! Tais edifícios magníficos foram atingidos pelo olho da maldade!". Também reportou que o jardim do outro lado do Jumna, em frente ao Taj Mahal, conhecido como Mahtab Bagh, fora "completamente inundado, e dessa forma perdera seu charme", ainda que o lago octogonal ao seu redor e o pavilhão ao lado do lago estivessem em boas condições. Pediu a Shah Jahan que agisse, dizendo que "se um raio de atenção imperial cair para remediar a situação, será apropriado". Grandes trabalhos de fortificação das fundações e de isolamento de água do domo foram claramente levados a cabo.[18]

Em 1653, Shah Jahan montou uma terceira tentativa de reaver Kandahar, dessa vez confiando suas forças a Dara Shukoh. Seu filho mais velho, que passou muito tempo ao lado do pai, raramente participava de batalhas, mas ainda assim imaginou que poderia ganhar Kandahar em uma semana. Shah Jahan ofereceu ao príncipe um exército de 70 mil homens, grandes somas em artilharia e experientes mercenários europeus para fazer justiça ao seu pedido, mas tudo isso não teve serventia. Durante uma investida de cinco meses, Dara também falhou ao tentar vencer muros que, em certos pontos, tinham mais de 9 metros de espessura. Os mogóis nunca voltariam a governar Kandahar.

As três tentativas abortadas de recuperar a cidade custaram a colossal soma de 120 milhões de rupias, mais da metade dos ganhos anuais de Shah Jahan. Porém, a perda de prestígio foi ainda pior que a de dinheiro. Shah Jahan, que como príncipe conhecera tantas vitórias militares, ressentia-se do fracasso. Seu desapontamento, contudo, não afetou sua afeição pelo filho mais velho, a quem ofereceu poderes cada vez maiores. Em 1654, durante as celebrações do seu aniversário lunar número 65, Shah Jahan ofereceu um título especial a Dara Shukoh, reafirmando-o como provável herdeiro do trono e ordenando-lhe "sentar-se em uma cadeira de ouro perto de seu sublime trono".[19] Imagens de Dara dessa época o retratam com um halo suave sobre a sua bela cabeça, enfatizando seu status.

Nada disso foi ignorado por Aurangzeb, que Shah Jahan, nesse meio-tempo, indicou pela segunda vez como governador do Decão, e que seguia para o sul. Pai e filho não poderiam saber que, ainda que os dois tivessem muitos anos de vida pela frente, nunca mais voltariam a se encontrar. A relação estremecida entre os dois contrasta enormemente com as cenas que, trinta anos antes, Shah Jahan e Mumtaz tiveram de enfrentar ao recuperar Aurangzeb e Dara dos cuidados incertos de Nur Jahan, após a rebelião de Shah Jahan. Assim como quando Jahangir despachara Shah Jahan ao Decão, este demonstrava pouca afeição a Aurangzeb, acusando-o de muitas coisas, inclusive de falhar ao enviar-lhe mangas de sua árvore preferida, no Decão. Quando Aurangzeb pediu fundos adicionais para financiar sua administração da região, o pai recusou, dizendo que deveria arrecadar dinheiro através de um sistema de taxações mais eficiente e pela melhoria das técnicas de cultivo.

Mas isso não foi ouvido por Aurangzeb, que decidiu abastecer seus cofres empreendendo conquistas. O rico reino de Golconda, que em 1636 aceitara ser suserano dos mogóis, parecia um objetivo promissor, com suas fabulosas minas de ouro e diamantes, e seu sultão indolente e amante do luxo. A desculpa de Aurangzeb para atacar foi que o tributo oferecido por Golconda após o trato de 1636 estava defasado, e além disso Golconda tinha invadido Carnatic — região de pequenos principados entre os rios Krishna e Kaveri, ao sul do Decão — sem a aprovação mogol.

No início de 1656, Aurangzeb despachou um exército a Golconda, tendo à frente seu filho de 16 anos, Muhammad Sultan, seguido por outra grande força. O fato de que o nervoso sultão de Golconda tinha até então aceitado todas as suas demandas não afetou os planos de Aurangzeb. Suas ordens ao filho eram de matar o sultão, se fosse possível — ou melhor, segundo suas próprias palavras, "livrar seu pescoço do fardo de sua cabeça". O aterrorizado sultão fugiu de sua brilhante nova cidade de Hyderabad, seguindo para o este, em direção ao forte de Golconda, e enviou presentes, mensagens conciliatórias e até mesmo a própria mãe em busca do perdão de Aurangzeb. Também apelou a Dara Shukoh, que, com sua natureza pacífica e normalmente aberto ao perdão, além de sua posição contrária aos excessos de Aurangzeb, interveio para frustrar o irmão.

Aurangzeb também estava ocupado fazendo lobby com seu pai, escrevendo sobre as riquezas de Golconda e pedindo sua anexação ao reino: "O que devo escrever sobre a beleza desse local? Sua abundância de água e sua população, seu ar puro e suas extensas áreas cultivadas? (...). Um local que exala dinheiro!" Mesmo com seus muitos problemas financeiros, Shah Jahan não ficou tentado. Em vez disso, ouviu Dara, que argumentou ser mais prudente, além de mais justo, tentar um acordo de paz com o sultão. Consequentemente, Shah Jahan não permitiu que Aurangzeb anexasse o reino. Ordenou que aceitasse a oferta de indenização do sultão e deixasse as terras de Golconda de uma vez. Também acusou Aurangzeb de roubar joias pertencentes ao sultão, não ofereceu a ele nenhuma parte do dinheiro ganho com o acordo e repreendeu o filho por ter excedido suas ordens.[20]

Insignificante como deve ter se sentido, Aurangzeb acreditou que não tinha outra saída além de obedecer ao pai e, relutantemente, retirar-se. No entanto, só o fez após pressionar o sultão a casar uma de suas filhas com o seu filho, Muhammad Sultan. Também pediu secretamente que o sultão prometesse apontar seu novo genro como herdeiro. Buscando outra vítima, a ambição de Aurangzeb recaiu sobre Bijapur, que, como Golconda, tinha feito um acordo com os mogóis em 1636 e que, também como Golconda, ficara ainda mais rica nos anos de intervenção. O pretexto para a invasão foi uma luta interna após a morte do governante de Bijapur, em novembro de 1656.

Dessa vez, Shah Jahan apoiou Aurangzeb. Uma das razões para a mudança de atitude do imperador foi a chegada na corte de um ambicioso e rico aventureiro persa, Mir Jumla, que recentemente estivera com o sultão de Golconda, até romper com ele. Mir Jumla presenteou Shah Jahan com diamantes, rubis e topázios de Golconda e Bijapur.* As porções de pequenas peças brilhantes convenceram o imperador que seria melhor cercar os reinos do que, como no passado, apenas impor a soberania mogol e exigir tributos. Indicou Mir Jumla para um alto cargo e mobilizou Aurangzeb

---

* Manucci escreveu que Mir Jumla também presenteou Shah Jahan com "um grande e não lapidado diamante de 360 quilates" e Bernier escreveu sobre um "célebre diamante que diziam ser de tamanho e beleza incomparáveis". Era provavelmente o Koh-i-Nur, que de alguma forma caíra nas mãos de Mir Jumla, na Pérsia.

para que montasse uma invasão total de Bijapur. Se alcançasse o êxito, Shah Jahan escreveu ao filho, também teria a permissão imperial para anexar Golconda.

No início de 1657, com Mir Jumla ao seu lado, Aurangzeb avançou lenta e metodicamente, oferecendo subornos de 2 mil rupias a cada oficial de Bijapur que desertasse junto a outros 100 homens. Aurangzeb era pessoalmente tão corajoso quanto seu pai — aos 14 anos, fez fama ao enfrentar friamente um elefante que estava a ponto de atacá-lo, apontando sua lança para a besta descontrolada. No entanto, sua aproximação lenta e sistemática não fazia o estilo militar de Shah Jahan. Temendo que a monção tivesse início antes que Aurangzeb alcançasse seus objetivos, e mais uma vez influenciado por Dara, Shah Jahan mudou de ideia e ordenou ao filho que, rapidamente, concluísse o cerco a Bijapur com um tratado no qual eles concordassem em pagar aos mogóis uma grande soma e entregassem alguns fortes. Feito isso, Aurangzeb deveria voltar para casa, deixando Bijapur com sua independência. Mais uma vez, ele relutantemente aceitou.

As campanhas de Aurangzeb no Decão não foram tão espetaculares, mas logo conseguiram dominar a região e houve alguma compensação às perdas na Ásia Central e durante a tentativa de reconquista de Kandahar. Com filhos disponíveis para conduzir qualquer nova ação militar que fosse necessária, poderia ter sido um período de tranquilidade para Shah Jahan, que se aproximava da velhice e poderia aproveitar melhor seu tempo em seus grandes projetos arquitetônicos, bem como visitando Agra, para rezar no grande mausoléu que construíra para Mumtaz. Em vez disso, em setembro de 1657, o velho imperador de 65 anos caiu perigosamente doente. Era o sinal da mortalidade imperial que seus três filhos mais jovens esperavam e o final de suas esperanças de uma velhice tranquila.

XIV
"Mais afiado que os dentes de uma serpente"

O cenário estava montado. Uma tragédia jacobiana teria de pelejar para criar um personagem central mais convincente que o velho Shah Jahan, uma espécie de rei Lear. Após três décadas no trono, ele acreditava no seu dever divino de governar e na grandeza e invulnerabilidade da imagem imperial que criara. No entanto, tinha negligenciado os detalhes de manutenção do império, deixando nas mãos dos nobres, que tinham mais interesse em suas posições pessoais e prosperidade que no império como um todo. Não acompanhara batalhas, delegando o comando de todas a seus filhos, especialmente aos três mais jovens. Tampouco perseguira seus objetivos com o vigor de seu avô, Akbar, cuja filosofia era a de que "um monarca deve manter sempre a intenção de conquistar, de outra forma seus vizinhos levantarão armas contra ele",[1] ideia que lhe fora muito útil diante de ameaças internas e externas.

Acima de tudo, em uma espécie de retraimento emocional, ele cresceu cada vez mais imune às lições da história mogol, claramente expressas no ditado *"taktya takhta?"* — "trono ou caixão?" Sucessivas gerações de filhos ambiciosos tinham desafiado seus pais: Jahangir se rebelara contra Akbar; ele próprio se rebelara contra Jahangir. Meio-irmão lutando contra meio-irmão. O grande Humaium lutou para subjugar Kamran, Hindal e Askari. Shah Jahan fora ainda mais longe, eliminando seus meios-irmãos Khusrau e o calvo Shahriyar, além de uma série de primos e tios, por segurança. Porém, mesmo com tal herança de sangue, Shah Jahan estava convencido de que seus filhos se manteriam leais e fiéis. Talvez estivesse tão convicto por se tratar de irmãos da mesma mãe e do mesmo pai, filhos de um casal devotado, não de uma mistura de esposas e concubinas.

Caso Mumtaz estivesse viva, ele talvez tivesse razão. Ela fora uma mãe amorosa, carinhosa para os seus filhos, e nos primeiros anos sua união familiar fora testada pelo perigo e sustentada com trabalho duro. Com Mumtaz ao seu lado enquanto as crianças cresciam, Shah Jahan poderia ter tido mais apetite para o trabalho de liderar o império, sem posteriormente precisar de tanto consolo para sua dor em projetos arquitetônicos ou qualquer outra coisa. Devia ter outras favoritas, mas é quase certo que a afeição de Mumtaz e sua propensão à maternidade tenham afetado positivamente o comportamento de Aurangzeb e diminuído os problemas entre Shah Jahan e Murad Bakhsh. O relacionamento entre as três irmãs sobreviventes também poderia ter sido mais próximo. Porém, a ascensão de Jahanara, tomando o lugar de Mumtaz como primeira-dama do império, tinha deixado Raushanara, três anos mais jovem, muito enciumada. Raushanara não era, de acordo com o veneziano Niccolao Manucci, recém-admitido aos serviços de Dara, especialmente bonita. Era, sim, "muito inteligente, capaz de dissimulações, brilhante, alegre, gostava de piadas e diversões". Também a chamou de "libidinosa". Na tragédia familiar, seria uma ardente defensora de Aurangzeb, curiosa aliada para um puritano, ainda que tivessem algo em comum. Os dois, por muitos anos, se sentiram eclipsados — Aurangzeb por Dara, e Raushanara por Jahanara. Da mesma forma, a irmã mais nova, Gauharara, cujo nascimento acompanhou a morte de Mumtaz, encontraria algo em comum com seu irmão mais novo, Murad.[2]

Caso tivesse sobrevivido, Mumtaz também teria tido o poder de intervir em tempos de crise familiar. Os mogóis tinham uma longa tradição de poderosas matriarcas que, mesmo vivendo por trás de véus, participavam com sucesso da vida política e cujas opiniões eram sempre respeitadas. A avó de Babur o guiou nos primeiros anos de seu reinado, enquanto Hamida, avó de Jahangir, corrigira os problemas que este teve com seu pai, Akbar. Entre os ancestrais persas de Mumtaz, os laços entre maridos e mulheres — seu avô Itimad-ud-daula e sua esposa, seu pai Asaf Khan e sua mãe, sem contar sua tia Nur e a influência que exerce sobre Jahangir — também permitiram a elas um papel importante nos negócios familiares. Jahanara, claro, tinha muita influência. Aurangzeb escrevera muitas vezes para ela ao longo dos anos, chamando-a de "benfeitora" e pedindo que intercedesse junto ao seu pai em sua ajuda. Mas uma irmã nunca teria o comando e respeito de uma mãe. Com sua própria mãe e Mumtaz mortas, e sem qualquer outra mulher ou esposa próxima, Shah Jahan, para o bem e para o mal, tinha de administrar sua grande, enérgica e prodigiosa família sozinho. Descobriria que os sete filhos que teve com Mumtaz — de Jahanara a Dara Shukoh, próximos em gostos e temperamentos quanto mais próximos eram em idade — tinham formado suas próprias alianças. Descobriria, como o rei Lear, qual desses filhos — se é que algum deles — realmente o amava.

A crise começou em Délhi, no dia 16 de setembro de 1657, quando, como escreveu um cronista, "o imperador caiu seriamente doente de constipação e forte infecção urinária".[3] O médico francês François Bernier escreveu que Shah Jahan "estava tomado por um distúrbio que não podemos descrever. É suficiente dizer que se trata de algo vergonhoso para um homem de sua idade que, em vez de gastar, deveria tomar cuidado para preservar o vigor remanescente de sua constituição".[4] Manucci foi ainda mais explícito: "Shah Jahan contraiu ele mesmo essa doença pois queria seguir aproveitando a vida como um jovem, e com tal intenção tomou várias drogas estimulantes"[5] — em outras palavras, afrodisíacos.

Por três dias, Shah Jahan não pôde urinar e, incapaz de aparecer, mesmo brevemente, no balcão do *jharokha*, desapareceu da vista de seus súditos. Dara, temendo a reação de seus três irmãos ao saberem do declínio de Shah Jahan, impediu o envio de notícias a eles, que estavam longe, nas províncias que governavam — Shah Shuja em Bengala, Murad em Bakhsh e Aurangzeb no Decão. No vácuo que se seguiu, se multiplicaram os rumores de que o imperador estava morto, e mesmo de que Dara o matara para usurpar o trono. Enquanto o pânico se espalhava, os mercadores de Délhi fecharam suas lojas, temendo saques. A realidade era que, sob os cuidados de Jahanara, Shah Jahan começou a ter uma leve melhora, convalescendo com sopa de menta e maná, e fazendo uma breve aparição ao seu povo preocupado. No entanto, um dos historiadores da corte registrou como, fraco e temendo a morte, que parecia próxima, Shah Jahan "ofereceu grande parte dos negócios de Estado" a Dara, "pedindo aos nobres que lhe fossem leais, pois já fora designado provável herdeiro".[6] A ironia era que, de todos os irmãos, Dara era o que menos parecia ansioso pelo trono. Como sucessor favorito de Shah Jahan, não se importaria em esperar pela morte do pai que amava, mas alguns eventos forçaram a responsabilidade na sua direção. Em meados de outubro, Shah Jahan deixou Délhi e seguiu para Agra, onde, próximo ao Taj Mahal e à ainda amada Mumtaz, buscaria espairecer para o destino que lhe esperava.

Na ausência de notícias oficiais, os três filhos mais jovens de Shah Jahan confiaram em informações oferecidas por seus apoiadores, que no caso de Aurangzeb incluía sua irmã Raushanara, e no caso de Murad, Gauharara. Os irmãos concluíram que seu pai devia estar morto e, rejeitando a sucessão do trono por Dara, cada um inventou uma forma de clamar pelo império. Nenhum deles permitiu que provas de que Shah Jahan seguia vivo destruíssem aquele momento. De acordo com Manucci, abertamente ao lado de Dara, Aurangzeb ordenou que qualquer carta que chegasse ao Decão sugerindo que Shah Jahan ainda vivia deveria ser queimada e seus portadores, degolados.

Shah Shuja foi o primeiro a agir sem delongas, proclamando a si mesmo imperador, ordenando que o *khutba* fosse lido em seu nome e mandando cunhar moedas para marcar o início de um novo reino. Após matar seu ministro de finanças, que era leal a Shah Jahan, Murad Bakhsh também proclamou-se imperador e saqueou a cidade de Surat para financiar sua tentativa. Aurangzeb, igualmente ambicioso, porém mais astuto, moveu-se silenciosamente. Até porque havia sofrido um recente revés: sua esposa preferida morrera ao dar à luz. Construiria uma tumba para ela buscando emular o Taj Mahal. Contudo, o resultado seria apenas uma sombra pálida desse monumento.

Dara, no entanto, suspeitou corretamente que Aurangzeb, irmão que ridicularizou chamando de "intolerante e monge interessado em rezas",[7] seria a ameaça mais real, e por isso ordenou aos comandantes mogóis mais experientes que estavam sob as ordens de Aurangzeb que voltassem a Délhi. Isso incluía Mir Jumla, o poderoso aventureiro persa que tinha lutado com Aurangzeb nas campanhas do Decão e cujas forças Dara estava especialmente ansioso para manter longe das mãos do irmão.

Interpretando corretamente as razões de Dara, Aurangzeb o frustrou, combinando uma prisão falsa com o persa Mir Jumla. De acordo com alguns relatos mogóis, Aurangzeb também contatou Murad Bakhsh em segredo, assegurando-lhe que sua única ambição era levar uma vida religiosa, em retiro, argumentando que as heresias de Dara faziam dele um candidato impensável a imperador, e prometendo apoio a Murad, que clamava ser um ortodoxo devoto, em sua luta pelo trono. Ainda que isso pudesse ser verdade — Aurangzeb era um mestre em tais estratégias duplas —, ele e Murad fizeram um acordo por escrito, dividindo o império entre os dois, com dois terços indo para Aurangzeb e o restante — o Afeganistão, a Caxemira e os ricos Punjab e Sind —, para Murad. Existe também uma evidência de que anos antes os dois irmãos tinham concordado em dividir o império com Shah Shuja e que, desde que começara a crise, buscavam em separado firmar aliança com esse terceiro irmão. Seja qual for o caso, nenhum dos três mostrou qualquer compaixão fraterna pelo favorito do pai, Dara, que havia muito invejavam e cuja morte fazia parte de seus planos.

Com Shah Shuja já indo em direção a Délhi, Dara despachou uma grande força imperial, sob o comando de seu filho Suleiman Shukoh, que, em fevereiro de 1658, cercou seu tio indolente em um ataque no início da manhã, próximo a Benares, derrotando-o. Aterrorizado com a ideia de ver sua família pegando em armas, em conflito aberto e subestimando a rivalidade de morte entre eles, Shah Jahan ainda esperava resolver os problemas em paz; por isso ordenou que Shah Shuja fosse tratado com parcimônia. Suleiman permitiu que seu tio escapasse, mas não resistiu e pôs-se a persegui-lo — atitude que se mostraria desastrosa. Dara, nesse meio-tempo, também mandara exércitos ao sul para bloquear o avanço de Aurangzeb e Murad, que já se movimentavam, mas dessa vez suas forças perderam a batalha. Percebendo o perigo iminente, Dara chamou seu filho de volta às pressas, mas ele estava muitos quilômetros além de Agra.

Todos os três príncipes rebeldes continuavam escrevendo cartas pegajosas, floreadas ao pai, reafirmando sua lealdade e seu desejo de oferecer apoio ao enfrentar sua doença. Lembravam ao pai como todos correram à corte para assegurar o amor familiar, quando Jahanara quase morrera queimada. Seus exércitos o acompanhavam porque temiam que Dara fosse o seu inimigo. Shah Jahan, sem saber das últimas notícias e chocado com o que estava acontecendo, tentou funcionar como mediador entre seus filhos, exigindo que suas disputas fossem debatidas no conselho imperial, e dizendo que Aurangzeb e Murad deveriam visitá-lo no forte de Agra para que a paz fosse alcançada. A pedido de Shah Jahan, Jahanara fez uma tentativa desesperada de advertir a chegada de uma tragédia, escrevendo a Aurangzeb: "O imperador está bem outra vez, e administrando o Estado. Seu avanço bélico é um ato de guerra contra seu pai. Mesmo dirigido a Dara, não se trata de algo menos pecaminoso (...)." Aurangzeb, no entanto, insistiu que só tomara armas para defender a si mesmo, e que seguia sendo leal ao pai, que insistia em ver. "Não aceitarei nenhum obstáculo a esse ato de amor"[8], concluiu Aurangzeb.

Dara imaginou que a única forma de lidar com Aurangzeb seria humilhá-lo no campo de batalha, por isso persuadiu um magoado Shah Jahan. No dia 18 de maio de 1658, Dara deixou Agra, marchando ao sul para cercar os caminhos entre o rio Chambal e evitar que Aurangzeb e Murad o cruzassem até a chegada dos reforços imperiais sob o comando de seu filho Suleiman Shukoh, que vinha do leste. De acordo com seu cronista, Shah Jahan se afastou de seu filho "com a maior relutância (...), e o desesperado imperador agarrou-o em um longo abraço, sem saber que o destino tinha declarado que seria seu último encontro".[9] Depois, unindo suas mãos em prece, Shah Jahan clamou por Deus para pedir a vitória de Dara.

Niccolao Manucci, que estava a ponto de participar da batalha como artilheiro mercenário junto às tropas de Dara, descreveu como "marchamos em tal ordem que parecia que o mar e a terra estavam unidos. O príncipe Dara, em meio ao seu esquadrão, parecia uma torre de cristal, resplandecente como o Sol que brilhava sobre a Terra. À sua volta, muitos esquadrões de cavaleiros rajputs cujas armaduras brilhavam ao longe, e suas lanças, tremulando, enviavam raios de luz (...). Uma coisa maravilhosa era contemplar a marcha, que se movia nos campos altos e nos vales como ondas em um mar selvagem". Mesmo com o esplendor dos vários elefantes de guerra, com suas armaduras brilhantes e espadas presas às suas defesas, além da cacofonia marcial de trombetas e tambores, Manucci podia ver que aquele exército não era o que deveria ser.* O melhor das tropas imperiais estava com Suleiman, e algumas das forças de Dara, após inspeção mais a fundo, provavam "não ser muito guerreiras; eram compostas de açougueiros, barbeiros, ferreiros, carpinteiros, alfaiates e coisas do tipo".

O outro problema era a velocidade de Aurangzeb e Murad. Seguindo uma marcha forçada, atravessaram o Chambal com seus exércitos antes que Dara os pudesse deter, usando uma nau pequena e sem resguardo. Em vez de cercar as tropas dos irmãos ainda cansadas de seus esforços, Dara voltou a Agra. No grande planalto de Samugarh, apenas 13 quilômetros ao sudoeste da cidade, ele parou e se preparou para a batalha. Ainda não havia sinal de Suleiman.

No dia 29 de maio de 1658, as duas forças enfrentaram um sol implacável: a pele dos homens queimava sob o metal quente de suas armaduras. A luta foi dura. Murad, em cima de um elefante, foi atingido no rosto por uma flecha, e seu *howdah* foi alvejado por muitas outras. Após três horas, as tropas de Dara pareciam estar levando vantagem, mas em um momento crítico ele parou e desceu de seu elefante. Como escreveu Manucci, "foi como se ele estivesse desistindo da vitória." Na verdade, Dara estava apenas transferindo-se para um cavalo, que lhe ofereceria mais rapidez nas manobras, mas o dano psicológico estava feito. Incapazes de ver seu comandante, o pânico se espalhou entre os inexperientes homens de seu exército, e em poucos minutos todo o exército imperial fugia "como nuvens escuras carregadas por um vento forte". Um dos homens agarrou Dara e fugiu com ele.

---

* A armadura de uma elefanta consistia de placas de correntes e mais de 8 mil placas de aço sobrepostas, 2 mil apenas para cobrir a cabeça.

Dara voltou galopando a Agra, onde Shah Jahan, ansioso por notícias ao lado de Jahanara, implorou para que seu filho, inconsolável, viesse com ele, mas Dara estava muito envergonhado. Permaneceu em sua mansão até as primeiras horas do dia, quando finalmente saiu para Délhi com esposa, filhos e netos, e uma pequena caravana de cavalos e elefantes. O desesperado Shah Jahan enviou mulas carregadas com ouro para Dara e ordenou ao governador de Délhi que abrisse o tesouro imperial para ele, enquanto Jahanara também enviava joias valiosas.

O príncipe tinha fugido na hora certa. No dia seguinte, saindo de Agra para se reunir a Dara, Manucci encontrou a estrada bloqueada pelas forças vitoriosas de Aurangzeb, que o forçaram a voltar. "O governo já tinha mudado de mãos", disseram-lhe, "e Aurangzeb era o vencedor." E tinham razão: agora ele estava no controle, efetivamente. Como os eventos mostrariam, a batalha de Samugarh fora tão importante quanto Culloden ou Waterloo. O espiritual, intelectual, esteta, liberal religioso, porém arrogante Dara jamais ganharia da iniciativa de seu irmão mais jovem e muito mais brutal, agressivo, intolerante e voltado para as batalhas, e a história do Império Mogol e da Índia seguiria um curso distinto, com muitos desastres e divisões.

No dia 1º de junho, Aurangzeb e Murad chegaram às portas de Agra. Jahanara visitou os dois irmãos, e Shah Jahan enviou uma mensagem conciliatória a Aurangzeb, convidando-o a visitá-lo no forte. Também enviou uma famosa e brilhante espada, a "Alamgir". Em sua curta resposta, Aurangzeb disse que só entraria no forte caso seu pai se rendesse. Claro que Shah Jahan se recusou. Aurangzeb, abandonando qualquer pretensão de acordo com o pai, resolveu preparar-lhe um cerco. Quando as tentativas de destruir os sólidos muros cessaram, Aurangzeb partiu para um plano mais simples: cortar o suprimento de água do forte, vinda do rio Jumna. Shah Jahan, no calor do verão, se viu forçado a tomar água salobre de um poço do forte que nunca era utilizado, em vez da "neve derretida" do Jumna. Assim, três dias depois, sem a determinação que havia alimentado sua própria rebelião contra Jahangir ao lado de Mumtaz, Shah Jahan esmoreceu e abriu os portões.

Aurangzeb ordenou que seu pai e Jahanara fossem confinados no harém. A única mulher com permissão para deixar o forte era Raushanara, que, de acordo com Manucci, partiu "com muita pompa". Três dias depois, Aurangzeb se preparou para uma visita ao pai. No entanto, enquanto seguia, triunfal, em direção ao forte, sobre um elefante ricamente decorado, foi convenientemente advertido — ou assim o próprio afirmou — que as guardas tártaras do harém de Shah Jahan pretendiam matá-lo. Seus criados também apresentaram uma suposta carta de Shah Jahan, na qual ele prometia ao querido Dara apoio contínuo. Aurangzeb imediatamente voltou ao seu quartel-general.

Uma história irreal, que circulou alguns anos mais tarde entre a comunidade europeia, provavelmente fruto de uma percepção tardia, diz que Shah Jahan temia Aurangzeb havia muito tempo. De acordo com tal história, durante uma das muitas gestações de Mumtaz, ela manifestara o desejo de comer maçãs, mas não era época de colheita da fruta. Shah Jahan, ansioso por atender tal desejo, encontrou um faquir que lhe deu duas maçãs. Também disse ao agradecido Shah Jahan que, se alguma vez caísse doente, deveria cheirar suas mãos. Enquanto mantivessem o cheiro das maçãs, ele se recuperaria; quando suas mãos perdessem tal fragrância, "seria um aviso de que chegara ao fim de sua vida". Ansioso por saber algo sobre seu futuro, Shah Jahan pressionou o faquir para dizer-lhe "qual de seus filhos seria o destruidor de sua raça". O faquir respondeu que seria Aurangzeb.

O objetivo imediato de Aurangzeb era livrar-se de Murad, cujo apoio como aliado fora insuficiente e já não lhe servia de nada. Sua oportunidade veio alguns dias mais tarde, após os dois irmãos terem saído juntos à procura de Dara. Na noite de 25 de junho, enquanto seus exércitos estavam acampados em Mathura, Aurangzeb convidou Murad à sua tenda e ofereceu a seu ingênuo irmão vinhos que ele mesmo, como muçulmano devoto, naturalmente não tomaria. Um Murad inebriado ofereceu-se facilmente às mãos de uma garota habilidosa enviada para massageá-lo. (Em híndi, a palavra para massagear é *shampoo*.) Quando a habilidosa massageadora começou seu trabalho, ele caiu em sono profundo. Logo depois, um forte eunuco, pesadamente armado, que fazia a escolta de Murad, foi levado para fora da tenda e estrangulado. Ao acordar, por fim, Murad estava preso, sem possibilidade de escapatória. Mais tarde, naquela mesma noite, quatro elefantes partiram para os campos norte, sul, leste e oeste. Poucos sabiam que Murad estava preso no topo do elefante que seguia para o norte, vagarosamente, e o levava para a prisão, numa ilha do Jumna, próxima a Délhi.

Aurangzeb tinha decidido que era chegado o momento de declarar-se imperador. A cerimônia simples aconteceu no dia 21 de julho de 1658, num jardim ao lado de Délhi. A razão para sua brevidade foi que Aurangzeb ainda deveria lidar com dois irmãos — Dara, no oeste do país, e Shah Shuja, no leste. Imaginando que com Dara o problema seria maior, saiu em busca de seu detestado irmão mais velho. Após tomar o que pôde do tesouro de Délhi, Dara fugira para Lahore, depois para o sudoeste, seguindo o curso do rio Indo, em direção ao Sind, mesma rota tomada por seu trisavô Humaium quando fugiu do usurpador do trono, Sher Shah. Foram vários os momentos nos quais Dara poderia ter voltado e lutado, mas preferiu não arriscar. Ainda que tenha conseguido reunir outro grande exército, este era feito de homens inexperientes e provavelmente não muito leais. Aurangzeb, inteligentemente, nutriu tais dúvidas em uma série de cartas, que agentes levaram aos acampamentos do irmão e que, falsamente, pareciam implicar alguns de seus colaboradores em esquemas para trair Dara. Ao mesmo tempo, Aurangzeb enviou cartas verdadeiras aos apoiadores de Dara, oferecendo suborno para que trocassem de lado. Como resultado, o exército de Dara começou a se desmantelar. Manucci, que encontrou Dara próximo a Lahore, relatou tal incidente. A esposa de Dara convenceu um poderoso rajá de que ele era como um filho para ela. Para que confiasse em suas palavras, ela fez algo que "nunca antes fora feito no Império Mogol — ofereceu ao rajá água que usara para lavar seus seios, nos quais não tinha leite". Ele bebeu e prometeu lealdade, mas, após arranjar dinheiro para conseguir homens capazes de lutar por Dara, o rajá desapareceu no deserto, sem fazer alarde.

Convencido de que levara o irmão mais velho longe o suficiente para que não representasse qualquer perigo, Aurangzeb deixou o problema de Dara para outros e voltou sua atenção a Shah Shuja, que, no final de setembro de 1658, estava avançando sobre Agra com a declarada intenção de libertar seu pai. Com seu antigo aliado Mir Jumla, naquela época "livre" de sua prisão, Aurangzeb confrontou Shah Shuja em Khajwah, no meio do caminho entre Benares e Agra, na região do Ganges. A luta foi dura e, como resultado do afastamento de um de seus comandantes, Jaswant Singh, rajá de Marwar (Jodhpur), Aurangzeb quase perdeu a batalha. No entanto, manteve sua habitual frieza, mais uma vez se ajoelhando na hora prevista para rezar entre o caos da batalha, antes de se levantar e levar seus homens à vitória.* Shah Shuja fugiu descendo o Ganges com Mir Jumla a tiracolo. Era o começo dos quinze meses de briga de gato e rato que levaria Shah Shuja e sua família às terras do rei pirata de Arakan, a leste de Bengala. Lá, entre "selvas impenetráveis e rios cheios de jacarés", como Manucci descreveu a região pantanosa, eles desapareceram — provavelmente foram mortos.[10]

Dara, nesse meio-tempo, reconstruiu seu exército em Guzerate, e o rajá de Marwar enviou mensagens prometendo que se avançasse em direção a Agra o encontraria com 20 mil rajputs para uma luta final com Aurangzeb. Dara concordou; porém, enquanto viajava para o norte, não encontrou sinais do rajá, que Aurangzeb havia persuadido, ameaçado e cooptado. Enquanto Dara se aproximava de Ajmer, cidade a cerca de 480 quilômetros a oeste de Agra, onde Mumtaz o dera à luz e com Aurangzeb marchando rapidamente em seu encalço, preparou-se para fazer uma parada numa boa posição defensiva, em um estreito desfiladeiro. Ficou ali por três dias, mas na noite de 14 de março de 1659 as forças de Aurangzeb o arrasaram.

Dara escapou mais uma vez, viajando para o sul com seu filho de 15 anos, Sipihr Shukoh, e vários criados. Na confusão, não conseguiu encontrar a esposa, nem as concubinas e os eunucos que o esperavam ansiosamente, em um local próximo, com suas bagagens e seu tesouro. Reuniram-se a Dara no dia seguinte, mas somente após terem perdido seus próprios criados e as mulheres terem tido suas joias roubadas. Os

---

* O que contrasta com o desastroso efeito de Dara, quando desceu do cavalo na batalha de Samugarh. As forças de Aurangzeb realmente confiavam em seu líder.

fugitivos avançaram para o sul, em direção a Ahmadabad, em Guzerate, acuados por ladrões, mas não encontraram refúgio. Os assustados habitantes de Ahmadabad imaginaram ser muito arriscado admitir refugiados. Talvez a chegada de Dara os tenha feito lembrar de outra jornada difícil, décadas antes, quando ele, seus parentes e irmãos, incluindo Aurangzeb, tinham sido repelidos como raposas e não encontravam abrigo. Bernier, que entrara no pelotão de fuga de Dara por acaso, relata como "os gritos das mulheres secavam as lágrimas de todos os olhos". O próprio Dara parecia "mais morto do que vivo" e não sabia o que fazer. Desmoralizado e sem qualquer traço de sua antiga autoconfiança, ele estava "desnorteado e consultava até mesmo os soldados mais comuns". Por fim, concluiu que sua única chance de se manter seguro residia nos vastos campos de salinas e desertos do Rann de Kutch, em Sind. Como uma das mulheres tinha uma perna seriamente machucada, queria que Bernier seguisse com eles, mas não poderia nem mesmo conseguir um animal que carregasse o doutor. Bernier se desculpou.[11]

Dara teve êxito ao cruzar o Rann de Kutch e esperava encontrar o santuário no oeste da Pérsia, mas naquele momento sua querida esposa, Nadira Begum, enfraqueceu de disenteria e fadiga, o que a levou à morte. Ao enviar seu corpo de volta a Lahore para ser enterrado, ele procurou refúgio junto a um chefe afegão que, alguns anos antes, havia ajudado, intercedendo por ele e evitando que fosse esmagado pelos elefantes de Shah Jahan. Mas o tal homem não estava agradecido nem honrado, como imaginava Dara, e após alguns dias levou Dara e sua família como prisioneiros. Despachou Dara e Sipihr em um *howdah* para Délhi, onde Aurangzeb tinha, apenas algumas semanas antes, ascendido ao Trono do Pavão, entre cenas ímpares de magnificência, mesmo para os padrões mogóis, para compensar a cerimônia anterior, mais discreta.

Os cativos chegaram à cidade no dia 23 de agosto de 1659, e seis dias depois Aurangzeb fez com que desfilassem nas costas de elefantes por entre as ruas de Délhi. Dara ainda era popular, e as pessoas choravam abertamente, dirigindo insultos ao homem que o entregara. Bernier, que voltara a Délhi e vira a "desgraçada procissão",[12] temia que algo terrível estivesse por acontecer.

Ele tinha razão. Aurangzeb estava, na verdade, determinado a matar, mas precisava encontrar uma justificativa. Convocando seu conselho, disse que Dara oferecera a Shah Jahan um pedido para reprimir o islã. Seu irmão, ele insistiu, "revivia os costumes de infidelidade e ateísmo por todo o império" e "não se parecia em nada com um muçulmano".[13] A raiva de Aurangzeb ante o ecletismo religioso de Dara era genuína e antiga. Deplorava o interesse de Dara pelo hinduísmo, e a perseguição de seu irmão fora, de alguma forma, uma espécie de *jihad*, guerra santa. No entanto, as "heresias" de Dara também eram muito convenientes. Aurangzeb manipulou o debate no conselho, insinuando que queria apenas o exílio de seu irmão, enquanto deixava a decisão mais difícil nas mãos de outros. E por isso foi capaz de dizer mais tarde, mais ou menos como Elizabeth I sobre a execução de sua prima Maria, rainha dos escoceses, que a morte de Dara ocorreu pelas mãos de outras pessoas. O conselho concluiu, quase com unanimidade, que Dara merecia a morte, e entre os mais ferozes defensores da pena capital estava o seu tio, Shaista Khan, irmão de Mumtaz, que secretamente ficara ao lado de Aurangzeb desde o início.

A execução veio rápida. No dia seguinte ao infame desfile, escravos entraram na sua cela, levaram seu filho Sipihr e cortaram a bela cabeça de Dara. O torso sangrento do príncipe foi carregado por entre os bazares em um elefante e levado para ser enterrado na tumba de Humaium. Sua cabeça foi levada a Aurangzeb. Histórias se espalharam rapidamente. Manucci, que fora deixado para trás por Dara para defender uma fortaleza e não estava em Délhi naquele momento, afirmou que um exultante Aurangzeb empalara a cabeça morta do irmão com sua espada e a mandara para Agra, para servir de aviso a seu pai, Shah Jahan. Mais plausíveis que esse ato dramático são os relatos mogóis, que contam que Aurangzeb não tinha vontade de olhar no rosto do inimigo antes, tampouco naquele momento.

Aurangzeb lidou rapidamente com todos os possíveis postulantes ao trono capazes de reivindicá-lo. No caso de Murad, que estava preso, usou o fato de que, nos primeiros momentos de sua busca pelo trono, o irmão havia assassinado seu ministro de finanças. Aurangzeb incitou a família do ministro a buscar justiça, sob a lei muçulmana, permitindo-lhes que pleiteassem recompensa financeira ou, caso quisessem, uma vida. Enquanto o filho mais velho do ministro se recusou a buscar compensação financeira ou física, seu segundo filho, sem dúvida subornado, recusou o dinheiro, mas demandou a morte de Murad, que no dia 4 de dezembro de 1661 foi executado. Como era de seu feitio, Aurangzeb recompensou o irmão mais velho por "não o obrigar a clamar por sangue".[14]

O filho mais velho de Dara, neto preferido de Shah Jahan, Suleiman Shukoh, buscou refúgio no Punjab, mas, assim como seu pai, foi traído pela pessoa que o acolhera, que depois o levou às mãos de Aurangzeb. O tio forçou Suleiman a diariamente tomar uma dose de *pousta* — extrato de papoulas — que arrasava seu corpo e sua mente, e, após reduzi-lo a um zumbi, o matou. Os filhos mais jovens do próprio Suleiman Shukoh já tinham sido mortos por ordem de Aurangzeb. Só restava vivo o outro filho de Dara, o jovem Sipihr Shukoh, que Aurangzeb prendera atrás dos altos muros de arenito e dos portais da fortaleza de Gwalior. Quatorze anos depois, Aurangzeb casaria uma de suas filhas com o prisioneiro. Ele também agiu contra seu próprio filho, Muhammad Sultan, que brevemente, por conta de um conselho ruim, deixara as forças do pai para unir-se às de seu tio Shah Shuja. Aurangzeb o confinou a uma prisão durante os últimos quatorze anos de sua breve vida.

A notícia da morte de Dara deixou Shah Jahan "inconsolável de tristeza". Deve ter sido duro imaginar que o grande amor entre ele e Mumtaz não fora transferido aos seus filhos. Ao contrário, o ciúme e o ódio transcenderam qualquer sentimento de família, culminando na impiedosa execução de dois de seus filhos, na desaparição de um terceiro e na destruição de queridos netos e bisnetos. Talvez Shah Jahan culpasse a si mesmo por ter favorecido Dara e negligenciado os outros filhos. Talvez acreditasse que a culpa recaía sobre a tradição que, em vez que abraçar o primogênito, permitia que qualquer príncipe imperial com habilidade e ambição tomasse o trono. Não tinha ele mesmo feito isso?

Shah Jahan passou seus últimos anos confinado nos pavilhões de mármore que construíra no forte de Agra, de frente para o Jumna. De lá podia ver a curva do rio e o Taj Mahal. A melhor vista era da torre octogonal com cúpula, que construíra em um bastião que se projetava na direção do rio. Com paredes e pilastras revestidas de joias, um lado esculpido no mármore, aqueles eram os aposentos mais agradáveis que construíra.

Era consolado por Jahanara, sua constante e devota companhia, também parceira de confinamento, mas seu ressentimento por Aurangzeb não diminuía. O novo imperador impôs uma série de restrições ao pai, algumas vezes proibindo seu acesso a materiais escritos. Tentou fazer com que seu pai entregasse suas queridas joias, dizendo que um prisioneiro que vivia uma vida aposentada não necessitava de tais coisas e, além disso, tentou ganhar o rosário de pérolas de Shah Jahan. O pai respondeu que preferia moer as pedras que se combinavam à perfeição a abrir mão delas. E manteve o rosário.

Durante o primeiro ano de clausura de Shah Jahan, pai e filho trocaram cartas, cheias de censuras do lado de Shah Jahan e piedosas autojustificativas de Aurangzeb. Em uma das cartas, no entanto, Aurangzeb foi direto ao ponto, falando sobre a enorme dor de um filho negligenciado: "Estava convencido de que Vossa Majestade não me amava." Também devolveu ao pai sua própria história de fratricídio: "Por quais nomes Vossa Majestade ainda chama Khusrau (...), que partiu ao local da não existência poucos dias antes de sua ascensão ao trono, e frente a quem não lhe ocorreu qualquer ofensa ou prejuízo?"[15]

Durante os anos de clausura, os relatos sobre as condições nas quais era mantido Shah Jahan divergem. De acordo com Bernier, a Shah Jahan não era permitida apenas a companhia de Jahanara, mas "de toda a sua trupe feminina, incluindo cantoras e dançarinas, cozinheiras e outras".[16] No entanto, Manucci diz que Aurangzeb seguia com seus atos de rancor, como lacrar a janela pela qual o velho imperador adorava ficar observando o Jumna e, sem dúvida, também o complexo que abrigava a tumba de Mumtaz.

No início de 1666, um febril Shah Jahan caiu doente, com problemas urinários e disenteria — sintomas muito similares aos que precipitaram seu filho na luta pelo trono. Um relato europeu atribui a causa, mais uma vez, aos afrodisíacos: "O Grão-Mogol, buscando por meios artificiais aumentar sua libido, que naturalmente decaía, tendo já 73 anos de idade, cavou sua própria sepultura."[17] Shah Jahan não respondeu bem a massagens com óleos ou a uma operação para bloquear seu trato urinário. Sua febre aumentou e levou a uma sede desesperada. De acordo com certos relatos, percebendo que estava a ponto de morrer, Shah Jahan pediu para ser carregado ao balcão de onde podia ver melhor o Taj Mahal. Lá, enrolado em suaves cobertores da Caxemira, e com a chorosa Jahanara ao seu lado, morreu nas primeiras horas do dia 22 de janeiro de 1666. Empregados lavaram seu corpo com água de cânfora, enrolaram-no em pálidas mortalhas e o puseram em um caixão de sândalo. Na manhã seguinte, foi levado para fora, com a cabeça para a frente, como mandava o costume, por um portão recém-reaberto às margens do rio, e cruzou o Jumna acompanhado por uma pequena procissão.

Jahanara planejara um "funeral grande e honrado",[18] que, no entanto, não aconteceria. Aurangzeb não permitiu um funeral de Estado. Em vez disso, sob a cantilena das orações, rapidamente e sem muito barulho, o velho imperador foi enterrado ao lado de Mumtaz na cripta de mármore do Taj Mahal.

Como era esperado, um túmulo de mármore branco, incrustado com flores desenhadas com pedras semipreciosas e com um breve epitáfio, seria colocado ali. Na principal câmara da tumba, diretamente abaixo, haveria outro túmulo enfeitado com flores. Seguindo as tradições muçulmanas, estojos de caneta entalhados sobre as tampas dos dois túmulos indicam que pertencem a um homem, assim como as formas esbeltas de ardósia escritas sobre o túmulo de Mumtaz indicam que ali jaz uma mulher.

XV
A queda do Trono do Pavão

Aurangzeb, que assumira o traje branco de luto, só começou sua jornada de Délhi até a tumba de seus pais, em Agra, duas semanas após a morte do pai. Talvez quisesse certificar-se de que não haveria consequência política. Uma vez em Agra, visitou o Taj Mahal e distribuiu esmolas, deixando transparecer uma aparência de dor.

Também se reuniu e rapidamente se reconciliou com a irmã mais velha, Jahanara. Ela aparentemente o perdoou pelo tratamento que dispensara ao pai. Habilidosa, tal era o charme da princesa de 51 anos que rapidamente se transformou em uma confiável conselheira, suplantando Raushanara. Jahanara se sentia suficientemente segura em sua posição para argumentar contra a cada vez maior regulação estrita da vida pública conduzida por Aurangzeb, que banira a música e a poesia na corte, e interrompera a manutenção de uma crônica oficial de seu reinado alegando que se tratava de uma prática de vaidade. Deixou de realizar as aparições matinais do imperador, pois via o balcão do *jharokha* como um passo para a idolatria. Proibiu a *cannabis*, o álcool e o sexo fora do matrimônio com quase tanto êxito quanto outros governantes que tentaram o mesmo.

De certa forma, a ortodoxia religiosa e as prescrições de Aurangzeb são comparáveis ao puritanismo de Oliver Cromwell, que, apenas alguns anos antes, na Inglaterra, banira a alegria e as festividades religiosas no Natal, bem como o teatro e as danças ao redor do mastro que era erguido nos primeiros dias de maio. Assim como Cromwell, em seu horror ante a idolatria, Aurangzeb desfigurou estátuas religiosas e esculturas. Seus principais objetivos eram as estátuas dos templos hindus. Em Mathura, próximo a Agra, terra sagrada para os hinduístas como local de nascimento de Khrishna, ele foi além, construindo uma mesquita com três cúpulas — mais parecida com uma fortaleza — praticamente em cima do local sagrado. Na cidade mais sagrada para os hinduístas, Benares, às margens do Ganges, construiu uma enorme mesquita sobre as fundações de um templo hindu. Seus altos minaretes dominavam a cidade e as horrendas cerimônias de cremação de corpos.

O protesto mais apaixonado de Jahanara foi contra a revogação de seu irmão, em 1679, da abolição, levada a cabo 115 anos antes por Akbar, da *jizya*, a taxação sobre os "infiéis". Atirou-se aos pés do irmão, argumentando que isso dividiria o reino, alienando a maior parte da população, que era hindu. De acordo com Niccolao Manucci, Aurangzeb justificou-se com uma citação do Corão e depois "despediu-se da irmã e deu-lhe as costas, num movimento que deixou a princesa imediatamente sem ação".[1]

Naquele mesmo ano, Aurangzeb deixou Délhi em uma campanha militar contra alguns dos maiores aliados hindus do Império Mogol — os rajputs. Viveria por mais 27 anos, mas nunca mais voltaria à sua capital. Jahanara morreu dezoito meses depois, em setembro de 1681, aos 67 anos. Aurangzeb ofereceu a ela o título póstumo de *Sahibat-uz-zamani*, ou "Senhora de sua Era". A filha favorita de Mumtaz foi enterrada em uma tumba simples, próxima a um santo sufi, em Délhi. Grama foi atirada sobre seu sarcófago de mármore, como ela mesma pedira em um poema que compusera em persa:

Deixe que apenas grama verde oculte minha tumba;
A grama é a melhor cobertura para a tumba dos dóceis

A invasão do Rajastão foi impulsionada pelo desejo de Aurangzeb de impor uma regra mais estrita aos rajputs. Usou como pretexto o vácuo de poder criado em Marwar (Jodhpur) após a morte do rajá, que deixou como herdeiro seu filho, nascido postumamente. Rapidamente ocupou Marwar e aumentou muito a oposição dos locais ao destruir vários templos hindus.

O Estado vizinho de Mewar (Udaipur) reconhecia apenas relutantemente a soberania dos mogóis, após perder uma luta contra um jovem Shah Jahan. Mas a conquista de Marwar levou a novos problemas com Mewar, iniciando outra luta entre os mogóis e o mais independente dos Estados rajputs. Ainda que, de alguma forma, tenha sido rapidamente reafirmada com Mewar, a paz só foi alcançada de verdade trinta anos mais tarde, quando, após a morte de Aurangzeb, os mogóis finalmente reconheceram o filho póstumo do rajá de Marwar como governante.

Os conflitos em Mewar e Marwar tiveram uma consequência inevitável — a quebra da aliança entre os rajputs e os mogóis, que fora muito importante para Akbar e seus sucessores, oferecendo vários dos melhores membros de seus exércitos e generais, bem como demonstrando sua tolerância religiosa. Além disso, a guerra no Rajastão levou a uma revolta do quarto filho de Aurangzeb, Akbar, de 23 anos. De acordo com Manucci, era "o mais insolente e turbulento"[2] dos filhos de Aurangzeb, e também o favorito do pai. No entanto, Aurangzeb tinha removido Akbar do comando do exército que lutava em Mewar por conta de falhas. Enquanto Akbar estava sofrendo com o desprazer de seu pai, os rajputs o contataram e sugeriram que Akbar substituísse o pai, instituindo um novo e mais tolerante reino, bem mais próximo daquele regido por seu trisavô de mesmo nome, o imperador Akbar. De acordo com o principal cronista não oficial do reino de Aurangzeb, "o inexperiente príncipe desencaminhou-se da retidão, e por isso sua juventude e cobiça o fizeram cair nas mãos dos rajputs".[3]

Num primeiro momento, a rebelião de Akbar parecia destinada ao sucesso. Ele e os rajputs tinham uma força muito superior, mas Akbar esmoreceu ao imaginar que a luta já estava praticamente ganha. Aurangzeb empregou o estratagema familiar de deixar cair nas mãos dos rajputs, como se fosse por puro acaso, uma carta ao seu filho. Nela, Aurangzeb falsamente dava os parabéns a Akbar por envolver-se com os rajputs como "fora instruído a fazer" e disse ainda que "deveria coroar seu serviço levando-os a uma posição na qual estariam sob o fogo"[4] dos exércitos mogóis. A carta conseguiu abrir uma brecha entre as forças de Akbar, que fugiu para o Decão.

Aurangzeb o seguiu com dois objetivos: sufocar essa região sempre em conflito e capturar seu filho errante. Parando apenas para dar ordem de prisão à sua filha mais velha, a poeta Zeb-un-Nissa, que secretamente escrevia cartas de apoio a Akbar, Aurangzeb seguiu com seus exércitos em direção ao sul. Lá passaria reinando pelos últimos 26 anos de sua vida, constantemente envolvido em disputas militares.

Akbar buscou refúgio junto aos maratha em suas montanhas, no Decão. Os guerreiros maratha eram um problema antigo para Aurangzeb. Sob o comando de seu chefe anterior, Shivaji, lutaram uma extensa guerrilha contra os mogóis. Em 1663, Shivaji seguiu para Poona, onde o irmão de Mumtaz Mahal, Shaista Khan, comandava a guarnição mogol. Liderados pelo próprio Shivaji, os maratha entraram furtivamente, durante a noite, no recinto onde estava Shaista Khan, quebrando uma janela do harém, onde ele dormia, e atacando-o no exato momento em que se levantou de sua cama. Antes de fugir, os maratha cortaram o polegar de Shaista Khan e mataram um de seus filhos. Eventualmente forçado a capitular, Shivaji só se rendeu sob a condição de que, após pagar seus tributos aos mogóis, deveria reaver algumas de suas terras. Quando foi levado à corte de Aurangzeb em Agra, em 1666, Shivaji não recebeu as honras que lhe tinham sido prometidas. Protestou ante o imperador e foi posto em prisão domiciliar. Logo escapou, sendo levado para fora da residência, escondido em uma carroça que transportava comida, para depois voltar às montanhas do Decão disfarçado como *ash-daubed*, um faquir hindu seminu. Nos anos que se seguiram, o poder dos maratha cresceu, e as novas conquistas de Shivaji transformaram-no em um dos primeiros heróis hindus da longa luta de independência da Índia. Shivaji morreu um ano antes da chegada de Akbar às terras maratha. Seu filho Shibunji, que naquele momento governava, era menos bélico, preferindo, nas palavras de um caixeiro-viajante europeu, "divertir-se com mulheres e bebida".[5] Consequentemente, deu pouco apoio material a Akbar contra os ataques que Aurangzeb enviava às colinas do Decão.

Já livres das restrições do próprio pai, Shah Jahan, que passou muito tempo no Decão, Aurangzeb decidiu que a melhor forma de lidar com os maratha era conquistando primeiro a vizinhança e depois os Estados muçulmanos de Bijapur e Golconda, inimigos de longa data dos mogóis. Já sem o apoio desses Estados, os maratha hinduístas e seu protegido Akbar seriam uma presa mais fácil. Aurangzeb atacou primeiro Bijapur, em junho de 1685. Levou quinze meses para conquistar o Estado e abrir caminho para invadir Golconda, que naquela época tinha uma reputação licenciosa. A capital, Hyderabad, diziam dar morada a 20 mil prostitutas, muitas das quais apresentavam-se na praça principal todas as sextas-feiras, diante do governante local. Ao sinal do primeiro ataque mogol, o governante fugiu de seu domo de prazer em Hyderabad em direção a uma fortaleza nas montanhas vizinhas de Golconda, sem antes, de acordo com um cronista, "consultar qualquer um de seus nobres ou mesmo cuidar de qualquer coisa que fosse sua propriedade, ou mesmo da honra de suas mulheres e família".[6] Uma vez na fortaleza, recobrou sua coragem e resistiu bravamente aos ataques de Aurangzeb. O suborno mogol, não exatamente sua força militar, forçou a abertura dos portões da fortaleza após um cerco de oito meses, durante o qual uma praga arrasara o acampamento mogol. O governante dissoluto de Golconda seguiu o governante de Bijapur em direção a uma austera prisão quando seus Estados foram submetidos ao Império Mogol.

Naquele momento, Akbar tinha fugido para a Pérsia, de acordo com Manucci, com a ajuda de alguns mercadores franceses, mas Aurangzeb permanecia determinado a destruir os homens que antes acolheram seu filho, os maratha. Os mogóis capturaram o indolente Shambuji, amante da luxúria, e seu ministro-chefe em uma campanha-relâmpago. Ambos estavam escondidos em um buraco no chão, sob o piso da casa do ministro. Os mogóis levaram os dois para uma procissão pelas estradas do Decão e no acampamento imperial, com "chapéus de tolo", em forma de sino, sobre suas cabeças e montados em camelos. Quando posto diante de Aurangzeb, Shambuji recusou-se a revelar onde estava enterrado o seu tesouro, xingou Aurangzeb e blasfemou contra sua religião. Aurangzeb o presenteou com uma morte lenta. Primeiro, os mogóis cortaram sua língua; depois o cegaram. E seguiram com mais de duas semanas de torturas, no fim das quais seus membros foram arrancados e dados de comer aos cães do acampamento, e sua cabeça enchida com palha e exibida por todo o Decão, para mostrar aos rebeldes insolentes qual seria o seu destino.

Como já era de se esperar, a morte de Shambuji angariou lealdades não apenas à causa de Aurangzeb, mas também à dos maratha. Aurangzeb permaneceu no Decão, em busca de sua completa pacificação, porém as guerrilhas aumentaram em número, contra as quais os 170 mil soldados de Aurangzeb e os 300 mil homens que acompanhavam seu acampamento não sabiam como reagir, desajeitados e ineficientes. Ainda que com suas recentes conquistas Aurangzeb tenha estendido as fronteiras do Império Mogol ao máximo, levando-as bem mais para o sul, as guerras no Decão se transformaram num escoadouro sem fim para as riquezas dos mogóis, que pareciam infindáveis quando Shah Jahan tinha completado seus vastos e custosos projetos arquitetônicos. A forma como Aurangzeb tratou seus problemas com os hindus no Decão, no Rajastão e em todas as partes mudou o caráter dos princípios mogóis, que já não eram inclusivos, tolerantes, dignos de um império que estava unido por confiança mútua e pela interdependência estabelecida por Akbar. Em vez disso, assim como nos tempos de Babur, o Império Mogol era mais uma vez um poder de ocupação.

Aurangzeb só tomou o caminho de volta ao norte dezesseis anos mais tarde, em outubro de 1705. Com a saúde abalada e aos 87 anos, chegou a Ahmednagar, a leste de Mumbai (Bombaim), onde morreu. A data, no calendário ocidental, foi 21 de fevereiro de 1707. Como Aurangzeb queria, era sexta-feira, dia sagrado dos muçulmanos. Foi enterrado em uma tumba muçulmana em Khuldabad, a cerca de 50 quilômetros de Ahmednagar. De acordo com seus desejos, a tumba do último dos grandes mogóis foi encimada por um arenito sem inscrição e deixada aberta ao céu — uma tumba ainda mais simples que a de seu antepassado Babur, em Cabul, e em completo contraste com o magnífico mausoléu de seus pais. O ressentimento que nutria pelo pai transpareceu mesmo em seu último testamento: "Nunca confie em seus filhos, nem os ameace durante a sua vida de forma íntima; pois se o imperador Shah Jahan não tivesse [favorecido] Dara Shukoh, seus negócios não teriam chegado a um limite tão sofrível. Lembre-se sempre do ditado: 'O mundo de um rei é árido.'"[7]

O caos logo se seguiu à morte de Aurangzeb. Akbar falecera no exílio, em 1704, mas os três filhos sobreviventes de Aurangzeb — dois dos quais o pai colocara na prisão várias vezes — lutaram pela sucessão. Dois dos filhos e três de seus netos morreram em conflito. O Império Mogol rapidamente se desintegrou em vários pequenos feudos com uma sucessão de imperadores que não exerciam mais que uma soberania no papel. Uma guerrilha no Decão, empreendida pelos persas comandados por Nadir Shah em 1739, levou à captura da cidade e ao pagamento, por parte de seus habitantes, de uma grande indenização, fazendo com que os persas levassem o Trono do Pavão e muitos outros tesouros. Nos quase 350 anos desde a tomada da cidade de Délhi por Tamerlão, e nos mais de 200 anos desde que Babur tinha visto nos artesãos a única coisa interessante do Hindustão, a reputação dos artesãos hindus só fez crescer. Não foi surpresa que, entre o saque dos persas, em 1739, estivessem cem pedreiros e duzentos carpinteiros, levados para embelezar o seu país.

Enquanto o poder dos imperadores mogóis declinava, o mesmo aconteceu com sua presença em Agra, relegada a uma cidade provincial. O Taj Mahal permaneceu como símbolo não tanto de amor, mas sim das antigas glórias mogóis. Suas riquezas e as riquezas dos outros monumentos mogóis nos arredores de Agra eram um alvo muito tentador aos ladrões da região e além, mesmo que suas depredações não estivessem ao mesmo nível das levadas a cabo por Nadir Shah, em Délhi. Os *jat*, poder militar local que crescia, levaram consigo muito da riqueza dos mogóis, incluindo, pelo que dizem, os ornamentados e incrustados portões de prata do Taj Mahal. Também levaram mármore e arenito para seus próprios complexos de palácios. Mais tarde, no século XVIII, quando os maratha, naquela altura poderosos, ocuparam a cidade junto aos seus conselheiros franceses, continuaram a roubar os edifícios mogóis, removendo pedras semipreciosas e outras pedras para os seus projetos de construção.

A maior parte dos bens valiosos, incluindo tapetes, baldaquinos e objetos presos às paredes, tinha desaparecido do Taj Mahal no momento em que o exército da Companhia Britânica das Índias Orientais, sob o comando do general Lake, ocupou Agra, em 1803. Mesmo que tenham tomado os primeiros passos em busca da guarda do Taj Mahal, e já em 1810 começado os primeiros trabalhos de restauração, os britânicos não trataram o monumento com o respeito que merecia. Permitiram que a mesquita e a casa de hóspedes que flanqueiam o mausoléu funcionassem como chalés de lua de mel. Também montaram bailes nos quais grupos musicais militares faziam performances no pedestal do mausoléu. Como o lorde Curzon, vice-rei britânico no início do século XX, admitiu: "Em um primeiro momento, quando havia piqueniques festivos nos jardins do Taj, não era incomum que os convivas se armassem com martelos e cinzéis com os quais descolavam fragmentos de ágata dos túmulos do imperador e de sua pranteada rainha."[8]

Os britânicos também usaram os jardins como local para se satisfazer após sessões de bebedeira. Um guia de viagens inglês de 1872 diz: "Seria certamente mais correto se nenhuma festa jamais perturbasse a calma de um local construído para memórias sagradas, mas enquanto os nativos mantiverem constantes festas no recinto e continuarem jogando bagaços de laranja e outros dejetos por todo lado, será de alguma forma hipocrisia não permitir a uns poucos britânicos que se aliviem em um canto remoto."[9]

No entanto, é mentira o que dizem sobre a petição de lorde William Bentick, governador britânico na década de 1830: que o Taj Mahal fosse derrubado e seu mármore leiloado, ideia da qual só teria desistido ao saber que o primeiro leilão de artefatos indianos em Londres tinha sido um fracasso. Seus inimigos britânicos na Índia fabricaram a história, que chegou a aparecer em um relatório oficial. A única parte verdadeira, sobre a qual construíram toda a história, foi que Bentick realmente tentou vender restos de uma banheira de mármore de outro local de Agra — tal banheira, em parte, já tinha sido levada a Calcutá dezesseis anos antes.

O próprio lorde Curzon era um aristocrata tão soberbo que seus colegas universitários em Oxford cunharam estas famosas linhas: "Meu nome é George Nathaniel Curzon, sou uma pessoa muito superior"; e o décimo oitavo duque de Earl mais tarde confessou que Curzon "faz qualquer pessoa se sentir o mais terrível plebeu". Talvez seu respeito pela tradição o tenha levado a tentar remediar a negligência com a arquitetura mogol em Agra. Mais tarde, ele mesmo, justificadamente, gabou-se de seu trabalho e das habilidades dos artesãos de Agra. Não era mais possível acessar o Taj Mahal "através de nuvens de poeira e esquálidos bazares. Um bonito parque tomou o lugar de tudo isso. Cada construção no recinto do Taj foi escrupulosamente reparada, e a descoberta dos antigos projetos nos permitiu restaurar os canais de água e canteiros, deixando-os o mais próximo possível de seu estado original. Os habilidosos trabalhadores de Agra se entregaram à empreitada com tanto zelo e gosto como seus antepassados, trezentos anos antes. Desde que cheguei à Índia, levamos a cabo reparos, apenas em Agra, que custaram 40 mil libras. Cada rupia gasta foi uma reverência ao passado e um presente de beleza recuperada ao futuro". A menção aos antigos projetos talvez seja o ponto mais intrigante, mas infelizmente tais papéis não foram encontrados em qualquer arquivo na Índia ou na Grã-Bretanha.*

Curzon tinha amor especial pelo Taj Mahal. Num discurso feito na plataforma de mármore, ele proclamou: "O domo central do Taj se eleva como um suspiro no ar. Se não tivesse feito nada mais na Índia, sei que tenho meu nome escrito aqui, e as cartas são uma alegria viva." Curzon ofereceu ao Taj Mahal um bonito lustre de latão modelado a partir de um outro lustre, pertencente a uma antiga mesquita egípcia. Foi suspenso no centro do domo interior, acima dos túmulos imperiais, onde ainda permanece.[10]**

Enquanto o século XX corria, os britânicos levaram adiante os projetos de pesquisas e registros do Taj Mahal. Entre 1941 e 1943, o Centro de Pesquisas Arqueológicas da Índia,*** originalmente estabelecido na

---

* É possível que sejam os mesmos projetos que dizem ter sido possessão dos descendentes do desenhista Ustad Isa, na primeira metade do século XX (cf. p. 166).
** No entanto, Curzon talvez não tenha entendido a paixão sensual que era parte do amor entre Mumtaz Mahal e Shah Jahan, pois, instruindo sua esposa sobre fazer amor, disse a ela que "as senhoras nunca se movem".
*** Archaeological Survey of India (ASI).

metade do século XIX, desenvolveu uma série de detalhados estudos de particularidades. Mesmo que tivessem descoberto que o Taj Mahal se mantinha em boas condições estruturais, registraram que os minaretes estavam um tanto inclinados.

Após a Índia ter recuperado sua independência, o Centro de Pesquisas Arqueológicas seguiu seu trabalho e continua a ser o responsável pelo cuidado e pela manutenção do Taj Mahal, que foi listado em 1983 como patrimônio mundial pela Organização das Nações Unidas para a Educação, a Ciência e a Cultura (Unesco).

Em 1965, durante o conflito entre Índia e Paquistão, o campo de Agra serviu como importante base de operações para a Força Aérea indiana. Temendo que a brancura do Taj Mahal se provasse, em noites de lua cheia, um sinal útil para a navegação dos paquistaneses, o governo da Índia encomendou a alfaiates locais um enorme manto negro que pudesse cobrir a alvura do mausoléu e seus minaretes, diminuindo sua visibilidade do ar. O artefato foi mantido em uma das câmaras do complexo do Taj Mahal até mais ou menos dez anos atrás, quando, quase inteiramente consumido por ratos, foi finalmente descartado.

Nos primeiros anos do século XXI, o terrorismo provou ser uma ameaça ainda maior ao Taj Mahal e ao governo da Índia, que aumentou as medidas de segurança. Existem *bunkers* com sacos de areia em pontos-chave ao redor do monumento, e uma cerca de arame farpado foi posta entre o mausoléu e o rio Jumna. As equipes de segurança, hoje comuns em todo o mundo, nos aeroportos e em prédios governamentais, fazem buscas em bolsas e revistam as pessoas, trazendo consigo, em tempos de crise, cães farejadores à procura de explosivos.

No entanto, talvez a maior ameaça ao monumento seja a poluição causada pelo funcionamento de fábricas nas redondezas, por instalações elétricas, pelas linhas férreas e pelo tráfego constante. Foram fechadas 250 fábricas próximas ao Taj Mahal que não demonstraram ter equipamentos capazes de monitorar suas emissões. Dizem que tal movimento custou 100 mil postos de trabalho, e por isso não foi uma medida muito popular em Agra, onde as pessoas comentavam: "Devemos fazer da cidade um túmulo para preservar um mausoléu?"[11]

Apenas petróleo livre de íons é vendido em Agra, e uma usina de energia solar está sendo construída para minimizar a poluição gerada na área. Apenas aos veículos com baterias elétricas ou tração animal ou humana é permitida a circulação em uma área de até 500 metros do complexo do Taj Mahal. O Centro de Pesquisas Arqueológicas da Índia instalou um sistema para monitorar a poluição na torre que se ergue na esquina nordeste do complexo, junto a um discreto aparelho eletrônico que informa aos visitantes, em tempo real, o nível de poluentes, como dióxido de enxofre. O centro de pesquisas fez grandes esforços para remover os poluentes amarelados do mármore branco. Alguns anos atrás, descobriram que entre os mais poderosos agentes de limpeza está uma mistura de argila, cereal, leite e suco de limão, que foi recomendada pelo cronista de Akbar, Abul Fazl, como excelente cosmético facial para as mulheres. Os restauradores aplicaram a pasta em uma camada de mais ou menos uma polegada de espessura e seu uso resultou em melhoras consideráveis na cor dos minaretes e no interior do mausoléu. O governo da Índia, em 2003, parou a construção de um complexo de entretenimento, que começara seis meses antes, a uma distância de apenas 270 metros do Taj Mahal, seguindo indicações da Unesco de que, se não o fizessem, a entidade retiraria o complexo da lista de patrimônios mundiais.

Uma das maiores preocupações é com o nível e condições do rio Jumna. Originalmente, corria bem rente ao Taj Mahal, de forma que Shah Jahan podia viajar de barco, com facilidade, do forte de Agra à plataforma logo abaixo do mausoléu. Hoje o Jumna está muito mais esgotado, altamente poluído, e guarda certa distância da plataforma. Em junho de 2003, centenas de peixes mortos foram encontrados perto do Taj Mahal, aniquilados por uma combinação de poluição química e detritos. Em 2004, dois historiadores indianos avisaram que a inclinação dos minaretes tinha aumentado consideravelmente desde as medições dos anos 1940, citando como evidência uma pesquisa da Unesco. No entanto, após mais investigações, as pesquisas do centro arqueológico não descobriram falhas na base dos minaretes nem na plataforma, e concluíram que a inclinação para dentro, em direção ao mausoléu, é resultado de um rearranjo do subsolo, ocorrido centenas de anos antes. Sugeriram que as diferenças de medidas da plataforma estavam dentro dos limites do erro estatístico. Os historiadores, porém, não concordaram. Eles acreditam que, na falta de uma pressão de contrapeso das águas do Jumna, o Taj Mahal e sua plataforma devem inclinar-se lentamente em direção ao norte, e que a inclinação maior dos minaretes é a primeira demonstração de tal fenômeno. Propuseram dragar o Jumna logo abaixo do Taj Mahal para que quantidade suficiente de água possa, por fim, restituir o nível original e sua pressão.

Mesmo que o Taj Mahal esteja agora fechado às sextas-feiras, para guardar algum tempo para manutenção e outras atividades, o turismo traz certas dificuldades. A condensação da respiração dos três milhões de visitantes anuais que o Taj Mahal recebe anualmente é um dos maiores problemas no interior do mausoléu. Tantos visitantes também significa que é difícil perceber toda a sensação de isolamento que deixa o Taj Mahal ainda mais evocativo. No entanto, seria impossível, e inteiramente injustificável, restringir o número de visitantes. Aumentar o preço do valor da entrada paga por visitantes indianos às mais altas somas pagas pelos estrangeiros poderia impossibilitar que grande número de locais visitasse um patrimônio nacional. Restringir a entrada aos de nacionalidade indiana significaria que os estrangeiros já não poderiam visitar um edifício celebrado como verdadeiramente único. Como escreveu um dos poetas de Shah Jahan:

Desde a solidificação da abóbada do firmamento, um edifício como esse
Nunca antes tinha subido para competir com o céu.[12]

XVI
"Sua própria tumba, do outro lado do rio"

Assim como nunca saberemos o que se esconde por trás do enigmático sorriso de Mona Lisa, existem questões não resolvidas sobre o Taj Mahal. Algumas respostas talvez sejam encontradas com mais investigações arqueológicas, mas outras envolvem o que o triste Shah Jahan viu com os olhos de sua mente quando planejou o mausoléu.

A razão pela qual Shah Jahan e seus arquitetos colocaram o Taj Mahal depois dos jardins, e não no centro dele, como seria o convencional para um mausoléu, atraiu muita atenção. Na década de 1970, um respeitado historiador norte-americano ofereceu uma visão largamente aceita de que o complexo do Taj foi construído para evocar um Paraíso na terra, sugerindo que o próprio mausoléu deveria ser a representação simbólica do trono de Deus, que se senta diretamente acima do Paraíso, e que todo o complexo era uma representação alegórica do Dia da Ressurreição, como revelado pelos místicos sufi. Os jardins abaixo do Taj Mahal representariam os reunidos pelo que ressuscitou, que seriam observados por Deus de cima de seu trono de mármore branco, representado pelo Taj Mahal. A forte ligação dos filhos preferidos de Shah Jahan com o sufismo e sua própria preocupação com a criação de extravagantes tronos como símbolo de poder dão certo crédito a essa sugestão. Outros enxergaram o local escolhido para o Taj Mahal como simplesmente uma tradição de erigir o pavilhão principal ao lado da água, para se beneficiar com a vista, a brisa refrescante e o reflexo do rio Jumna.

No entanto, cerca de dez anos atrás, arqueólogos do Centro de Pesquisas Arqueológicas da Índia e do Sacker Gallery, da Smithsonian Institution, de

Washington, começaram a estudar os restos de jardins diretamente opostos ao Taj Mahal, na margem norte do Jumna, que se imaginava estarem no mesmo local de jardins mais antigos, plantados por Babur, conhecidos como "Mahtab Bagh", "Jardim da Luz da Lua". Comparando desenhos antigos e mapas de Agra, perceberam que tais jardins pareciam conter pavilhões diretamente alinhados com o Taj Mahal. Quando começaram as escavações, o local do Mahtab Bagh estava coberto com lodo desde as margens do Jumna e repleto de grama e outras plantas. Muitas pedras e alvenaria tinham sido removidas nos anos anteriores para construir casas em vilarejos próximos. Uma parte dos tijolos postos às margens tinha caído no rio.

As cuidadosas escavações dos arqueólogos confirmaram que o Mahtab Bagh, de 24 acres, fora um jardim de passeio noturno. Tais jardins não foram uma invenção dos mogóis: governantes hindus tinham construído jardins parecidos muito antes de sua chegada. Podiam ser aproveitados à tarde, quando o tempo estava mais fresco, após um dia de muito calor, e especialmente nas noites de lua cheia. Os jardineiros plantavam flores brancas ou pálidas, para que sobressaíssem na luz pálida do amanhecer, e escolhiam flores com odor agradável para perfumar o ar noturno. Outra planta muito apreciada por eles era a *champa*. As flores desse membro da família da magnólia se abrem à noite e têm um cheiro doce e suave. Jahangir descreveu como, já florescida, bastava apenas uma flor "para perfumar inteiramente um jardim".[1]*

Os mogóis levaram adiante o conceito original hindu, adicionando água corrente e chafarizes. Também espalharam pelos caminhos dos jardins lâmpadas a óleo, além de outras lâmpadas em pavilhões e nichos por trás das águas. Miniaturas mostram mulheres em jardins escuros segurando em suas mãos fogos de artifício que explodiam em chuvas de fagulhas douradas.

Trabalhando nos jardins Mahtab com temperaturas de quase cinquenta graus e escavando canteiros, caminhos de águas e passeios do tempo dos

---

* As flores *champa* são usadas como oferendas votivas nos templos hinduístas e podem ser destiladas em óleos para cabelo usados por mulheres indianas.

mogóis, arqueólogos botânicos encontraram evidências de que a árvore de *champa* realmente crescia por ali. Também descobriram traços de outra árvore de flores perfumadas e brancas, o cedro vermelho (membro da família *mahogany*, apesar de seu nome), bem como de castanheiras, mangueiras, palmeiras e figueiras. Além disso, encontraram sementes carbonizadas de uma planta com flores vermelhas que produz sementes que atraem pássaros.*

No entanto, o Mahtab Bagh tem uma importância muito maior para o Taj Mahal. Os trabalhos arqueológicos revelaram que o jardim tinha um formato quadrangular, com torres em cada canto, das quais apenas uma permanece intacta. Também encontraram vestígios de um portão no meio do perímetro norte do muro. Mais interessante ainda, perceberam vestígios de uma plataforma octogonal de frente para o rio, oposta ao mausoléu, na ponta sul do jardim. Um grande lago octogonal tinha sido posto na plataforma e encontraram também as fundações de um pequeno pavilhão no lado norte. O lago continha 25 saídas de água e estava cercado por desenhos de flores de lótus, similares às usadas no Taj Mahal e em volta de lagos em outros jardins mogóis. Quando o lago estava cheio, as águas deveriam correr por um canal raso ao norte, com borda de arenito, desembocando em uma pequena cascata, sob a qual havia uma série de nichos nos quais provavelmente eram postas lâmpadas a óleo à noite e flores de dia. A cascata terminava em um pequeno lago de arenito, logo abaixo.

Nenhum canal de água permaneceu além desse ponto, mas no meio do jardim os arqueólogos descobriram outro lago, de quase 6 metros de largura, com formato quadrangular e 1,5 metro de profundidade. Isso os levou a concluir, de forma muito sensível, que o jardim deve ter seguido um design convencional de *char bagh*, com um dos canais fluindo do lago de arenito à base do lago octogonal, e depois para o lago no centro do jardim, enquanto outro canal o interceptava em ângulo reto. Os ar-

---

* O Mahtab Bagh está aberto ao público, após ter sido restaurado. Os canteiros estão mais uma vez repletos de flores, atraindo centenas de abelhas e borboletas. O ASI plantou mais de 10 mil arbustos e plantas, incluindo as flores vermelhas (*cockscomb*), mangueiras e a incrivelmente aromática *champa*.

queólogos também encontraram, fora dos muros do jardim, restos de sistemas de reservatórios de água, especialmente uma cisterna ou tanque sustentado por pilares e sugerindo, junto aos restos de outros pilares, que o mecanismo de suprimento de água era muito parecido com o existente no complexo do Taj Mahal.

As cuidadosas medições dos pesquisadores mostraram que as torres marcando cada ponta do muro de frente para o rio do jardim Mahtab estavam perfeitamente alinhadas com as presentes na outra margem, no final do Taj Mahal, e que o canal de água norte-sul — eixo central do Taj Mahal — estava alinhado com o canal e o lago central do Mahtab Bagh. Mais significante, uma vez cheio de água, o lago octogonal captura perfeitamente a imagem do Taj Mahal. Os arqueólogos, após esse trabalho, concluíram que o Mahtab Bagh era parte intrínseca do conceito do Taj Mahal como um todo, e na verdade tratava-se de um jardim noturno. No topo do pequeno pavilhão, ao norte da plataforma, Shah Jahan poderia ver o Taj Mahal flutuando sobre as fontes do Mahtab Bagh.

Eles concluíram que Shah Jahan e seus arquitetos tinham incorporado o Mahtab Bagh em seu desenho mais completo do complexo do Taj Mahal, e que modificaram consideravelmente os jardins, incluindo mais detalhes, como o lago octogonal e os pavilhões. Isso faz sentido ao ser confrontado com a ligação feita por Aurangzeb entre o Mahtab Bagh e o Taj Mahal, em sua carta de 9 de dezembro de 1652. Nessa missiva, ele descreve a Shah Jahan como uma inundação fez com que o jardim "perdesse seu charme", ao mesmo tempo que registrava vazamentos no Taj Mahal. E ainda mais importante: a pesquisa dá apoio à conclusão de que Shah Jahan queria ver o Taj Mahal no meio de um grande jardim, como em um convencional desenho de *char bagh*, com os canais norte-sul do complexo do Taj Mahal e do Mahtab Bagh alinhados, tendo o corpo de Mumtaz como eixo central, mas com o rio representando o eixo leste-oeste — um conceito verdadeiramente muito inspirado, grandioso.

A criação, por parte de Shah Jahan, de tal jardim também dá credito à crença de que ele planejara o Taj Mahal apenas para Mumtaz, e que gostaria de criar um edifício separado, do outro lado do rio, para o seu corpo.

"SUA PRÓPRIA TUMBA, DO OUTRO LADO DO RIO"

Em seu livro sobre suas viagens pela Índia, durante as quais visitou Agra em 1640, e depois mais uma vez em 1665 (Shah Jahan estava preso por Aurangzeb no momento da segunda visita), o viajante e joalheiro francês Jean-Baptiste Tavernier disse: "Shah Jahan começou a construir sua própria tumba, do outro lado do rio, mas a guerra com seus filhos interrompeu seus planos."[2] Para dar base aos seus escritos, Tavernier teria conversado com cortesãos e outras pessoas em Agra. A tradição oral local apoia o relato de Tavernier, dizendo também que o segundo Taj Mahal seria de mármore preto, e também que Shah Jahan tinha a intenção de unir os dois com uma ponte, talvez de prata. Tal história é contada como se fosse verdadeira por muitos guias, pelo menos no que diz respeito ao Taj Mahal preto.

Muitos historiadores negaram a ideia de um segundo Taj Mahal, pois não há qualquer referência contemporânea além da escrita por Tavernier, e também porque os arqueólogos não encontraram evidência de fundação para tal construção durante suas recentes escavações no Mahtab Bagh. (O lago octogonal está onde o Taj Mahal preto deveria estar.) Convencidos de que não há qualquer evidência de Shah Jahan quanto à construção de uma tumba própria, preferem seguir com a ideia de que o imperador sempre teve a intenção de ser enterrado no Taj Mahal. Eles rejeitam a sugestão de que foi colocado no interior do mausoléu por seu filho usurpador por puro ressentimento devido à existência de um precedente: o corpo do avô persa de Mumtaz Mahal, Itimad-ud-daula, foi enterrado na mesma tumba de sua esposa. E apontam que, nos dois casos, as mulheres, falecidas antes, estão no centro do monumento, e seus maridos ao lado.

No entanto, antes de centrar-se no Taj Mahal preto, a questão deveria ser encarada de outra forma, para ver se realmente existe alguma evidência de que Shah Jahan queria ser enterrado no Taj Mahal. Nenhum cronista da corte, nenhum observador indiano, nem mesmo europeu, mencionou que o Taj Mahal, além de ser a tumba de Mumtaz Mahal, fosse qualquer outra coisa, pelo menos até o enterro de Shah Jahan. O nome da tumba, "Taj Mahal", geralmente visto como uma redução do nome de Mumtaz Mahal, já era o nome corrente, usado pelo povo, bem antes da morte de Shah Jahan, sugerindo que a tumba fora pensada para ela, e só para ela.

É óbvio que o túmulo de Mumtaz ocupa uma posição central, alinhado com o eixo central de todo o complexo, do Mahtab Bagh ao Mumtazabad. A colocação do túmulo de Shah Jahan é o único elemento assimétrico em todo o complexo. Caso tivesse pensado ser enterrado no Taj Mahal, não teria reservado para si mesmo a posição central, ou planejado duas tumbas simétricas, cada uma de um lado do eixo?

Além do mais, o túmulo de Shah Jahan não está centralizado na câmara principal nem na cripta, mais abaixo. Na cripta, especialmente quando vista de cima, não parece haver muito espaço entre o túmulo de Mumtaz e a tela *jali* que o cerca. Se Shah Jahan tivesse desejado ser enterrado ao lado de Mumtaz, teria construído a área em volta da cerca ornamentada com mais espaço, o que seria perfeitamente possível. Na cripta, há um espaço muito exíguo para que uma pessoa passe entre o túmulo de Shah Jahan e a parede, enquanto há mais de 2 metros entre a tumba de Mumtaz e o lado oposto. Mais uma vez, não deveria Shah Jahan ter construído uma cripta maior, caso quisesse ter sido enterrado ao lado de Mumtaz?

Além do mais, a comparação com a tumba de Itimad-ud-daula não é tão convincente como parece. Os pequenos túmulos de Itimad-ud-daula e sua mulher, que morreram em um espaço de três meses um do outro, são, ao contrário dos túmulos de Shah Jahan e Mumtaz Mahal, do mesmo tamanho e design, e os dois estão cercados por designs idênticos no chão. Não há tela *jali*, e existe muito espaço entre os dois túmulos e as paredes, dos dois lados. Com isso em mente, é lógico deduzir que, ao buscar um local para enterrar o pai, Aurangzeb viu o posicionamento dos túmulos de seus trisavôs como útil, pouco custoso e interessante precedente, sugerindo que a tumba de Itimad-ud-daula apoia o argumento de que Shah Jahan gostaria de ser enterrado ao lado de sua mulher.

Tendo em vista tal evidência, é razoável assumir que Shah Jahan não tinha a intenção de ser enterrado no Taj Mahal. Nesse caso, onde gostaria de ser enterrado? Não podemos saber ao certo. No entanto, a ideia do Taj preto não pode ser totalmente descartada, e tem alguns apoiadores, como o recente diretor-geral do Centro de Pesquisas Arqueológicas da Índia, M. C. Joshi, que imagina que tal edifício poderia estar incluído no plano original, assim como consta nos relatos de Tavernier e na forte tradição local.

Shah Jahan era um benfeitor que via a arte em grande perspectiva, e a ideia de um contraponto à tumba na margem norte do Jumna não é improvável de ter sido pensada por ele. A segunda tumba espelharia o Taj Mahal de forma mais perfeita que qualquer reflexo no lago octogonal do Mahtab Bagh. Shah Jahan amava o contraste entre mármore preto e branco. Isso é exemplificado na construção de um pavilhão preto nos jardins de Shalimar, em Srinagar, Caxemira, em 1630, pouco antes da morte de Mumtaz. O Taj Mahal também contém muito mármore preto. Por exemplo, as ligas entre cada bloco de mármore branco dos quatro minaretes estão incrustadas de mármore preto; o mesmo pode ser dito do pequeno muro que envolve a plataforma do mausoléu; e o próprio mausoléu tem mármore preto em seus frisos e caligrafias.

Todos concordam que o Mahtab Bagh era um jardim de passeio. No entanto, na tradição timúrida e mogol, governantes e nobres eram muitas vezes enterrados em jardins que tinham construído para sua diversão. Por exemplo, Nur construiu a tumba do pai de Shah Jahan, Jahangir, em Lahore, um de seus jardins preferidos. O pai de Jahangir, Akbar, foi enterrado em um jardim que ele mesmo escolhera antes de morrer. No momento de sua vida que provavelmente gostaria de poder ter começado a trabalhar em sua própria tumba, Shah Jahan foi deposto, como lembram os registros de Tavernier. A construção do Taj preto, ou de qualquer outro mausoléu no Mahtab Bagh, já não seria possível.*

Ainda que os argumentos supracitados não sejam uma evidência conclusiva de que um Taj Mahal preto tenha sido planejado, têm a vantagem de combinar fatos conhecidos e reconciliar teorias que parecem competir entre si. Também têm o mérito de apelar para o lado romântico de todos.

Outra controvérsia está no propósito das várias câmaras subterrâneas ao longo da margem norte do rio, no final da plataforma que sustenta

---

* Entre os que consideram que era a intenção de Shah Jahan ser enterrado no Mahtab Bagh está o professor R. C. Agrawal, atual diretor-geral do Centro de Pesquisas Arqueológicas da Índia.

o mausoléu. São dezessete câmaras no total, ligadas por espécies de curtas passagens interconectadas. As câmaras subterrâneas são conectadas a uma plataforma de arenito 5 metros acima das duas escadarias. As câmaras têm tetos altos, com arcos que formam um domo de quase 5 metros de altura nos seus pontos mais altos. Os tetos são decorados com padrões de diamante. As partes inferiores das paredes têm bordas verdes e vermelhas, similares às encontradas nas construções que ainda sobrevivem do palácio real de Shah Jahan, em Burhanpur. Junto às paredes do lado do rio das câmaras, os arcos parecem ter sido preenchidos, após sua construção, com pequenos tijolos usados em diversos edifícios mogóis. (Visto do rio, o único sinal externo da existência de tais câmaras é uma tela de ventilação com treliça próxima à descida das escadarias do lado leste.)

Atrás das câmaras subterrâneas ao sul, há um corredor alto, estreito, mais afastado do rio Jumna. Medições mostram que a soma das larguras do corredor e das câmaras alcança quase 7 metros. Isso significa que terminam a menos de meio metro das fundações da plataforma de mármore branco que apoia o mausoléu.

O corredor e as câmaras subterrâneas são claramente da mesma época da construção do resto do prédio. Quando visitou o Taj Mahal, Shah Jahan chegou pelo rio. (O Centro de Estudos Arqueológicos da Índia identificou, em 1958, os restos de uma plataforma que teria apoiado o cais.) Ainda que alguns argumentem que as câmaras em arco não eram nada mais que parte integrante do plano sofisticado dos arquitetos para dar apoio à pesada estrutura logo acima, o consenso é que, quando o Taj Mahal foi originalmente construído, os arcos no lado do rio, dentro das câmaras subterrâneas, estavam abertos, e que as dezessete câmaras abrigavam uma série de varandas para que o imperador pudesse passear em seu caminho do cais à tumba de sua esposa. Das mesmas varandas, podia olhar para os jardins Mahtab, do outro lado do rio. A razão do fechamento das varandas pode ter sido uma precaução contra inundações ou, o que é mais provável, parte do trabalho encomendado por Shah Jahan em 1652 para reparar o domo do mausoléu e endireitar a estrutura do Taj Mahal, após os relatos de Aurangzeb de rachaduras e inundações.

No entanto, o propósito do corredor não é tão claro. Alguns arqueólogos argumentaram que originalmente ele se expandia por todos os quatro lados das fundações da plataforma de mármore e que, em algum ponto, dava acesso a uma cripta mais abaixo da existente, onde estariam uma terceira leva de tumbas, as reais. Apoia essa teoria o fato de que o corredor é quase 3 metros mais largo que a plataforma de mármore, o que permitiria que corredores de menos de 1,5 metro de largura passassem mais além da plataforma, nas duas pontas das fundações. Eles se referem ao que parecem ser portas fechadas em cada ponta do corredor, e que poderiam ser ângulos retos envolvendo a plataforma. Os disputados documentos do século XIX, copiados de outros manuscritos mais antigos, falam sobre o custo de três câmaras de criptas. Mesmo que tais documentos representem apenas um registro da tradição oral, escrito no século XIX, parece um pouco estranho que tal tradição apoie a existência de um terceiro par de tumbas, caso elas não existissem. (A razão para o bloqueio das portas poderia ter sido a preservação da integridade estrutural durante os reparos de 1652 ou, em um estágio mais avançado, uma prevenção contra o vandalismo quando a posse de Agra pelos mogóis começou a decair.) No entanto, uma visão definitiva necessitaria de mais investigações arqueológicas, e o Centro de Pesquisas Arqueológicas da Índia diz que não tem intenção de segui-las atualmente.

Controvérsias sobre se o Taj Mahal era originalmente um templo hindu sempre estão presentes. Argumentos comparativos sobre proezas arquitetônicas hindus e muçulmanas na arquitetura da Índia não são novos e, muitas vezes, se afastam do que realmente é o Taj Mahal — uma síntese das duas tradições. Por exemplo, Aldous Huxley, nos anos 1920, escreveu: "Os arquitetos hindus produziram edifícios incomparavelmente mais ricos e interessantes como obras de arte [que] o Taj Mahal."[3] No entanto, nas décadas mais recentes, alguns historiadores não tão conhecidos da Índia fizeram nascer novas controvérsias, sugerindo que Shah Jahan não criou o Taj Mahal do nada; ao contrário, ele modificou um edifício preexistente — um palácio rajput ou um templo hindu — construído pelo rajá de Amber (Jaipur).

O argumento desses historiadores, que buscam minimizar a contribuição mogol à arquitetura indiana (alguns chegam a questionar se outros edifícios, como a tumba de Humaium, eram construções mogóis), não recebeu qualquer apoio de historiadores acadêmicos, e não há evidência de fontes rajputs, mogóis ou europeias que o justifique. O que dizem está baseado em declarações de dois cronistas oficiais de Shah Jahan de que haveria um palácio muito mais antigo no local do Taj Mahal, oferecido pelo rajá de Amber ao imperador e pelo qual foi prontamente recompensado. É essa a construção que os historiadores sugerem que Shah Jahan tenha modificado, e por isso os claros traços de arquitetura indiana. Ao longo do tempo, graças à pressão de tanto debate, a descrição de escritores indianos sobre o edifício original varia de um palácio a um templo de Shiva nomeado "Tajo-Mahalaya", do qual teria derivado o nome Taj Mahal. Também sugeriram que a razão para o fechamento dos corredores subterrâneos do Taj Mahal tenha sido para evitar que fosse encontrado o acesso a uma estátua de Shiva.

Os contra-argumentos mais fortes dizem que todos os relatos de construção da tumba, seja por historiadores da corte, seja por observadores europeus, como Peter Mundy, que esteve presente no início da construção, deixam claro que os trabalhos começaram pelas fundações. O cronista Lahori fala sobre "as fundações" que se iniciaram pela escavação na "água".[4] Peter Mundy anotou que "o edifício foi iniciado...".[5] Se houvesse qualquer estrutura prévia no local, outros observadores que visitaram Agra antes da morte de Mumtaz a teriam registrado. Não havia razão para Babur não a mencionar quando chegou a Agra pela primeira vez, quando ficara tão desapontado com seus arredores. (Ele não poderia saber que, mais de cem anos depois, seus descendentes transformariam o local em uma tumba e alegariam tê-la construído do zero.) Da mesma forma, europeus como o padre jesuíta Monserrate, que visitou Agra várias vezes entre 1580 e 1582, ou Sir Thomas Roe, que fez tantas descrições detalhadas de Agra e da vida na corte no início do século XVII, e Palseart, o mercador holandês que visitou Agra em 1620 e 1627, enumerando jardins e palácios às margens do Jumna, não fizeram menção a qualquer edifício preexistente. Mesmo os arquivos reais do rajá de Amber, que doou as terras para a construção, referem-se à construção de projetos — com templos — em outras partes, mas não há referências a construções em Agra. Além disso, os detalhes hindus do Taj Mahal, tais como as *chattris*, são mais provavelmente derivados da síntese dos estilos hindu e muçulmano tão comuns na arquitetura mogol do tempo de Akbar em diante.

O clamor de que o edifício era um templo dedicado a Shiva inquieta especialmente os pesquisadores indianos, pois tais templos não podem ser vendidos após serem construídos, e Shah Jahan não o faria, além de que os rajás de Amber vinham de uma casta da religião hindu que não era devota de Shiva. Talvez, mais conclusivo seria dizer que nenhum templo dedicado a Shiva se parece, de maneira alguma, com o Taj Mahal.

Vinda do outro lado da divisão religiosa, a Wakf Board, uma instituição de caridade criada após a partição da Índia, em 1947, para cuidar das tumbas mogóis, recentemente tentou reivindicar a guarda do Taj Mahal para que pudesse administrá-lo sob as leis severas da *sharia*. No final de 2005, a Suprema Corte Indiana rejeitou a causa dizendo que o Taj Mahal, tanto na época mogol quanto na britânica, sempre foi considerado propriedade da Coroa ou do Estado, e que legalmente permanecia como propriedade nacional na época da transferência do poder independente à Índia.

Tais argumentos e controvérsias seguirão existindo, sem dúvida, assim como o Taj seguirá sendo, para todos, o que Bernier observou há 350 anos — "uma das maravilhas do mundo" —, ainda que a visão original formulada pela mente de Shah Jahan se mantenha, sempre, um tanto misteriosa.

Pós-escrito

A pesquisa para este livro nos levou a muitos lugares, das bibliotecas de Oxford à delicadeza chinesa das mesquitas de Isfahan, dos bancos de areia do serpenteante Oxus, no Uzbequistão, até, é claro, à Índia. Aqui retraçamos a vida de Shah Jahan e Mumtaz das ruínas do palácio de Burhanpur, onde ela morreu, até o próprio Taj Mahal. Ainda que tenhamos visitado o Taj várias vezes, encontrando-o sempre perfeito e admiravelmente perene, dessa vez imaginamos como nossos conhecimentos recém-adquiridos poderiam, de certa forma, diminuir essa sensação. Não deveríamos ter nos preocupado. O Taj Mahal transcende qualquer lembrança, qualquer escrutínio de projetos, qualquer computação detalhada da simetria, qualquer metáfora exagerada com as quais nos encontramos. Enquanto nos aproximávamos, a súbita aparência do eterno mausoléu branco, emoldurado como uma miragem no sólido arco de arenito da entrada, mais uma vez nos fez parar e respirar fundo.

Eduardo VII, que visitou a Índia quando era príncipe de Gales, em 1875, observou, um tanto cansado, que tinha se tornado um lugar-comum entre todos os escritores que visitavam o Taj Mahal "sair com a admissão de que é indescritível, e depois tentar dar alguma ideia dele".[1] Mesmo se concordamos com Shakespeare que

> *a própria beleza se encarrega de persuadir*
> *os olhos dos homens sem um orador*[2]

e partilhando a ideia de que a beleza é algo subjetivo, intuitivo, presente nos olhos de quem a contempla, e de que algo é bonito quando alguém pensa que se trata de algo bonito, ainda assim, é irresistível recolher alguns dos elementos que fizeram com que tantas pessoas, de tantos lugares do mundo, de todas as culturas, de ambos os sexos, tenham visto o Taj Mahal como algo belo.

A maior parte de nós encara a simetria e a estrutura como elementos inerentemente atraentes. Quando pesquisadores mostram duas fotos da mesma pessoa — uma do rosto real, com suas naturais assimetrias, comuns a todos nós, e outra composta artificialmente, como se um lado do rosto fosse o espelho do outro, produzindo grande sensação de simetria —, a maior parte dos entrevistados diz preferir a versão simétrica. Ao apreciar música e outras artes, a estrutura parece estar a serviço da beleza, ainda que nem sempre a garanta. O mesmo aconteceu conosco e o Taj Mahal, cuja simetria e coerência estrutural nos pareceram enormemente satisfatórias. Apreciamos a maneira como, enquanto andávamos pelo mausoléu, as formas e detalhes arquitetônicos surgiam numa ascendente hierarquizada de cada vez maior beleza e definição.

Ao contrário de outros edifícios islâmicos ou mogóis que vimos na Índia, o Taj Mahal não apenas justapõe os elementos das duas tradições, mas sintetiza e sutilmente os modifica, produzindo um edifício que é muito maior que a soma de suas influências. O complexo nos parece mais fluido, empático, mais humano que muitos outros exemplares da arquitetura islâmica, além de mais simples e claramente estruturado que alguns edifícios hindus. Ficamos impactados com a combinação de grande escala e atenção aos detalhes. Heber, um bispo do século XIX, percebeu exatamente isso quando descreveu o Taj Mahal como uma construção de gigantes, finalizada por joalheiros.

Exatamente no momento em que o Taj Mahal estava sendo construído, o reverendo Thomas Fuller, clérigo e ensaísta, escreveu que "a luz (filha mais velha de Deus) é a principal beleza do edifício".[3] O que nos pareceu a mais pura verdade, no interior e no exterior do Taj Mahal. A mudança de luz no interior coloca ainda mais em relevo as incrustações, que com o passar do dia se tornam mais fortes ou mais suaves, mudando de humor. Do lado de fora, o Taj Mahal se beneficia de ainda ter o céu como único pano de fundo, como planejado por Shah Jahan. Não há competição ou distração de outros edifícios, ou mesmo de árvores. A luz do Sol na água dos lagos e canais reflete o prédio; sombras aumentam e diminuem a profundidade dos *iwans*, enquanto passam as horas. A receptividade do mármore Makrana à mudança de luz e atmosfera produz matizes de cor e humor.

Ao nascer do sol, vemos metade do edifício pintar-se de rosa-claro. Ao fim da tarde, o pôr do sol pinta a outra metade de laranja. Em poucos minutos, quando o céu crepuscular oferece tons de lilás, o Taj Mahal ganha uma silhueta púrpura. As pedras semipreciosas brilham sob a luz do Sol. Sob a luz da Lua, parecem vaga-lumes, deixando o Taj com uma aparência prateada, algumas vezes se dissolvendo em uma névoa misteriosa. Dada a beleza das impressões causadas pela mudança de luz na catedral de Rheims, ou nos campos franceses, se comparadas às encontradas no campo de Agra, o que Monet poderia ter criado com a luz que incide sobre o Taj Mahal? Que noturnos Whistler teria produzido?

Nos parece impossível manter simultaneamente o foco em todos os ingredientes que, segundo imaginamos, contribuem para a beleza do Taj Mahal. Concentrar-se, clinicamente, em um elemento, logo descobrimos, apenas enfatiza tal elemento em excesso e distorce sua relação com os demais. Em qualquer caso, há algo inerentemente elusivo na beleza do Taj Mahal. Francis Bacon escreveu, em 1625, "que se trata da melhor parte da beleza, que um quadro não seria capaz de expressar".[4] Há inclusive uma dimensão intangível à percepção pessoal do Taj Mahal, talvez encapsulada no que foi dito por Keats, de que a beleza é verdade, e verdade é beleza, ou talvez relacionada ao fato de que o próprio Taj Mahal transcende qualquer reprodução, qualquer entusiasmo de segunda mão. Para os visitantes islâmicos, o conhecimento da verdade das inscrições do Corão, causando a apreciação de que o complexo foi criado para representar o Paraíso na terra, só faz aumentar sua sensação de beleza. Para muitos, muitos outros, nós incluídos, o conhecimento de outra verdade, de que o Taj Mahal foi construído como uma expressão do amor de Shah Jahan e Mumtaz Mahal, é fundamental. Não se tratava, claro, de um homem inteiramente admirável, mas o tamanho de seu amor e de sua perda, tal qual expressos no Taj Mahal, são devastadores. O poeta Sir Edwin Arnold escreveu, em 1886:

Não arquitetura, como todas as outras são,
Mas a paixão orgulhosa do amor de um Imperador
Forjado em pedras vivas que brilham e se elevam
Com o corpo da beleza, o brilho da alma e o pensamento.[5]

As percepções desse amor embelezam todas as respostas ao monumento, induzindo a um sentimento sensual de que o mármore exibe um brilho parecido com o da pele, e que o domo representa um seio repleto de leite ou, para outros, o sentimento de que o Taj Mahal seria como um castelo encantado que paira no ar. Frente aos túmulos enfeitados com flores de Shah Jahan e Mumtaz, que estão lado a lado, entendemos que o Taj Mahal foi, acima de tudo, o produto de uma profunda emoção. No coração de sua grandeza e magnificência estão dois seres humanos que amaram um ao outro.

Bibliografia

FONTES ORIGINAIS (INCLUINDO TRADUÇÕES)

FONTES MOGÓIS E INDIANAS

Abul Fazl, *The Ain-i-Akbari*, 3 volumes, traduzido por H. Blochmann e H.S. Jarrett, Calcutá, Sociedade Asiática de Bengala, 1873-94.

_____. *The Akbarnama*, 3 volumes, traduzidos por H. Beveridge, Calcutá, Sociedade Asiática de Bengala, 1907-39.

Adab-i-Alamgiri (cartas de Aurangzeb), extratos traduzidos por J. Scott, contidos em *Tales, Anedoctes and Letters*, Londres, Cadell and Davies, 1800.

Baburnama, 2 volumes, traduzidos por A.S. Beveridge, Londres, Luzac, 1921.

Baburnama, traduzido por W.M. Thackson, Nova York, The Modern Library, 2002.

Feritsha, History of Hintustan, traduzido por A. Dow, 3 volumes, Londres, J. Walker, 1812.

Gulbadan, *The Humayan-Nama*, traduzido por A.S. Beveridge, Londres, Royal Asiatic Society, 1902.

Haidar, *Tarikh-i-Rashidi*, traduzido por E.D. Ross como *A History of the Moguls of Central Asia*, Londres, Sampson Low, 1895.

The History of India as Told by Its Own Historians, 7 volumes, compilados e editados por H.M. Elliot e J. Dowson, Londres, Trubner and Co., 1867-77.

Inayat Khan, *The Shah Jahan Nama*, editado por W.E. Begley e Z.A. Desai, Délhi, Oxford University Press, 1990.

Jahangirnama, traduzido por W.M. Thackston, Oxford University Press, 1999.

Taj Mahal — The Illuminated Tomb. An Anthology of Seventeenth Century Mughal and European Documentary Sources, compilado e traduzido por W.E. Begley e Z.A. Desai, Cambridge, MA, The Aga Khan Programme for Islamic Architecture, 1989.

Tirmizi, S.A.I., *Mughal Documents*, Délhi, Manohar Books, 1995.//
The Tuzuk-i-Jahangiri (Memórias de Jahangir), editado por H. Beveridge, traduzido por A. Rogers, Londres, Royal Asiatic Society, 1909.

RELATOS DE VIAJANTES EUROPEUS AO IMPÉRIO MOGOL

RELATOS INDIVIDUAIS

Bernier, F., *Travels in the Mogul Empire*, Délhi, Low Price Publications, 1999.

Van der Broecke, *A Contemporary Dutch Chronicle of Mogul India*, Calcutá, Susil Gupta (Índia) Ltd., 1957.

De Clavijo, R.G., *Embassy to the Court of Timur at Samarcand*, A.D. 1403-6, traduzido por C.R. Markham, Londres, Hakluyt Society, 1899.

Floris, P., *Voyage of Peter Flores to the East Indies*, Londres, Hakluyt Society, 1905.

Manrique, F.S., *Travels of F.S. Manrique*, Londres, Hakluyt Society, 1927.

Manucci, N., *Storia do Mogor*, volumes 1-4, Délhi, Low Price Publications, 1996.

Monserrate, A., *The Commentary of Father Monserrate on his Journey to the Court of Akbar*, traduzido por J. Hoyland, Oxford, Oxford University Press, 1922.

Mundy, P., *The Travels of Peter Mundy in Europa and Asia*, volumes 1-5, Londres, Hakluyt Society, 1914.

Pelsaert, F., *Remonstrantic*, traduzido por W.H. Moreland como *Jahangir's India*, Cambridge, W. Heffer, 1925.

Roe, Sir T., *The Embassy of Sir Thomas Roe to India*, editado por W. Foster, Nova Délhi, Munshiram Manoharlal Publishers, 1990.

Tavernier, J.-B., *Travels in India*, volumes 1 & 2, Nova Délhi, Munshiram Manoharlal Publishers, 1995.

Della Valle, P., *The Travels of Pietro della Valle*, editado por E. Grey (de uma tradução de 1664, por G. Havers), 2 volumes, Londres, Hakluyt Society, 1892.

COMPILAÇÕES

Early Travels in India — 1583-1619 (contém os relatos de Ralph Fitch, John Mildenhall, William Hawkins, William Finch, Nicholas Withington, Thomas Coryat e Edward Terry), editado por W. Foster, Nova Délhi, Munshiram Manoharlal Publishers, 1985.

India in the Seventeenth Century (contém os relatos de John Ovington, Jean de Thevenot e Giovanni Careri), editado por J.P. Gupta, Nova Délhi, Associated Publishing, 1984.

De Laet, *The Empire of the Great Mogol*, traduzido por J.S. Hoyland, Bombaim, D.B. Taraporevala Sons e Co., 1928.

OUTRAS FONTES

LIVROS

Ansari, M.A., *The Social Life of the Mogul Emperors* (1526-1707), Allahabad e Nova Délhi, Shanti Prakashan, 1974.
Asher, C.E., *Architecture of Mughal India*, Cambridge, Cambridge University Press, 1992.
Berinstin, V., *Mughal India — Splendours of the Peacock Throne*, Londres, Thames & Hudson, 1998.
Blair S., & Bloom, J., *The Art and Architecture of Islam 1250-1800*, Londres, Pelican, 1994.
Byron, R., *The Road to Oxiana*, Londres, Pimlico, 2004.
Canby, S. (editor), *Humayan's Garden Party*, Mumbai, Índia, Marg, 1995.
Carroll, D., *The Taj Mahal*, Nova York, Newsweek, 1978.
Charkrabarti, V., *Indian Architectural Theory*, Londres, Curzon, 1999.
Craven, R.C., *Indian Art*, Londres, Thames & Hudson, 1976.
Crowe, S., Haywood, S., Jellicoe, S. & Patterson, G., *The Gardens of Moghul India*, Londres, Thames & Hudson, 1972.
Curzon of Kedleston, Lord, *Speeches*, volume 1, 1898-1900, e volume 3, 1902-1904, Calcutá, Gabinete da Superintendência da Imprensa do Governo, Índia, 1900 e 1904.
Du Jarric, P., *Akbar and the Jesuits*, Londres, Routledge, 1926.
Dutemple, L.A., *The Taj Mahal*, Mineápolis, Minnesota, Lerner Publications, 2003.
Eraly, A., *The Mughal Throne*, Londres, Phoenix, 2004.
Findly, E.B., *Nur Jahan, Empress of India*, Nova York, Oxford University Press, 1993.
Footprint Guide to India, Bath, Footprint Handbooks, 2004.
Gascoine, B., *The Great Moghuls*, Londres, Jonathan Cape, 1971.
Godbole, V.S., *Taj Mahal and the Great British Conspiracy*, Thane, Índia, Itihas Patrike Prakashan, 1996.
Gommans, J., *Mughal Warfare*, Londres, Routledge, 2002.
Hambly, G., *Cities of Mughal India*, Londres, Elek Books, 1968.
Hansen, W., *The Peacock Throne*, Nova York, Holt, Rinehart & Winston, 1972.
Hoag, J.D., *Islamic Architecture*, Londres, Faber & Faber, 1987.
Huxley, A., *Jesting Pilate*, Londres, Triad Paladin, 1985.
Jaffrey, M., *A Taste of India*, Londres, Pavilion Books, 1985.

King, R., *Brunelleschi's Dome*, Nova York, Walker & Co., 2000.
Koch, E., *Mughal Architecture*, Nova Délhi, Oxford University Press, 2002.
Krishnan, U., & Kumar, M., *Indian Jewellery*, Bombaim, India Bookhouse, 2001.
Lall, J., *The Taj Mahal and the Saga of the Great Mughals*, Délhi, Lustre Press, 1994.
_____. *The Taj Mahal and Mughal Agra*, Nova Délhi, Roli Books, 2005.
Lall, K.S., *The Mughal Harem*, Nova Délhi, Aditya Prakashan, 1988.
Lall, M., *Shah Jahan*, Délhi, Vikas Publishing, 1986.
Lane-Smith, R., *The Taj Mahal of Agra*, Délhi, Stonehenge Publishing, 1999.
Lear, E., editor R. Murphy, *Indian Journal*, Londres, Jarrolds, 1953.
Milton, J., *The English Poems*, Ware, Wordsworth Editions, 2004.
Mitford, N., *The Sun King*, Londres, Hamish Hamilton, 1966.
Moynihan, E. (editor), *The Moonlight Garden — New Discoveries at the Taj Mahal*, Washington DC, Smithsonian Institute, 2000.
_____. *Paradise as a Garden in Persia and Mughal India*, Londres, Scolar Press, 1980.
Mukhia, H., *The Mughals of India*, Oxford, Blackwell Publishing, 2004.
Nath, R., *Art and Architecture of the Taj Mahal*, Agra, The Historical Research Documentation Programme, 1996.
_____. *The Private Life of the Mughals of India*, Jaipur, Historical Reasearch Documentation Programme, 1994.
_____. *The Taj Mahal and its Incarnation*, Jaipur, Historical Reasearch Documentation Programme, 1985.
Oak, P.N., *Taj Mahal The True Story — The Tale of a Temple Vandalized*, Houston, Texas, A. Ghosh, 1969.
Okada, A., Joshi, M.C. & Nou, J.L., *The Taj Mahal*, Nova York, Abbeville Press, 1993.
Pal, P., Leoshko, J., Dye, J.M. & Markel, S., *Romance of the Taj Mahal*, Los Angeles & Londres, Los Angeles County Museum of Art e Thames & Hudson, 1989.
Peck, L., Delhi, *A Thousand Years of Building*, Nova Délhi, Roli Books, 2005.
Prawdin, M., *The Builders of the Mogul Empire*, Londres, Allen & Unwin, 1963.
Qaisar, A.J., *Building Construction in Mughal India*, Délhi, Oxford University Press, 1988.
Richards, J.D., *The Mughal Empire*, Cambridge, Cambridge University Press, 1993.
Roosevelt, E., *India and the Awakening East*, Londres, Hutchison, 1954.
Savory, R.M. (editor), *Islamic Civilisation*, Cambridge, Cambridge University Press, 1976.
Seelman, W.H., *Rambles and Recollections of an Indian Official*, volumes 1 e 2, Nova Délhi, Asian Educational Series, 1995.

Stronge, S., *Painting for the Mughal Emperor — The Art of the Book, 1560-1660*, Londres, V&A Publications, 2002.
Tannahill, R., *Sex in History*, Londres, Hamish Hamilton, 1980.
Tillotson, G.H.R., *Mughal India*, Londres, Viking, 1990.
Victoria & Albert Museum, *The Indian Heritage*, Londres, Victoria & Albert Museum, 1982.
Weatherly, M., *The Taj Mahal*, Farmington Hills, MI, Lucent Books, 2003.
Zind, Z., *The Magnificent Moghuls*, Karachi, Oxford University Press, 2002.

DIÁRIOS E REVISTAS

The Art Bulletin
The Indian Historical Quarterly
Islamic Culture
Islamic Quarterly
The Journal of Imperial and Commonwealth History
The Journal of Indian History
The Journal of the Pakistan Historical Society
The Journal of the Royal Asiatic Society
The Journal of the Warburg and Courtland Institutes
Muqarnas
National Geographic Traveler
Oriental Art
South Asian Studies

JORNAIS

Japan Times
Observer (Londres)
Sydney Morning Herald
The Times (Londres)

OUTROS

India History Congress — Processos da sessão número 46, Guru Nanak Dev University, Amritsar, 1985.
Fontes de Internet — Built Heritage of Agra and Fatehpur Sikri, IGNCA, 2002.

Notas e fontes

Para facilitar a leitura, modernizamos falas, pontuações e modos de expressão, sempre que necessário, nos relatos dos séculos XVI e XVII da Índia, em inglês.

Como as seguintes fontes inestimáveis de documentos mogóis aparecem com tanta frequência, abreviamos as referências para:

IT — *The Illuminated Tomb*, uma antologia do século XVII de fontes mogóis e europeias diretamente relacionada ao Taj Mahal, compilada e traduzida por W.E. Begley e Z.A. Desai.
ED — *The History of India as Told by Its Own Historians*, compilada e editada por H.M. Elliot e J. Dowson. Este trabalho de sete volumes contém traduções de longos extratos da maior parte das mais importantes crônicas e histórias do período mogol.

Como a tradução entre os calendários muçulmano e ocidental (e seu subsequente ajuste ao último) pode causar confusão, incluímos nas notas necessárias as datas-chave de nascimento, casamento e morte de Shah Jahan e Mumtaz, de acordo com o calendário muçulmano.

PRÓLOGO

1. Qazwini, *IT*, p. 15.
2. *Ibid.*, p. 13.
3. F. Bernier, *Travels in the Mogul Empire*, p. 299.
4. Kalim, *IT*, p. 84.
5. R. Tagore, citado na fonte de Internet Built Heritage of Agra and Fatehpur Sirki.

6. R. Kipling, *From Sea to Sea 1887*, citado em D. Carroll, *The Taj Mahal*, p. 156.
7. E. Lear, *Indian Journal*, 16 de fevereiro de 1874, p. 78.
8. W.H. Sleeman, *Rambles and Recollections of an Indian Official*, v. 1, p. 382.
9. T. Daniell, citado em P. Pal *et al.*, *Romance of the Taj Mahal*, p. 199.
10. P. Mundy, *Travels in Europe and Asia*, 1914, v. 2, , p. 213.

I. "UM LUGAR DE POUCO CHARME"

Todas as citações neste capítulo, quando não assinaladas de outra forma, pertencem às memórias de Babur, *The Baburnama*. Usamos as traduções de Wheeler Thackston e Annette Beveridge. As duas são excelentes.

1. C. Marlowe, *Tamburlaine the Great*, parte II, linha 4641.
2. R.G. de Clavijo, *Embassy to the Court of Timur at Samarcand*, p. 131.
3. Haidar, *Tarikh-i-Rashidi* (traduzido por E. Denninson Ross como *A History of the Moguls of Central Asia*), p. 3-4.
4. E. Moynihan, *Paradise as a Garden in Persia and Mughal India*, p. 72.
5. B. Gaiscoigne, *The Great Moghuls*, p. 11.
6. *Ibid.*, p. 13.
7. R.G. de Clavijo, *op. cit.*, p. 171.
8. Todas as citações nesse parágrafo são de Abul Fazl, *Akbarnama*, v. 1, p. 276.
9. *Ibid.*, p. 277.
10. Todas as citações desse parágrafo são de A. Eraly, *The Mughal Throne*, p. 42.
11. *Ibid*.
12. Todas as citações nesses dois parágrafos são de Gulbadan, *Humayan-Nama*, p. 144, 146, 151.
13. Gulbadan, *op. cit.*, p. 167.
14. Abul Fazl, *Akbarnama*, v. 1, p. 439.
15. Gulbadan, *op. cit.*, p. 200-1.
16. Baduani, citado em A. Eraly, *op. cit*, p. 111.
17. Abul Fazl, *Akbarnama*, v. 1, p. 657.

II. ALLAH AKBAR

Quando não são citadas neste capítulo, as fontes vêm do *Akbarnama*, de Abul Fazl, para o período relevante de vida de Akbar, ou de seu *Ain-i-A-*

kbari, no qual ele registra os princípios pelos quais regeu seu império, junto a um rico registro da vida diária sobre como fez isso.

1. A. Eraly, *op. cit.*, p. 139.
2. P. Mundy, *op. cit.*, v. 2, p. 73.
3. Baduani, *Muntakhab al-Tawarikh*, ED, v. 5, p. 529.
4. P. du Jarric, *Akbar and the Jesuits*, p. 19. O artigo de E. Koch, "The Taj Mahal: Architecture, Symbolism and Urban Significance", v. 22, *Muqarnas*, 2005, p. 128-49, discute o uso dos granitos vermelho e branco e a tradição hindu.
5. A. Monserrate, *Commentary*, p. 200-1.
6. R. Fitch, de seu relato reproduzido em *Early Travels in India*, ed. W. Foster, p. 17-18.
7. A. Monserrate, *op. cit.*, p. 196-7.
8. Memórias de Jahangir, *ED*, v. 6, p. 290.
9. P. du Jarric, *op. cit.*, p. 9.
10. Ferishta, *History of Hindustan*, v. 3, p. 21. Shah Jahan (Khurram) nasceu em 30 de Rabi II de 1000, no calendário muçulmano. Mumtaz Mahal (Arjumand Banu) nasceu em 19 de Rajab de 1001, no calendário muçulmano.
11. *Jahangirnama*, traduzido por W.M. Thackston, p. 30.
12. *Ibid.*, p. 184-5.
13. Memórias de Jahangir, *ED*, v. 6, p. 3.
14. *Tuzuk-i-Jahangiri* (Memórias de Jahangir), traduzido por A. Rogers e editado por H. Beveridge, v. 1, p. 25.
15. M. Weatherly, *The Taj Mahal*, p. 25.
16. *Tuzuk-i-Jahangir* (Memórias de Jahangir), traduzido por A. Rogers e editado por H. Beveridge, v. 1, p. 3.

III. "JOIAS INIGUALÁVEIS E OBJETOS PARA AQUECER O CORAÇÃO"

Quando não é citada a fonte, a referência vem das Memórias de Jahangir (as traduções no *IT, ED*, v. 6), de A. Rogers e W. Thackston.

1. Sir Thomas Roe, *Embassy to India*, p. 104.
2. Relato de William Finch reproduzido em *Early Travels in India*, ed. W. Forster, p. 186.
3. F. Bernier, *op. cit.*, p. 293.

4. As citações nesse parágrafo vêm dos relatos de William Finch reproduzidos em *Early Travels in India*, ed. W. Forster, p. 118.
5. F. Bernier, *op. cit.*, p. 272.
6. Qazwini, um dos historiadores oficiais da corte de Shah Jahan, *IT*, p. 2.
7. Muhammad Hadi, *Tatimma-i Wakiat-i-Jahangiri*, *ED*, v. 6, p. 397.
8. *Ibid.*, p. 398.
9. Mutamid Hadi, *Tatimma-i Wakiat-i-Jahangir*, *ED*, v. 6, p. 406.
10. Mutamid Hadi, *Tatimma-i Wakiat-i-Jahangir*, *ED*, v. 6, p. 398.
11. Sir T. Roe, *op. cit.*, p. 378-9. Shah Jahan (Khurram) e Mumtaz Mahal (Arjumand Baru) se casaram em 9 de Rabi I de 1021, no calendário muçulmano.
12. Todas as citações nesses quatro parágrafos são dos historiadores oficiais de Shah Jahan, Qazwini e Lahori, *IT*, exceto "Fui à casa de Khurram (...), aos seus *amirs*", que é das Memórias de Jahangir, traduzidas por W.M. Thackston.
13. R. Tannahill, *Sex in History*, p. 245.
14. Inayat Khan, *The Shah Jahan Nama*, editado por W.E. Begley e Z.A. Desai, p. 71.
15. As citações nesse parágrafo são de Qazwini, *IT*, p. 5-6.
16. Relato de William Finch reproduzido no *Early Travels in India*, ed. W. Foster, p. 182.
17. As citações nesse parágrafo vêm de P. Mundy, *Travels in Europe and Asia*, v. 2, p. 216.
18. Relato de Asad Beg que aparece em *ED*, v. 6, p. 173.
19. Relato de W. Hawkins reproduzido em *Early Travels in India*, ed. W. Foster, p. 113.
20. *Ibid.*, p. 115.
21. P. della Valle, *Travels in India*, v. 1, p. 30.
22. Sir T. Roe, *op. cit.*, p. 270.
23. Citado em B. Gacoine, *op. cit.*, p. 115.
24. Inayat Khan, *op. cit.*, p. 71.
25. F. Pelsaert, *Jahangir's India, Remonstrantie*, p. 64.
26. Relato de Thomas Coryat reproduzido em *Early Travels in India*, ed. W. Foster, p. 278-9.
27. Abul Fazl, *Ain-i-Akbari*, v. 1, p. 44-5.
28. Sir. T. Roe, *op. cit.*, p. 191. A observação de Richard Burton é citada em R. Tannahill, *op. cit.*, p. 249.
29. P. Mundy, *op. cit.*, v. 2, p. 164.

NOTAS E FONTES

30. N. Manucci, *Storia do Mogor*, v. 2, p. 73.
31. N. Manucci, *op. cit.*, v. 2, p. 328.
32. *Ibid.*, p. 74.
33. F. Bernier, *op. cit.*, p. 267.
34. J.-B. Tavernier, *Travels in India*, v. 1, p. 313.
35. F. Pelsaert, *Jahangir's India*, p. 50.
36. Inayat Khan, *op. cit.*, p. 71.

IV. O PRÍNCIPE GUERREIRO

Quando a fonte não é enunciada, as citações vêm das Memórias de Jahangir (as traduções são de *IT*, *ED*, v. 6), A. Rogers e W. M. Thackston.

1. N. Manucci, *op. cit.*, v. 2, p. 320.
2. Sir T. Roe, *op. cit.*, p. 282.
3. Todas as citações desses cinco parágrafos são de Sir T. Roe, *op. cit.*, p. 119, 172, 177, 282, 285 e 324, com a exceção de "*ambulans republica*", que está citado em B. Gascoine, *op. cit.*, p. 154.
4. Relato de Edward Terry reproduzido em *Early Travels in India*, ed. W. Foster, p. 315.
5. Sir T. Roe, *op. cit.*, p. 385-6.
6. Lahori, *IT*, p. 22.
7. Inayat Khan, *The Shah Jahan Nama*, p. 8.
8. J. de Laet, *op. cit.*, p. 81.
9. Sit T. Roe, *op. cit.*, p. 325.
10. W. Hawkins, relato reproduzido em *Early Travels in India*, ed. W. Foster, p. 116.
11. F. Pelsaert, *op. cit.*, p. 53.
12. Sir T. Roe, *op. cit.*, p. 270.
13. Ferishta, *op. cit.*, v. 3, p. 32.
14. F. Pelsaert, *op. cit.*, p. 50.
15. Thomas Coryat, relato reproduzido em *Early Travels in India*, ed. W. Foster, p. 277.
16. *Intikhab-i Jahangir-Shadi*, *ED*, v. 6, p. 450.
17. E.B. Findly, *op. cit.*, p. 49.
18. Sir T. Roe, *op. cit.*, p. 325.

V. IMPERADOR EM COMPASSO DE ESPERA

Quando nenhuma fonte é indicada, as citações vêm das Memórias de Jahangir (traduções em *ED*, v. 6), A. Rogers e W.M. Thackston.

1. S. Manrique, *Travels*, p. 301.
2. Van den Broecke, A *Contemporary Dutch Chronicle*, p. 54.
3. Inayat Khan, *op. cit.*, p. 10.
4. Ferishta, .*op. cit.*, p. 56.
5. J. de Laet, *op. cit.*, p. 199.
6. Inayat Khan, *op. cit.*, p. 10.
7. Inayat Khan, *op. cit.*, p. 10-11.
8. Relato de E. Terry reproduzido em Early Travels in India, ed. W. Foster, p. 329.
9. Muhammad Hadi, *Tatimma-i Wakiat-i Jahangiri*, *ED.*, v. 6, p. 396.
10. Todas as citações nesses três parágrafos são de Muhammad Hadi, *Tatimma-i Wakiat-i Jahangiri*, *ED.*, v. 6, p. 396-7.

VI. A PREFERIDA DO PALÁCIO

Quando a fonte não é indicada, as citações vêm das Memórias de Jahangir, continuadas por seu escriba pessoal, Mutamid Khan, ou por histórias posteriores do reino de Jahangir, o *Iqbal-nama-i-Jahangiri*. Usamos as traduções do *ED* (v. 6) e de W.M. Thackston.

1. N. Manucci, *op. cit.*, p. 411.
2. O cronista oficial de Shah Jahan, Lahori, traduziu em *ED*, v. 7, p. 6.
3. Van den Broecke, *op. cit.*, p. 90.
4. Ferishta, *op. cit.*, p. 103.
5. P. Mundy, *op. cit.*, v. 2, p. 213.
6. N. Manucci, *op. cit.*, p. 174.
7. J.-B. Tavernier, *op. cit.*, v. 1, p. 271.
8. Apêndice de Muhammad Hadi, *Jahangirnama* (Memórias de Jahangir), traduzida e editada por W.M. Thackston, p. 460.
9. P. Pal *et al.*, *op. cit.*, p. 28.
10. Inayat Khan, *op. cit.*, p. 21.
11. Ferishta, *op. cit.*, p. 104.
12. Inayat Khan, *op. cit.*, p. 23.
13. J. de Laet, *op. cit.*, p. 246.

VII. O TRONO DO PAVÃO

1. *Tuzuk-i-Jahangiri* (Memórias de Jahangir), traduzido por A. Rogers e editado por H. Beveridge, v. 1, p. 9.
2. Kalim, *IT*, p. 34.
3. Lahori, *IT*, p. 137.
4. Ferishta, *op. cit.*, p. 105.
5. Inayat Khan, *op. cit.*, p. 21.
6. *Tuzuk-i-Jahangiri* (Memórias de Jahangir), traduzido por A. Rogers e editado por H. Beveridge, vol. 1, p. 26.
7. Ferishta, *IT*, p. 45-6.
8. Lahori, *IT*, p. 45–6.
9. J.-B. Tavernier, *op. cit.*, v. 1, p. 304.
10. As informações e citações nesse parágrafo vêm do artigo de P.A. Andrew chamado "The Generous Heart or The Mass of Clouds: The Court Tents of Shah Jahan", em Muqarnas, v. 4, p. 149-65.
11. As citações nesse parágrafo vêm de S. Manrique, *op. cit.*, p. 201-202, 204.
12. N. Manucci, *op. cit.*, p. 338-9.
13. F. Bernier, *op. cit.*, p. 276-7.
14. Relato de Lahori anexado a Inayat Khan, *op. cit.*, p. 567.
15. Citado M.A. Ansari, *Social Life of the Mughal Emperors*, p. 97.
16. Relato de Lahori anexado a Inayat Khan, *op. cit.*, p. 571.
17. *Ibid.*, p. 570.
18. Lahori, *IT*, p. 9.
19. *Ibid.*, p. 179.
20. S.A.I. Tirmizi, *Mughal Documents*, p. 32.
21. *Intikhab-i Jahangir-Shahi, ED,* v. 6, p. 452.
22. *Ibid.*
23. Kalim, *Padshah Nama, IT*, p. 34.
24. Relato de Lahori anexado a Inayat Khan, *op. cit.*, p. 571.
25. Citado em M. Jaffrey, *A Taste of India*, p. 24.
26. *Baburnama*, traduzido por W.M. Thackston, p. 344-5.
27. *Jahangirnama* (Memórias de Jahangir), traduzido e editado por W.M. Thackston, p. 24.
28. R. Nath, *Private Life of the Moghuls of India*, p. 70.
29. Relato de Lahori anexado a Inayat Khan, *op. cit.*, p. 572.

30. Citado em H. Mukhia, *The Moghuls of India*, p. 148.
31. N. Manucci, *op. cit.*, v. 2, p. 317.
32. Relato de John Ovington, *India in the Seventeenth Century*, ed. J.P. Guha, p. 83.

VIII. "CONSTRUA UM MAUSOLÉU PARA MIM"

1. Todas as citações nesses dois parágrafos vêm de P. Mundy, *op. cit.*, p. 193-4.
2. Citado em J. Gommans, *Mughal Warfare*, p. 105.
3. P. Mundy, *op. cit.*, v. 2, p. 193.
4. F. Bernier, *op. cit.*, p. 370.
5. As citações nesse parágrafo vêm de N. Manucci, *op. cit.*, v. 2, p. 64-5.
6. P. Mundy, *op. cit.*, v. 2, p. 191.
7. F. Bernier, *op. cit.*, p. 371-2.
8. Todas as citações nesse parágrafo vêm de F. Bernier, *op. cit.*, p. 372-3.
9. Citado em J. Gommans, *op. cit.*, p. 110.
10. F. Bernier, *op. cit.*, p. 361.
11. As citações nesse parágrafo vêm de F. Palseart, *op. cit.*, p. 51.
12. A. Eraly, *op. cit.*, p. 317.
13. Ferishta, *op. cit.*, p. 127.
14. Cartas dos mercadores ingleses de nome Rastell e Bickford, citadas por P. Mundy, *op. cit.*, v. 2, p. 341.
15. P. Mundy, *op. cit.*, v. 2, p. 42.
16. As citações nesse parágrafo vêm de Lahori, *ED*, v. 7, p. 24-5.
17. Manuscrito persa do século XIX que aparece em R. Nath, *The Taj Mahal and its Incarnation (Original Persian Data)*, p. 5-6.
18. Outro manuscrito do século XIX, *ibid.*, p. 6.
19. Todas as citações desse parágrafo são do relato do cronista de Shah Jahan, Salih, *IT*, p. 25. Mumtaz Mahal morreu em 17 de Dulcada de 1040, no calendário muçulmano.

IX. "POEIRA DE ANGÚSTIA"

1. Com a exceção de "luz de sua câmara noturna", que está em Lahori, *IT*, p. 22, todas as citações nesses dois parágrafos são de Qazwini, *IT*, p. 11-14.
2. Lahori, *IT*, p. 20.
3. Qazwini, *IT*, p. 12.

4. Citação de Kalim em H. Mukhia, *op. cit.*, p. 149.
5. Qazwini, *IT*, p. 12.
6. Lahori, *IT*, p. 20.
7. Qazwini, *IT*, p. 13.
8. Inayat Khan, *op. cit.*, p. 70.
9. Qazwini, *IT*, p. 13.
10. Salih, *IT*, p. 26.
11. "daquela ... ela": Inayat Khan, *op. cit.*, p. 74.
12. Qudsi, *IT*, p. 46.
13. Salih, *IT*, p. 43.
14. Ainda que os cronistas mogóis formalmente se refiram ao Taj Mahal como *rauza-i-munavvara*, ou "Tumba Iluminada", Peter Mundy e outros viajantes contemporâneos o nomeavam Taje [*sic*] Mahal.
15. Todas as citações nesse parágrafo são de Qazwini, *IT*, p. 13-14.
16. G. H. R. Tillotson, *Mughal India*, p. 20.
17. Lahori, *IT*, p. 10.
18. Lahori, *IT*, p. 43. (Ver também E. Koch, "The Taj Mahal: Architecture, Symbolism, and Urban Significance", *Muqarnas*, v. 22, p. 128-49.)
19. S. Manrique, *op. cit.*, p. 173.
20. R. Nath, *The Taj Mahal and Its Incarnation*, p. 6.
21. Relato de Lahori anexado a Inayat Khan, *op. cit.*, p. 570.
22. Inayat Khan, *op. cit.*, p. 82.
23. P. Mundy, *op. cit.*, v. 2, p. 192.
24. *Ibid.*, p. 84.

X. "O CONSTRUTOR NÃO DEVE SER DESTE MUNDO"

O artigo de E. Kock, "The Taj Mahal: Architecture, Symbolism and Urban Significance", v. 22, *Muqarnas*, p. 128-49, oferece muitas informações detalhadas e valiosas sobre as teorias arquitetônicas por trás do Taj Mahal e assuntos relacionados.

1. Lahori, *IT*, p. 66.
2. Citado em R.A. Jairazbhoy, "The Taj Mahal in the Context of East and West", *Journal of the Warburg and Courtauld Institutes*, v. 24, 1961, p. 75. Esse artigo também contém outros exemplos do uso do "plano de nove dobras".

3. Lahori, *IT*, p. 66.
4. *Ibid*, p. 67.
5. Salih, *IT*, p. 79. O autor que sugeriu que as linhas de visão estavam relacionadas à altura de Shah Jahan foi R. Lane-Smith. H.I.S. Kanwar discute o significado do diâmetro de 17 metros da câmara central em "Harmonious Proportions of the Taj Mahal", *Islamic Culture*, v. 49, 1975, p. 1-7. O livro de A.J. Qaisar, *Building Construction in Mughal India*, oferece muitas informações úteis sobre as práticas de construção mogol.
6. Todas as citações nesses três parágrafos vêm de Lahori, *IT*, p. 65-6.
7. Ordem imperial citada em IT, p. 163.
8. P. Mundy, *op. cit.*, v. 2, p. 213.
9. S. Manrique, *op. cit.*, p. 172.
10. Kalim, *IT*, p. 84.
11. Lahori, *IT*, p. 66.
12. Citado em S. Stronge, *Painting for the Mughal Emperor*, p. 168.
13. Inscrição do Corão, *IT*, p. 195.
14. Salih, *IT*, p. 79.
15. *Ibid*.
16. F. Bernier, *op. cit.*, p. 298.
17. J.-B. Tavernier, *op. cit.*, v. 2, p. 101.
18. Versos do poeta da corte, Kalim, Padshahnama.
19. Madame Blavatsky, citada em P. Pal *et al.*, *op. cit.*, p. 130.
20. Lahori, *IT*, p. 67.

XI. "O JARDIM DO PARAÍSO"

1. J. Milton, *The English Poems*, p. 211.
2. As citações do Corão vêm de S. Crowe *et al.*, *The Gardens of Mughal India*, p. 42.
3. *The Akbarnama*, v. 2, p. 486-487.
4. Kalim, *IT*, p. 85.
5. Salih, *IT*, p. 80.
6. F. Bernier, *op. cit.*, p. 296.
7. *The Baburnama*, traduzido por W.M. Thackston, p. 335.
8. Salih, *IT*, p. 80.

XII. A TUMBA ILUMINADA

1. Todas as citações nesse parágrafo são de Kalim, *IT*, p. 82-4.
2. O relato de John Ovington, *India in the Seventeenth Century*, ed. J.P. Guha, p. 108.
3. Salih, *IT*, p. 77.
4. Lahori, *IT*, p. 67.
5. *Tarikh-i Khafi Khan, ED,* v. 7, p. 484.
6. Qudsi, *IT*, p. 86.
7. Citado em P. Pal *et al.*, *Romance of the Taj Mahal*, p. 48.
8. P. Mundy, *op. cit.*, v. 2, p. 202.
9. Todas as citações nesse parágrafo são de Inayat Khan, *op. cit.*, p. 309.
10. J.-B. Tavernier, *op. cit.*, v. 1, p. 46-7.
11. Todas as citações nesses dois parágrafos vêm de Inayat Khan, *op. cit.*, p. 309-19.
12. Texto original em latim de J. de Laet, citado em *IT*, p. 306.
13. P. Mundy, *op. cit.*, vol. 2, p. 202-3.
14. Todas as citações nesses dois parágrafos são de F. Bernier, *op. cit.*, p. 11-13.
15. Todas as citações nesse parágrafo vêm de N. Manucci, *op. cit.*, v. 1, p. 208-11.
16. N. Manucci, *op. cit.*, v. 1, p. 212.
17. Lahori, *ED,* v. 7, p. 50.
18. *Ibid.*, p. 36.
19. Inayat Khan, *op. cit.*, p. 85.
20. *Ibid.*
21. N. Manucci, *op. cit.*, p. 170.
22. Inayat Khan, *op. cit.*, p. 87.
23. F. Bernier, *op. cit.*, p. 177.
24. Lahori, *Badshah Nama, ED,* v. 7, p. 43.
25. *Ibid.*, p. 69.
26. Citado em W. Hansen, *The Peacock Throne*, p. 128.
27. Inayat Khan, *op. cit.*, p. 319.

XIII. "O TRONO SUBLIME"

1. Todas as citações nesse parágrafo são de S. Manrique, *op. cit.*, p. 214-18.
2. Inayat Khan, *ED.*, v. 7, p. 85.
3. F. Bernier, *op. cit.*, p. 267.

4. As citações nesse parágrafo vêm de S. Manrique, *op. cit.*, p. 197-8.
5. Citado em G.H.R. Tillotson, *Mughal India*, p. 22, e J.D. Hoag, *Islamic Architecture*, p. 10. Para uma discussão dos custos dos projetos de construção de Shah Jahan e do Taj Mahal, ver S. Moosvi, "Expenditure on Buildings Under Shah Jahan — A Chapter of Imperial Financial History", *Proceedings of the Forty-Sixth Session of the Indian History Congress*, 1985, e R. Nath, *Art and Architecture of the Taj Mahal*, p. 16-17.
6. Todas as citações nesses dois parágrafos vêm de N. Manucci, *op. cit.*, v. 1, p. 187-8.
7. F. Bernier, *op. cit.*, p. 273-4.
8. N. Manucci, *op. cit.*, p. 189.
9. As citações nesses dois parágrafos vêm de F. Bernier, *op. cit.*, p. 6-7.
10. *Ibid.*, p. 10.
11. *Abad-i-Alamgiri*, carta de Aurangzeb a Jahanara, escrita na década de 1950, traduzida por J. Scott, p. 424.
12. N. Manucci, *op. cit.*, v. 1, p. 181.
13. F. Bernier, *op. cit.*, p. 10-11.
14. Lahori, *ED.*, v. 7, p. 70-1.
15. *Ibid.*
16. Inayat Khan, *ED.*, v. 7, p. 90.
17. *Abad-i-Alamgiri*, Aurangzeb reuniu as palavras do pai em uma carta a Shah Jahan, traduzida por J. Scott, p. 432, 439.
18. Todas as citações nesses dois parágrafos são de W.M. Thackston, tradução no *The Moonlight Garden*, ed. E. Moynihan, p. 28.
19. Inayat Khan, *ED.*, v. 7, p. 105.
20. As citações nesses dois parágrafos vêm de A. Eraly, *op. cit.*, p. 327.

XIV. "MAIS AFIADO QUE OS DENTES DE UMA SERPENTE"

1. Abul Fazl, citado em A. Eraly, *op. cit.*, p. 139.
2. Todas as citações nesses dois parágrafos vêm de N. Manucci, *op. cit.*, v. 1, p. 230.
3. Inayat Khan, *op. cit.*, p. 543.
4. F. Bernier, *op. cit.*, p. 24-5.
5. N Manucci, *op. cit.*, v. 1, p. 231.
6. Inayat Khan, *op. cit.*, p. 545.

7. *Ibid.*, p. 220.
8. W. Hansen, *op. cit.*, p. 235-6.
9. Inayat Khan, *op. cit.*, p. 550.
10. Todas as citações desses onze parágrafos são de N. Manucci, *op. cit.*, v. 1, p. 255-7, 269, 276, 282, 295 e 352.
11. Todas as citações nesse parágrafo vêm de F. Bernier, *op. cit.*, p. 89-90.
12. *Ibid.*, p. 98.
13. Carta de Aurangzeb a Shah Jahan, *Abad-i-Alamgiri*, traduzido por J. Scott, p. 358-9.
14. *Tarikh-i Khafi Khan*, ED., v. 7, p. 267.
15. As citações nesses dois parágrafos vêm de *Abad-i-Alamgiri*, traduzido por J. Scott, p. 358-9.
16. F. Bernier, *op. cit.*, p. 166.
17. Citado em *IT*, p. 309.
18. Shah Jahan morreu em 26 de Rajab de 1076, no calendário muçulmano.

XV. A QUEDA DO TRONO DO PAVÃO

1. N. Manucci, *op. cit.*, v. 3, p. 276.
2. N. Manucci, *op. cit.*, v. 2, p. 227.
3. O cronista é Khafi Khan, traduzido em *ED*, v. 7, p. 301.
4. *Ibid.*, p. 304.
5. Citado em W. Hansen, *op. cit.*, p. 465.
6. Citado em A. Eraly, *op. cit.*, p. 491.
7. Citado em W. Hansen, *op. cit.*, p. 486.
8. Lorde Curzon, *Speeches*, v. 1, p. 223.
9. Citado em D. Carroll, *The Taj Mahal*, p. 133. A questão de lorde William Bentinick e do leilão do Taj Mahal é discutida em P. Spear, "Bentinck and the Taj", *Journal of the Royal Asiatic Society*, outubro de 1949, p. 180-7.
10. As citações nesses dois parágrafos são de lorde Curzon, *op. cit.*, v. 4, p. 347, exceto "Meu nome é George Nathaniel Curzon, sou uma pessoa muito superior" e "faz qualquer pessoa se sentir o mais terrível plebeu", que vêm do *Oxford Book of Political Anecdotes*.
11. B. Gautam, *Japan Times*, 11 de outubro de 2004.
12. Kalim, *IT*, p. 82.

XVI. "SUA PRÓPRIA TUMBA, DO OUTRO LADO DO RIO"

A teoria de que o Taj Mahal era uma representação simbólica do trono de Deus aparece no trabalho de W.E. Begley, "The Mith of the Taj Mahal and a Nae Theory os Its Symbolic Maening", *The Art Bulletin*, v. 61, n. 1 (março de 1979), p. 7-37. E. Koch, em seu artigo "The Taj Mahal: Architecture, Symbolism and Urban Significance", v. 22, *Muqarnas*, 2005, p. 128-49, está entre os que aceitam a proposição de que o local do Taj Mahal deriva de uma prática em Agra dos jardins à beira-rio.

As recentes escavações nos jardins Mahtab são objeto do livro *The Moonlight Garden*, editado por E. Moynihan.

A teoria de que o Taj Mahal era um templo hindu aparece no livro de V.S. Goodbole, *Taj Mahal and the Great British Conspiracy*, e no livro de P.N. Oak, *Taj Mahal, The True Story — The Tale of a Temple Vandalised*. G.H.R. Tillotson, em *Oriental Art*, outono de 1986, p. 266-9, discute política e o Taj Mahal.

1. *Jahangirnama*, traduzido por S. Crowe *et al.*, *op. cit.*, p. 192.
2. J.-B. Tavernier, *op. cit.*, v. 1, p. 91. As câmaras subterrâneas são discutidas por H.I.S. Kanwar, em "Subterranean Chambers of the Taj Mahal", *Islamic Quarterly*, v. 48 (julho de 1974), p. 159-75.
3. Aldous Huxley, *Jesting Place*, p. 50.
4. Lahori, *IT*, p. 65.
5. P. Mundy, *op. cit.*, v. 2, p. 213.

PÓS-ESCRITO

1. Citado em P. Pal *et al.*, *op. cit.*, p. 206.
2. W. Shakespeare, *The Rape of Lucretia*, linha 29.
3. Thomas Fuller, *The Holy State and the Profane State*, capítulo 7, "Of Building".
4. Francis Bacon, *Essay* n. 43, "Of Beauty".
5. Edwin Arnold, citado na página da internet *Built Heritage of Agra and Fatehpur Sirki*.

Índice onomástico

A

Abul Fazl, principal cronista de Akbar, 33, 37-38, 40, 53-54, 85n, 138, 144, 148, 171, 173, 192, 207, 251

Adham Khan, 37-38

afrodisíacos, 73, 141, 215, 227, 240

Agra, 16, 18, 28-29, 32, 38, 41, 43, 45-48, 50, 54-59, 62, 66, 69-74, 79, 87, 95-93, 101--106, 119-120, 124, 127, 129-132, 138, 141, 148-152, 157-158, 162-175, 177, 186, 191, 195, 201-212, 220, 224, 228, 230--238, 241-254, 257, 261-267

Ahmednagar, 80-81, 93, 106, 150-151, 246

Ajmer, 38, 79, 82, 121, 235

Akbar, filho de Aurangzeb, 243-247, 251, 259, 263

Akbar, imperador, 17, 19, 22, 33-35, 37-57, 59, 62-66, 68n, 71-75, 79-81, 99, 101, 112, 118, 120, 127, 129-133, 138-139, 148, 162, 170, 173, 181, 186n, 192, 204, 207, 210, 214, 217-218, 225-226, 242-243

Amanat Khan, 19, 180-183, 200

Amber (Jaipur), 40, 45, 51, 163, 177, 261-263

Arjumand Banu (ver Mumtaz Mahal)

Asaf Khan, pai de M.M., 67, 81, 89, 92, 101--104, 107, 109-114, 116-125, 135, 157, 212, 226

Askari, filho de Babur, 27, 32-34, 225

Aurangzeb, imperador, filho de SJ e MM, 18, 87, 107, 116, 121, 206-210, 217-247, 256-260

Austin de Bordeaux (Augustin de Bordeaux), 165

B

Babur, imperador, 17, 22-35, 61-62, 78, 120, 126, 129, 136-137, 141, 150, 162, 163, 184, 191, 192, 196, 226, 246-247, 254, 262

Baburnama (crônica do reinado de Babur), 30

Bacon, Francis, 267

Benares, 107, 207, 229, 235, 242

Bengala, 17, 31, 57, 66, 95, 105-106, 109, 207-208, 227, 235

Bentinck, lorde William, 248

Bernier François, 76, 146-149, 184-185, 194, 204-205, 208, 213, 217-218, 223n, 227, 236, 239, 263

Bihar, 31, 57, 105

Bijapur, 80, 81, 84, 93, 120, 150, 209, 223--224, 245

Burhanpur, 81-82, 93, 97-99, 104-105, 116, 149-152, 157-158, 163, 168, 175, 260

C

Cabul, 25-26, 30, 32, 34-35, 50, 57, 99, 110, 113-114, 138, 205, 219, 249

caligrafia, 26, 180-185, 200, 259 (ver também Taj Mahal)

Caxemira, 49, 76, 87-89, 92, 95, 99, 110, 116, 117, 124, 129, 136, 146, 180, 191, 195, 205, 229, 240, 259

Chitor, 39

comida mogol, 135-137, 144, 168

Companhia das Índias Orientais, 20, 248

Coryat, Thomas, 73

Cromwell, Oliver, 241

Curzon, lorde, 248-249

D

Daniell, Thomas, 17
Daniyal, filho de Akbar, 46, 53, 55, 72, 119, 154
Dara Shukoh, filho de SJ e MM, 80, 107, 116, 121, 152, 168, 202, 209-210, 217-218, 221-238, 246
Dawar Bakhsh, filho de Khusrau, 117-119
Decão, 15, 17, 52, 57, 79, 80-82, 87, 92-93, 95-96, 98-106, 115, 118, 120, 123, 141, 149-151, 157, 168, 207, 209, 222, 224, 227-229, 243-247
Délhi, 26-28, 35, 46, 48, 103, 126, 136-137, 150, 164, 166, 170-172, 212, 227-229, 232-237, 241-242, 247 (ver também *Forte Vermelho* e *Shahjahanabad*)
Della Valle, Pietro, 72

E

Eduardo I, 159-160
Eduardo VII, 265

F

Fatehpur Sirki, 46-50
Ferghana, 23
Finch, William, 53, 63
Fitch, Ralph, 48
Forte Vermelho (Agra), 59, 70, 74, 121, 124, 129, 163-166, 212
Forte Vermelho (Délhi), 166, 212
Fuller, reverendo Thomas, 266

G

Gauharara, filha de SJ e MM, 152, 226, 228
Gengis Khan, 23-26, 32, 160
Goa, 44
Golconda, 80, 93, 105-106, 150, 209, 222-224, 245
Gulbadan, filha de Babur, 23
Guzerate, 40, 46, 85, 101, 129, 170, 210, 218, 219, 235, 236
Gwalior, 32

H

Hamida, esposa de Humaium, 32-34, 43, 55, 226
harém, 38, 40, 47-48, 51, 53, 66-68, 72-77, 90, 106, 118, 120-121, 124-125, 130-132, 135-140, 146-148, 203, 205, 213, 217, 233, 244
Hawkins, William, 71
Heber, bispo de Calcutá, 185, 266
Hindal, filho de Babur, 27, 32, 34, 52, 225
Hissar Firoza, 63, 101, 209
Hugli, assentamento português de, 208-209
Humaium, imperador, 27-40, 46, 55-56, 99, 129, 162, 171-172, 225, 234, 237, 262
Huxley, Aldous, 261
Hyderabad, 222, 245

I

Isfahan, 21, 50
Itimad-ud-daula (Mirza Ghiyas Beg), pai de MM, 65-67, 73, 81, 89, 92, 95-96, 121, 126, 173, 184, 226, 257-258

J

Jahanara, filha de SJ e MM, 80, 121, 125, 135, 139, 152-153, 157, 201-206, 209-210, 215-218, 226-227, 230-233, 239-242
Jahangir (Salim), imperador, 19, 21-22, 46, 57, 59-68, 71-74, 77, 79-93, 95-117, 119, 121, 123, 126-127, 129-130, 133-134, 138, 148, 150, 162-163, 167, 173, 181, 184, 194, 207, 210-214, 218, 222, 225-227, 232, 254, 259
Jaime I da Inglaterra e VI da Escócia, 21
Jaipur (ver Amber)
jats, 247
jesuítas, 44, 47, 71-72, 85, 209, 262
Jodhpur (ver Marwar)
joias, 18, 21, 33, 35, 48n, 64-69, 82-83, 85, 87, 107, 120-121, 125, 128-129, 140, 149, 157, 165, 172-173, 183, 185, 188, 213-214, 223, 232, 235, 239

K

Kamran, filho de Babur, 27, 32-35, 225
Kandahar, 32, 34, 50, 57, 84, 98-102, 123, 220-221, 224
Keats, 267
Khan Jahan Lodi, 150-151

ÍNDICE ONOMÁSTICO

Khurram (ver Shah Jahan)
Khusrau, filho de Jahangir, 51, 55-56, 59-61, 63, 72, 77, 91-93, 97-98, 101, 107, 116-117, 119, 123, 150, 210, 225, 239
khutba, 28, 91, 120, 228
Khyber, desfiladeiro de, 17, 113-114, 138
Kipling, Rudyard, 16
Koh-i-Nur, 28, 30, 33, 223

L
Ladli, filha de Nur Jahan, 91, 95, 102, 104, 118
Laet, Joannes de, 204
Lear, Edward, 16
Luís XIV da França, 20, 131

M
Mahabat Khan, 103, 105-106, 109-115, 119, 121, 134
Maham Anga, 37
Mahtab Bagh (Jardim da Luz da Lua), 221, 254-260,
Malik Ambar, 81, 84, 106
Malwa, 87
Mandu, 82, 99, 101, 126, 170
Manrique, Sebastião, 130, 164-165, 212-213
Manucci, Niccolao, 76, 120, 145, 205, 206, 208, 216, 218, 223n, 226-235, 237, 239, 242-245
Maomé, o profeta, 34n, 52, 189, 215
maratha, 244-247
Marlowe, Christopher, 20, 25
Marwar (Jodhpur), 33, 236, 242-243
Mathura, 41, 233, 242
Mehrunissa (ver Nur Jahan)
Mewar (Udaipur), 40, 77, 79-80, 103, 104, 243
Milton, John, 189
Mir Jumla, 223-224, 229, 235
Mirza Ghiyas Beg (ver Itimad-ud-daula)
Monserrate, Antonio, 47, 49, 262
Mumtaz Mahal (Arjumand Banu), 15, 18-20, 52, 65, 69, 72-74, 77-78, 80-81, 85-89, 91-93, 95-96, 99-107, 109, 114-125, 132-141, 146-147, 149-160, 162-169, 173, 187, 194, 199n, 200-244, 249, 256-259, 262

Mundy, Peter, 63, 76, 90n, 120, 143, 146, 151, 164-165, 168, 175, 177, 202, 204, 262
Murad, Bakhsh, filho de SJ e MM, 106, 217-219, 226-234, 237-238
Murad, filho de Akbar, 46, 53, 55

N
Nadir Shah, 247
Nila Gumbad, 171
Nur Jahan (Nur Mahal e Mehrunissa), 67, 83, 92, 134, 211, 222

O
Orchha, 206, 209

P
Padshahnama, 121, 127
Panipat, 27-28
Parvez, filho de Jahangir, 51, 63, 80, 93, 96, 98, 103, 109, 115-116, 150, 152
Pelsaert, Francisco, 149
Pérsia (Irã), 19, 21, 33-34, 48n, 50, 65, 85n, 96, 98, 115, 119n, 135, 137, 160, 163, 166, 170-172, 190-191, 193-194, 205, 220, 223n, 236, 245
plano octogonal, 171
Punjab, 27, 43, 64, 99, 117, 151, 229, 238

R
Rajastão (Rajputana), 33, 37, 39, 77, 79, 99, 103, 106, 123, 242-243, 246
Rajput, rajputs, 28, 39, 40, 45, 61, 67, 68, 76, 99, 105, 110-114, 219, 231
Rann de Kutch, 236
Raushanara, filha de SJ e MM, 85-86, 135, 206n, 226, 228, 233, 241
Rembrandt, 21
Roe, Sir Thomas, 61, 72, 82-84, 89, 90, 93, 127, 207, 262

S
Sabz Burj, 171-172
Salim (ver Jahangir)
Samarcanda, 23-27, 79, 161, 172-173, 191, 219-220

Samugarh, batalha de, 231-232, 235n
Shah Abbas, 21, 98, 102, 115
Shah Jahan (Khurram), imperador, 15, 17--22, 52, 56, 59, 79, 85-93, 95-107, 109, 114-141, 143-169, 172-178, 180-183, 185-186, 189, 191, 193, 196, 199-230, 232-233, 236-240, 243-244, 246, 249n, 251-253, 256-263, 265, 267-268
Shah Shuja, filho de SJ e MM, 81, 86-88, 100, 158, 217-218, 227-229, 234-235, 238
Shahjahanabad, 164, 212-213, 215, 217 (ver também Délhi)
Shahriyar, filho de Jahangir, 92-93, 95, 100--101, 104, 110, 112, 115-119, 225
Shaista Khan, irmão de MM, 237, 244
Shakespeare, William, 20, 35, 265
Shalimar, jardins de, Srinagar (Caxemira), 89, 124, 191, 259
Shambuji, 245-246
Sher Shah, 31-32, 35, 41, 234
Sipihr Shukoh, filho de Dara Shukoh, 235--238
sunitas, 34, 40, 43, 68, 207, 218
Surat, 203-204, 228

T
Tagore, Rabindranath, 16

Taj Mahal, 16-19, 21-22, 29-30, 46, 63, 126, 158, 160, 163-166, 171-174, 177-178, 180-188, 193-196, 199, 201, 212, 215, 220-221, 228, 239-241, 247-263, 265-268
Tamerlão, 23-27, 29, 32-34, 37, 52, 57, 79, 120, 124, 141, 147-148, 161-162, 172, 191-192, 202, 219, 247
Tavernier, Jean-Baptiste, 119n, 120, 128, 165, 185, 203, 257, 259
tribo barla, 24
Trono do Pavão, 127, 213, 236, 247

U
Udaipur (ver Mewar)
Uljaytu, príncipe, tumba em Sultaniya, 160
Umarkot, 33
Ustad Ahmad Lahori, 166-167
Ustad Isa, 166, 249n
Uzbequistão, uzbeques, 10, 23, 26, 70, 75, 219

V
Veroneo, Geronimo, 164-165

Z
Zeb-un-Nissa, filha de Aurangzeb, 244
zoroastrianos, 44, 193n

Este livro foi composto na tipografia Minion Pro,
em corpo 11/15, e impresso em
papel off-white no Sistema Cameron da
Divisão Gráfica da Distribuidora Record.